Ein ›neues‹ Deutschland?

Ateliers des
Deutschen Historischen Instituts Paris

Herausgegeben vom
Deutschen Historischen Institut Paris

Band 7

R. Oldenbourg Verlag München 2010

Ein ›neues‹ Deutschland?

Eine deutsch-französische Bilanz
20 Jahre nach der Vereinigung

Une ›nouvelle‹ Allemagne?

Un bilan franco-allemand
20 ans après l'unification

Herausgegeben von Reiner Marcowitz

R. Oldenbourg Verlag München 2010

Ateliers des Deutschen Historischen Instituts Paris
Herausgeberin: Prof. Dr. Gudrun Gersmann
Redaktion: Claudie Paye
Anschrift: Deutsches Historisches Institut (Institut historique allemand)
Hôtel Duret-de-Chevry, 8, rue du Parc-Royal, F-75003 Paris

Bibliografische Information der Deutschen Nationalbibliothek
Die Deutsche Nationalbibliothek verzeichnet diese Publikation in der Deutschen Nationalbibliografie; detaillierte bibliografische Daten sind im Internet über <http://dnb.d-nb.de> abrufbar.

Open Access
Download der mit dieser Druckfassung identischen digitalen Version auf www.oldenbourg.de.

© 2010 Oldenbourg Wissenschaftsverlag GmbH, München
Rosenheimer Straße 145, D-81671 München
Internet: www.oldenbourg.de

Das Werk einschließlich aller Abbildungen ist urheberrechtlich geschützt. Jede Verwertung außerhalb der Grenzen des Urheberrechtsgesetzes ist ohne Zustimmung des Verlages unzulässig und strafbar. Dies gilt insbesondere für Vervielfältigungen, Übersetzungen, Mikroverfilmungen und die Einspeicherung und Bearbeitung in elektronischen Systemen.

Umschlaggestaltung: Thomas Rein, München

Gedruckt auf säurefreiem, alterungsbeständigem Papier (chlorfrei gebleicht).
Gesamtherstellung: Grafik + Druck GmbH, München

ISBN 978-3-486-59770-7

Inhalt

Reiner MARCOWITZ
Einleitung: Von der ›alten‹ Bundesrepublik zum ›neuen‹ Deutschland?
Die Zäsur der Jahre 1989/1990 7

Eine deutsche Revolution – nach französischem Vorbild?
Une révolution allemande – d'après le modèle français?

Philippe ALEXANDRE
»Nos amis français ont bien des difficultés avec l'Allemagne«. Les Français
face à l'unification allemande, 1989–1990 24

Ulrich PFEIL
Der Bicentenaire, der Fall der Mauer und die Franzosen 45

Hélène MIARD-DELACROIX
Entre agacement, inquiétude et compréhension: les dirigeants français
et l'unification allemande 62

Ein ›neues‹ Deutschland?
Une ›nouvelle‹ Allemagne?

Jacques-Pierre GOUGEON
Entre quête du centre et risque de radicalité ou la nouvelle culture
politique allemande 82

Stephan MARTENS
L'Allemagne face aux nouveaux défis de la politique étrangère 101

Ein Land – zwei Gesellschaften?
Un pays – deux sociétés?

Ulrike POPPE
»Wessis« und »Ossis« – Wirklichkeit oder Stereotyp? 120

Hermann WENTKER
Die Gegenwart der Vergangenheit. Zum Umgang mit der DDR-Geschichte
nach 1989/1990 133

Françoise LARTILLOT
Quelques traces littéraires de l'unification allemande: »Adam und Evelyn«
d'Ingo Schulze, »Der Turm« d'Uwe Tellkamp, »Mit der Geschwindigkeit
des Sommers« de Julia Schoch 150

Martin SABROW
Schlussbetrachtung: 1989 als doppelte Zäsur 172

Personenregister 185

Autorinnen und Autoren 187

REINER MARCOWITZ

Von der ›alten‹ Bundesrepublik zum ›neuen‹ Deutschland?
Die Zäsur der Jahre 1989/1990

»Endlich genug über Mauerfall und Vereinigung?«[1] Nach dem internationalen Hype um den 9. November 1989 und wegen der andauernden Flut von Fernsehsendungen, Tagungen und Veröffentlichungen auch aus Anlass des 20. Jahrestages der deutschen Vereinigung könnte man es meinen. Zudem scheinen beide Ereignisse, deren jeweils zwanzig Jahre später so aufwendig gedacht wird, zumindest bei vordergründiger Betrachtung vollends historisiert, d.h. wirklich nur noch der Vergangenheit anzugehören: Erstens sprechen hierfür die einschlägigen Umfrageergebnisse, die signalisieren, dass ungeachtet mancher Ostalgiewelle die große Mehrheit der Deutschen sich nicht mehr die Zweistaatlichkeit zurückwünscht[2]. Zweitens war die DDR immer ein Kunstgebilde, dessen Existenz sich nur aufgrund der Gesetze des Kalten Krieges erklärte. Drittens sind die DDR und die ihr vorangegangene SBZ dank des seit 1990 weitgehend ungehinderten Zugangs zur ehemaligen ostdeutschen Aktenüberlieferung binnen zweier Jahrzehnte so gründlich wie kaum eine andere historische Epoche untersucht worden[3].

Wie Hermann Wentker in seinem Beitrag zeigt, lässt sich die relativ kurze Zeitspanne von zwanzig Jahren in puncto DDR-Forschung bereits in drei unterschiedliche Phasen unterteilen: Die erste um 1989/1990, geprägt durch die Revolutionserfahrung und getragen von den diversen Bürgerrechts- und Oppositionsgruppen mit dem Ziel einer Sicherung von Akten vor allem des Ministeriums für Staatssicherheit und einer ersten (strafrechtlichen) Ahndung vergangenen Unrechts; eine zweite, sozusagen der eigentliche Boom, zog sich dann anschließend bis weit in die 1990er-Jahre hinein und zeichnete sich durch eine Intensivierung und Institutionalisierung – in Form universitärer wie außeruniversitärer Einrichtungen – aus, aber aufgrund ihrer vielfältigen aktuel-

---

[1] Entlehnt von: Andreas HILLGRUBER, Endlich genug über Nationalsozialismus und Zweiten Weltkrieg? Forschungsstand und Literatur, Düsseldorf 1982; vgl. Christoph KLESSMANN, Überforscht? Verklärt? Vergessen? Zwanzig Jahre nach dem Mauerfall ist der Umgang mit der DDR-Geschichte noch immer ein Streitthema, in: Zeit Geschichte. 1989. Die geglückte Revolution 2 (2009), S. 86–89.

[2] Silke EILER, »Deutsche wie wir?« Haltungen in der deutschen Frage, in: Drüben. Deutsche Blickwechsel, hg. von der Stiftung Haus der Geschichte der Bundesrepublik Deutschland. Zeitgeschichtliches Forum Leipzig, Leipzig 2006, S. 133–144; vgl. Richard SCHRÖDER, »Jetzt wächst zusammen, was zusammengehört«. Deutsch-deutsche Befindlichkeiten in der Gegenwart, in: ibid., S. 145–153.

[3] Vgl. die entsprechenden Forschungsberichte von Hermann WEBER, Die DDR 1945–1990, München ⁴2006, S. 117–190; Günther HEYDEMANN, Die Innenpolitik der DDR, München 2003, S. 47–111; Joachim SCHOLTYSECK, Die Außenpolitik der DDR, München 2003, S. 52–139 und Rainer EPPELMANN, Bernd FAULENBACH, Ulrich MÄHLERT (Hg.), Bilanz und Perspektiven der DDR-Forschung, Paderborn 2003 sowie den Beitrag von Hermann Wentker im vorliegenden Band.

len Implikationen auch durch eine bis heute mehr oder minder starke Politisierung der Forschung; schließlich die dritte, die bis heute andauert und die einerseits periodisch aufflammende Medialisierungen und Skandalisierungen prägen, andererseits ein gewisser Sättigungsgrad und deshalb die Suche nach neuen Zugängen. Tatsächlich scheint mittlerweile zumindest bei vordergründiger Betrachtung fast jeder Winkel der ostdeutschen Geschichte samt ihrem Schlusspunkt, dem Ende der SED-Herrschaft und dem Beitritt der fünf neuen Länder zur Bundesrepublik Deutschland, ausgeleuchtet. Heute verstehen wir sehr viel besser als früher, wie der »SED-Staat«[4] funktionierte, einschließlich seiner Möglichkeiten, seine Einwohner zu kontrollieren, zu manipulieren und zu unterdrücken, insbesondere jene, die wagten, gegen die politische Indoktrination zu opponieren. Gleichzeitig wissen wir, dass die DDR nicht nur aus der SED und dem Ministerium für Staatssicherheit bestand. Viele Deutsche führten ein »ganz normales Leben«[5], d.h. ein Leben, das die Zwänge und die Grenzen der Diktatur respektierte und versuchte – oft genug mit Erfolg – sein persönliches Glück in privaten »Nischen« (Günter Gaus) zu finden. Nur wenige zählten zur Opposition, so bedeutsam deren Einfluss dann doch vorübergehend im Herbst 1989 wurde[6]. Im Hinblick auf den Mauerfall und die deutsche Vereinigung wiederum sind wir dank verschiedener Editionen diplomatischer Dokumente aus dem Bonner Kanzleramt sowie dem britischen und dem französischen Außenministerium und aufgrund der reichen Memoirenliteratur sowie mehrerer einschlägiger Studien mittlerweile ebenfalls sehr gut informiert[7]. Parallel

---

[4] Klaus SCHROEDER, Der SED-Staat. Geschichte und Strukturen der DDR, Stamsried 1998; Karl Wilhelm FRICKE, MfS intern. Macht, Strukturen und Auflösung der Staatsicherheit, Köln 1991; Detlef SCHMIECHEN-ACKERMANN, Diktaturen im Vergleich, Darmstadt 2002; HEYDEMANN, Innenpolitik (wie Anm. 3), S. 63–69; Jens GIESECKE, Mielke-Konzern. Die Geschichte der Stasi 1945–1990, Stuttgart, München 2006; DERS. (Hg.), Staatssicherheit und Gesellschaft. Studien zum Herrschaftsalltag in der DDR, Göttingen 2007.

[5] Mary FULBROOK, Das ganz normale Leben, Darmstadt 2008; vgl. DIES., Anatomy of a Dictatorship. Inside the GDR 1949–1989, Oxford 1995 und Stefan WOLLE, Die heile Welt der Diktatur. Alltag und Herrschaft in der DDR 1971–1989, Berlin 1995.

[6] Dieter POLLACK, Dieter RINK (Hg.), Zwischen Verweigerung und Opposition. Politischer Protest in der DDR 1970–1989, Frankfurt a.M. 1990; Ulrike POPPE, Rainer ECKERT, Ilko-Sascha KOWALCZUK (Hg.), Zwischen Selbstbehauptung und Anpassung. Formen des Widerstandes und der Opposition in der DDR, Berlin 1995; Erhart NEUBERT, Geschichte der Opposition in der DDR 1949–1989, Berlin ²1998; Klaus-Dietmar HENKE, Peter STEINBACH, Johannes TUCHEL (Hg.), Widerstand und Opposition in der DDR, Köln, Weimar, Wien 1999.

[7] Dokumente zur Deutschlandpolitik. Deutsche Einheit. Sonderedition aus den Akten des Bundeskanzleramtes 1989/90. hg. vom Innenministerium in Zusammenarbeit mit Hanns Jürgen KÜSTERS und Daniel HOFMANN, München 1998; Patrick SALMON, Keith HAMILTON, Stephen Robert TWIGGE (Hg.), German Unification 1989–90. Documents on British Policy Overseas, ser. III, vol. VII, London 2009. Im Herbst 2009 wurde eine Auswahl von einschlägigen Dokumenten des französischen Außenministeriums online gestellt (http://www.diplomatie.gouv.fr/fr/ > Chercheurs et historiens > Archives et patrimoine > Chute du mur de Berlin) (16.7.2010); eine erweiterte Printversion bieten Maurice VAÏSSE, Christian WENKEL (Hg.), La diplomatie française face à l'unification allemande, Paris 2010.
Die nationale und internationale Dimension der deutschen Vereinigungspolitik behandeln Philip ZELIKOW, Condoleezza RICE, Germany Unified and Europe Transformed: A study in Statecraft, Cambridge/Mass. 1995 (dt.: Sternstunde der Diplomatie. Die deutsche Einheit und das Ende der Spaltung Europas, Berlin 1997); Werner WEIDENFELD, Außenpolitik für die deut-

zur wissenschaftlichen Erforschung hat es eine – so unbefriedigend sie im Einzelfall auch gewesen sein mag – juristische Aufarbeitung des Justiziablen und eine materielle Wiedergutmachung erlittenen Unrechts gegeben. Der 20. Gedenktag von Mauerfall und deutscher Vereinigung hat noch einmal eine Welle von Veranstaltungen und Veröffentlichungen über uns gebracht[8]. Große Neuigkeiten oder wichtige Enthüllungen über die Entwicklung bezüglich der Ereignisse von 1989/1990 sind nun kaum noch zu erhoffen. Natürlich mögen manche Details noch ans Licht kommen und in den Bewertungen des Bekannten etwas andere Akzente setzen, doch dies wird unseren bisherigen Kenntnisstand wohl nur noch bereichern, aber nicht mehr grundlegend verändern. Interessant scheint im Hinblick auch auf heutige Entwicklungen insbesondere noch der Aspekt der Erinnerung an die damaligen Ereignisse und deren jeweilige individuelle wie gruppenspezifische Verarbeitung[9]. Hier leistet auch die Literatur einen wichtigen Beitrag, wie Françoise Lartillot im vorliegenden Band anhand einer Analyse dreier Romane zeigt, deren jeweilige Handlung in der Endphase der DDR spielt und die allesamt von Vertretern der Wende-Generation geschrieben worden sind. Dennoch behandeln »Adam und Evelyn« von Ingo Schulze, Uwe Tellkamps »Der Turm« und »Mit der Geschwindigkeit des Sommers« von Julia Schoch nur indirekt die Geschichte der DDR in den 1980er-Jahren kulminierend im Mauerfall[10]. Im Mittelpunkt stehen nicht die realen Ereignisse, sondern deren Verarbeitung oder nachträgliche Erinnerung durch die Protagonisten der jeweiligen Romane.

---

sche Einheit. Die Entscheidungsjahre 1989/90, Stuttgart 1998; Alexander VON PLATO, Die Vereinigung Deutschlands – ein weltpolitisches Machtspiel, Berlin ²2002. Den entsprechenden Forschungsstand resümiert Ulrich LAPPENKÜPER, Die Außenpolitik der Bundesrepublik Deutschland 1949 bis 1990, München 2008, S. 112–115. Zur friedlichen Revolution in der DDR vgl. Ilko-Sascha KOWALCZUK, Endspiel. Die Revolution von 1989 in der DDR, München 2009; Ehrhart NEUBERT, Unsere Revolution. Die Geschichte der Jahre 1989/90, München 2009; Andreas RÖDDER, Deutschland einig Vaterland. Die Geschichte der Wiedervereinigung, München 2009; Gerhard A. RITTER, Wir sind das Volk! Wir sind ein Volk! Geschichte der deutschen Einigung, München 2009; Wolfgang SCHULLER, Die deutsche Revolution 1989, Berlin 2009; Jérôme VAILLANT, L'effondrement de la RDA (mai 1989–mars 1990), in: Jean-Paul CAHN, Ulrich PFEIL (Hg.), Allemagne 1974–1990. De l'Ostpolitik à l'unification, Bd. 3/3, Villeneuve d'Ascq 2009, S. 213–227; Klaus-Dietmar HENKE (Hg.), Revolution und Vereinigung 1989/90. »Als in Deutschland die Realität die Phantasie überholte«, München 2009. Entsprechende Forschungsüberblicke bieten die in Anm. 3 genannten Werke.
[8] Hermann WENTKER, Friedliche Revolution und Wiedervereinigung in neuer Perspektive? Neuerscheinungen zum Umbruch in Deutschland, in: sehepunkte 9/10 (2009), [15.10.2009], www.sehepunkte.de/2009/1015852.html (16.10.2009).
[9] Aleida ASSMANN, Ute FREVERT (Hg.), Geschichtsvergessenheit – Geschichtsversessenheit. Vom Umgang mit deutschen Vergangenheiten nach 1945, Stuttgart 1999; Aleida ASSMANN, Der lange Schatten der Vergangenheit. Erinnerungskultur und Geschichtspolitik, München 2006; Harald BIERMANN, Umstrittene Vergangenheiten: Geschichtsbilder in Deutschland seit 1945, in: Hans-Peter SCHWARZ (Hg.), Die Bundesrepublik Deutschland. Eine Bilanz nach 60 Jahren, Köln, Weimar, Wien 2009, S. 621–636. Vgl. auch den Beitrag von Martin Sabrow im vorliegenden Band.
[10] Ingo SCHULZE, Adam und Evelyn. Roman, Berlin 2008; Uwe TELLKAMP, Der Turm. Geschichte aus einem versunkenen Land. Roman, Frankfurt a.M. 2008; Julia SCHOCH, Mit der Geschwindigkeit des Sommers, München, Zürich 2009.

Ist es also jenseits dieser andauernden Untersuchung der Verarbeitung der Jahre 1989/1990 folglich nun nicht genug, und sind eine weitere Tagung zum Thema Mauerfall und Vereinigung sowie ein hieraus erwachsender Sammelband nicht eigentlich überflüssig[11]? Mitnichten, und dies aus zwei Gründen: einem pädagogischen (1) und einem wissenschaftlichen (2).

1. Den meisten der heutigen Schüler und Studenten muten die vier Jahrzehnte der deutschen Teilung, aber auch der Mauerfall und die Vereinigung wie eine ferne Geschichte an, die nichts mehr mit ihrer eigenen Gegenwart zu tun hat[12]. Glaubt man den Umfragen der letzten Jahre, fehlen ihnen selbst Basisinformationen über die Geschichte der DDR. Schlimmer noch: Sie interessieren sich nicht dafür. Doch dieses Phänomen betrifft letztlich sogar einen weit größeren Teil der deutschen Gesellschaft, einschließlich der älteren Generation: Zwanzig Jahre nach der Wiederherstellung der deutschen Einheit ist vieles von dieser Zeit vergessen oder verdrängt. Trotz aller Erkenntnisse der umfangreichen Forschung zum Thema herrscht heute sehr oft Unwissen über die ehemalige DDR vor: bei einem relativ großen Teil der Deutschen im Westen wegen derer arroganten Selbstgenügsamkeit, bei vielen Ostdeutschen aus Enttäuschung, ja Frustration und Resignation, die zu einer Verklärung der Vergangenheit führen. Deshalb sind leider viele von ihnen auch heute eher bereit, denen zu verzeihen, die für die Stasi gearbeitet haben, als sich mit den ehemaligen Bürgerrechtlern zu identifizieren, die ihnen den Spiegel vorhalten. Diese Ignoranz gilt es zu bekämpfen – aus Respekt vor den Opfern der Diktatur und um die jüngere Generation für die Gefahren einer Diktatur zu sensibilisieren, aber auch um der historischen Wahrheit zu ihrem Recht zu verhelfen.

2. Neben dem Desinteresse und der Verdrängung gibt es noch einen anderen Grund für das Vergessen der Gegenwart: Seit 1989 hat sich die Welt stark verändert, einschließlich Deutschlands. Dies ist das wissenschaftliche Argument für diesen Band. Er untersucht schwerpunktmäßig, inwieweit die historischen Ereignisse von 1989/1990 tatsächlich ›nur‹ eine vergangene Geschichte oder ob ihre Auswirkungen noch bis heute prägend sind, ja ob sie die ›alte‹ Bundesrepublik geradezu in ein ›neues‹ Deutschland transformiert haben. Auf diese Fragen geben deutsche und französische Historiker, Kultur- und Literaturwissenschaftler sowie Soziologen eine Antwort. Ein solcher deutsch-französischer Gedankenaustausch hat insofern seinen eigenen Reiz, als das innerdeutsche Geschehen in Frankreich 1989/1990 besonders aufmerksam verfolgt wurde, aber auch heute wieder nachdrückliches Interesse weckt: 1989 registrierten die

---

[11] Zu der diesem Band zugrundeliegenden Tagung, die am 9. November 2009 an der Universität Paul-Verlaine – Metz stattfand, vgl. den Bericht von Christian WENKEL, Une histoire du passé?/Eine vergangene Geschichte? 20 Jahre nach Mauerfall und deutscher Vereinigung. Deutsch-französische Konferenz in Metz, 9. November 2009, in: Deutschland Archiv 43 (2010) 1, S. 15f.
[12] Vgl. Monika DEUTZ-SCHROEDER, Klaus SCHROEDER, Soziales Paradies oder Stasi-Staat? Das DDR-Bild von Schülern – ein Ost-West-Vergleich, Stamsried 2008. Kritisch dazu: Bodo VON BORRIES, Zwischen ›Katastrophenmeldungen‹ und ›Alltagsernüchterungen‹? Empirische Studien und pragmatische Überlegungen zur Verarbeitung der DDR-(BRD-)Geschichte, in: Deutschland Archiv 42 (2009) 4, S. 665–677.

meisten Franzosen den Mauerfall mit großer Sympathie, zumal er passend zum Bicentenaire der Französischen Revolution wie ein weiterer Sieg der Ideale von 1789 anmutete. Der Weg zur Vereinigung hingegen wurde dann zumindest in den Zirkeln der Pariser Eliten zunächst mit Skepsis, wenn nicht sogar mit offener Ablehnung verfolgt.

Es lohnt, diese zwiespältigen, ja widersprüchlichen Reaktionen noch einmal rückblickend zu analysieren, weil sie aufschlussreich für das deutsch-französische Verhältnis der damaligen Zeit, aber auch seine Entwicklung bis heute sind. Zudem ist in der Forschung nach wie vor umstritten, ob die damalige französische Führung unter Staatspräsident François Mitterrand die deutsche Vereinigung tatsächlich gewollt oder nicht doch eher abgelehnt, ja zu verhindern versucht hat[13]. Dieses Thema behandeln im vorliegenden Band mit unterschiedlicher Akzentsetzung die Beiträge von Hélène Miard-Delacroix, Philippe Alexandre und Ulrich Pfeil. Sie verdeutlichen, wie notwendig eine differenzierte Betrachtung der damaligen französischen Haltung zu den deutschen Ereignissen 1989/1990 ist: Es gab nie *die* französische Reaktion, sondern immer nur eine gruppenspezifische und zeitabhängige Einstellung zur innerdeutschen Entwicklung. Glaubt man den zeitgenössischen Meinungsumfragen, haben immerhin sehr viele ›einfache‹ Franzosen vor allem den Mauerfall, letztlich aber auch die Vereinigung begrüßt. Die politische Klasse Frankreichs hingegen, insbesondere im Umkreis des damaligen Staatspräsidenten und seiner Regierung, schätzte zwar noch die Bedeutung des 9. Novembers 1989 auch für die Aufwertung der eigenen Bicentenaire-Feierlichkeiten, sorgte sich aber dann sehr schnell wegen der Konsequenzen der ostdeutschen Revolution für das europäische Mächtegleichgewicht wie die Balance des deutsch-französischen Verhältnisses und suchte eine rasche deutsche Vereinigung zu verhindern.

Allerdings entsprang diese Politik einer letztlich nachvollziehbaren Verunsicherung, nicht zuletzt aufgrund deutscher Alleingänge, wie dem Zehn-Punkte-Plan Helmut Kohls und der Haltung der Bundesregierung in der Frage der Oder-Neiße-Grenze. Nicht zu unterschätzen ist dabei auch die Rolle der Medien in beiden Ländern, die gängige antideutsche bzw. antifranzösische Stereotype beschworen: hier die Angst vor einem neuen »Großdeutschland«, dort die Unterstellung eines antideutschen Frankreich, das stets gegen die deutsche Einheit gewesen sei. Ungeachtet vorübergehender Fehldeutungen und Ungeschicklichkeiten auch François Mitterrands bleibt festzuhalten, dass der französische Staatspräsident – im Gegensatz vor allem zur britischen Premierministerin Margaret Thatcher – »der einzige Kritiker der Wiedervereinigung

---

[13] WEIDENFELD, Außenpolitik (wie Anm. 7); Tilo SCHABERT, Wie Weltgeschichte gemacht wird. Frankreich und die deutsche Einheit, Stuttgart 2002; Georges-Henri SOUTOU, L'alliance incertaine. Les rapports politico-stratégiques franco-allemands, 1954–1996, Paris 1996, S. 395–401; DERS., La guerre de Cinquante Ans. Les relations Est-Ouest 1943–1990, Paris 2001, S. 695–732; Frédéric BOZO, Mitterrand, la fin de la guerre froide et l'unification allemande. De Yalta à Maastricht, Paris 2005; DERS., La France face à l'unification allemande, in: CAHN, PFEIL (Hg.), Allemagne (wie Anm. 7), S. 285–301; Rainer HUDEMANN, Von alten Stereotypen zum neuen Europa. Frankreich und die deutsche Vereinigung, in: HENKE (Hg.), Deutschland (wie Anm. 7), S. 497–508; Maurice VAÏSSE, La puissance ou l'influence. La France dans le monde depuis 1958, Paris 2009, S. 136–142.

mit einer konkreten und konstruktiven eigenen Zielperspektive«[14] war; eine Zielperspektive, die eine deutsche Vereinigung keineswegs prinzipiell ausschloss, so dass Mitterrand und Kohl bereits Anfang 1990 wieder zu jenem seit dem Schuman-Plan von 1950 bewährten Kompromissmodell fanden, nämlich der Einbettung des gemeinsamen, vor allem aber des deutschen Potenzials und damit auch des hieraus latent erwachsenden deutsch-französischen Gegensatzes in einen europäischen Kontext.

Ein ebenso starkes Interesse wie Mauerfall und Vereinigung 1989/1990 beanspruchen heute in Frankreich jene gesellschaftlichen und politischen Veränderungsprozesse, die die Bundesrepublik Deutschland in den letzten zwei Jahrzehnten durchlaufen hat: »Deutschland im Wandel« ist nicht nur ein Thema der französischen Deutschlandforschung, sondern auch jenes einer breiteren Publizistik und damit der gesellschaftlichen Öffentlichkeit[15]. Dies erklärt sich zum einen aus der engen und vielfältigen, ebenso historisch gewachsenen wie zeitweise belasteten gegenseitigen Bezogenheit, zum anderen aber auch angesichts eigener sozioökonomischer Reformzwänge und gesellschaftlicher Umbrüche. Insofern nimmt sich die deutsche Entwicklung seit 1989/1990 aus französischer Perspektive durchaus als eine Geschichte aus, die viel mit dem eigenen Land zu tun hat.

Diesem Aspekt einer »histoire croisée« trägt der Band durch die Beteiligung einschlägiger deutscher und französischer Spezialisten Rechnung. Insbesondere die Beiträge von Jacques-Pierre Gougeon, Stephan Martens und Ulrike Poppe suchen dabei Antworten auf die Frage, inwiefern sich das Deutschland von heute von der früheren BRD unterscheidet. Tatsächlich ist die ›neue‹ Bundesrepublik Deutschland eine andere als die ›alte‹ von vor 1990 – und dies gilt weit über den einfachen Tatbestand ihrer räumlichen Vergrößerung hinaus: Bis 1989/1990 war die BRD ein kleiner Staat, der erfolgreich seinen rheinischen Kapitalismus praktizierte, also jene »soziale Marktwirtschaft«, die Westdeutschland eine bemerkenswerte innere Stabilität und trotz vorübergehender sozialer und wirtschaftlicher Krisen eine erfreuliche Prosperität einbrachte. Gleichzeitig waren sich ihre Eliten bewusst, ja bekannten sich geradezu emphatisch dazu, allenfalls Exportweltmeister, nicht aber Weltmacht zu sein, eine durchaus kluge Politik im eigenen Interesse: Erstens trug sie den Realitäten eines geteilten Landes unter andauerndem Siegervorbehalt Rechnung. Zweitens erlaubte sie der deutschen Außenpolitik zumindest seit dem Beginn der »Neuen Ostpolitik« Ende der 1960er-Jahre die schöne Rolle eines geschickten Mittlers zwischen Ost und West zu spielen. Drittens schließlich war die internationale Politik der Zeit trotz einzelner regionaler Vormächte zweifellos primär bipolar, und die BRD, aber auch die DDR erkannten diesen Umstand allenfalls demonstrativer an als andere Mächte, wie z.B. Frankreich, das gerne die Fiktion einer unabhängigen Außenpolitik aufrechterhielt.

---

[14] RÖDDER, Deutschland, (wie Anm. 7), S. 161.
[15] Jacques-Pierre GOUGEON, Allemagne – une puissance en mutation, Paris 2007 (mit zahlreichen Belegen für die entsprechende französische Diskussion).

Heute ist alles anders[16]: Deutschland ist vereinigt, es hat seine völlige Souveränität bar aller Siegerrechte zurückgewonnen. Es muss sich deshalb nun außenpolitisch, vor allem auch sicherheitspolitisch in einer Weise engagieren, wie dies vor 1990 unvorstellbar gewesen wäre. Hiervon zeugt besonders deutlich die Präsenz der Bundeswehr in verschiedenen Krisenregionen, die weit entfernt sind vom Bündnisgebiet der NATO[17]. Der Beitrag von Stephan Martens belegt, wie sehr die deutsche Diplomatie dabei an Bewährtem festhält: ihrer europäischen und transatlantischen Verankerung, ihrer parallelen Kooperation mit Russland und schließlich ihrem steten Bemühen um Einbettung ihrer eigenen außen- und sicherheitspolitischen Entscheidungen in einen multilateralen Rahmen. Gleichzeitig werden punktuelle nationale Interessen, so etwa im Hinblick auf die EU-Beitragszahlungen des Landes, konfliktbereiter als früher durchgesetzt. Überdies erwarten die Verbündeten angesichts neuer gemeinsamer Bedrohungen eine noch stärkere auch militärische Beteiligung des Landes. Noch fehlt es an einer fundierten und offenen Diskussion über eine neue Sicherheitskultur, die die bewährte Tradition der außenpolitischen Zurückhaltung und das angesichts neuer Herausforderungen geforderte stärkere weltpolitische Engagement überzeugend austariert[18].

Parallel hierzu hat die viel gerühmte politische und ökonomische Stabilität der Bundesrepublik Deutschland Schaden genommen. An die Stelle eines überschaubaren Dreiparteiensystems auf Bundesebene mit alternierenden Regierungsbildungen eines der großen – CDU/CSU oder SPD – mit einem Junior-Partner – der FDP – hat sich seit den 1990er-Jahren zunehmend ein Fünfparteiensystem herausgebildet, dessen Partner in einem für sie teilweise schmerzhaften Prozess mit offenem Ausgang die neuen Koalitions- und Kooperationsmöglichkeiten austarieren müssen[19]. Die Wahlerfolge der Linken, der Nachfolgepartei der PDS, deren Anhänger sich zunächst vor allem in den neuen Ländern fanden, die heute aber auch in den alten Bundesländern Fuß gefasst hat,

[16] Reiner MARCOWITZ, L'Allemagne vingt ans après la chute du mur de Berlin, in: Eurostudia 5/1 (2009), http://id.erudit.org/revue/euro/2009/v5/n1 (10.6.2010) (Zugang für Abonnenten).
[17] Deutschlands neue Außenpolitik. Bd. 1: Grundlagen, hg. von Karl KAISER, Hanns W. MAULL, München 1994; Bd. 2: Herausforderungen, hg. von Karl KAISER, Hans W. MAULL, München 1995; Bd. 3: Interessen und Strategien, hg. von Karl KAISER, Joachim KRAUSE, München 1996; Bd. 4: Institutionen und Ressourcen, hg. von Wolf-Dieter EBERWEIN, Karl KAISER, München 1998; Christian HACKE, Die Außenpolitik der Bundesrepublik Deutschland. Von Konrad Adenauer bis Gerhard Schröder, Berlin 2003; DERS., 60 Jahre Außenpolitik der Bundesrepublik Deutschland, in: SCHWARZ (Hg.), Bundesrepublik Deutschland (wie Anm. 9), S. 487–510; Hans-Peter SCHWARZ, Die Zentralmacht Europas. Deutschlands Rückkehr auf die Weltbühne, Berlin 1994; GOUGEON, Allemagne (wie Anm. 15), S. 349–447; Stephan MARTENS, Les paradoxes de la puissance allemande, in: Francia. Forschungen zur westeuropäischen Geschichte 34/3 (2007), S. 127–147; DERS., La chute du mur de Berlin et la nouvelle géopolitique européenne, in: Eurostudia 5/1 (2009), http://id.erudit.org/iderrudit/038644ar (10.6.2010) (Zugang für Abonnenten); Hans J. GIESSMANN, Armin WAGNER, Auslandseinsätze der Bundeswehr, in: Aus Politik und Zeitgeschichte 59 (2009) 48, S. 3–9; Klaus NAUMANN, Wie strategiefähig ist die deutsche Sicherheitspolitik?, in: ibid., S. 10–17.
[18] Zur Bedeutung von innerer und äußerer Sicherheit für die Geschichte der Bundesrepublik Deutschland vgl. Eckard CONZE, Die Suche nach Sicherheit. Eine Geschichte der Bundesrepublik Deutschland von 1949 bis in die Gegenwart, München 2009.
[19] Franz WALTER, Farblose und entkoppelte Oligarchie – das Parteiensystem, in: SCHWARZ (Hg.), Bundesrepublik Deutschland (wie Anm. 9), S. 299–317.

haben vor allem die SPD geschwächt bis hin zum drohenden Verlust ihres Selbstverständnisses als Volkspartei. Daneben stehen die Unionsparteien aufgrund ihrer neuen politischen Öffnung zur Mitte und einer Renaissance traditioneller gesellschaftlicher Werte ungleich besser, weil stärker, da, wenngleich auch sie sich nicht gänzlich dem offensichtlichen Trend zur abnehmenden Bindungskraft der alten Volksparteien sowie einem immer wechselhafteren Wählerverhalten entziehen können, wie Jacques-Pierre Gougeon in seinem Beitrag zeigt. Er sieht hierin und in dem gleichzeitigen Aufstieg der Linken auch das »Risiko einer Radikalisierung« der politischen Landschaft in Deutschland und damit eines tiefgreifenden Wandels der politischen Kultur der Bundesrepublik. Solche Sorgen können sich zusätzlich an den strukturellen sozialen und wirtschaftlichen Problemen der Bundesrepublik festmachen: der starken Überalterung der Gesellschaft, einer zu geringen Erwerbsquote und einer hohen Überschuldung, nicht zuletzt wegen der finanziellen Belastungen im Zuge der deutschen Vereinigung[20].

Verschärfend wirken sich die andauernden sozialen Ost-West-Verwerfungen und die Divergenzen zwischen den beiden Teilen Deutschlands in puncto kollektive Einstellungen und politische Kultur aus[21]. Natürlich gab es immer schon – und gibt es weiterhin – mehr oder minder starke Unterschiede auch innerhalb der alten Bundesländer, aber im Hinblick auf das Verhältnis von »Wessis« und »Ossis« fallen die habituellen und sprachlichen Differenzen, wie Ulrike Poppe aufzeigt, immer noch deutlicher ins Auge. Zudem beunruhigen hier vor allem zwei Dinge: einerseits der Mangel an Sensibilität der Westdeutschen, die die Transformationsleistung der Ostdeutschen nicht ausreichend würdigen, die sich an ein völlig neues System, das gänzlich jenem der alten BRD entspricht, haben anpassen müssen; andererseits sehen viele Ostdeutsche nicht, wie sehr sie von der Vereinigung profitiert haben, materiell dank gewaltiger Transferleistungen, ideell allein schon dadurch, dass sie nun in einer Demokratie leben können. Leider ist allerdings gerade die Demokratie kein absoluter Wert in den neuen Ländern, weil die negativen ökonomischen Folgen von vierzig Jahren sozialistischer Misswirtschaft, aber auch Fehler beim ökonomischen Vollzug der Vereinigung sowie völlig unrealistische westdeutsche Versprechen – gepaart mit einer überzogenen ostdeutschen Erwartungshaltung – hier zu starken sozialen Verstörungen bis hin zur Bildung von Parallelgesellschaften in manchen ostdeutschen Regionen und sozialen Schichten der ostdeutschen Bevölkerung geführt haben[22].

[20] Thomas HERTFELDER, Andreas RÖDDER (Hg.), Modell Deutschland. Erfolgsgeschichte oder Illusion?, Göttingen 2007; Christine AQUATIAS, Catherine DESBOIS (Hg.), Turbulenzen in Deutschland zu Beginn des 21. Jahrhunderts. Was bleibt von der deutschen wirtschaftlichen Identität?/L'Allemagne au début du XXIe siècle: une identité économique en pleine transformation, Bern u.a. 2010.
[21] GOUGEON, Allemagne (wie Anm. 15), S. 205–285; Klaus SCHROEDER, Die veränderte Republik. Deutschland nach der Wiedervereinigung, Stamsried 2006; DERS., Deutschland nach 1990: Probleme der Einheit, in: SCHWARZ (Hg.), Bundesrepublik Deutschland (wie Anm. 9), S. 205–226.
[22] GOUGEON, Allemagne (wie Anm. 15), S. 42–97; Gerhard A. RITTER, Der Preis der deutschen Einheit. Die Wiedervereinigung und die Krise des Sozialstaats, München 2007; DERS., Die deutsche Wiedervereinigung, in: Historische Zeitschrift 286 (2008), S. 289–339.

Die Bundesrepublik Deutschland hat sich zweifellos verändert in den letzten beiden Jahrzehnten, und dieser Transformationsprozess ist sicher noch nicht abgeschlossen. Sie ist eine »Macht im Wandel«, aber ist sie tatsächlich auch »eine neue Nation«, wie pointiert worden ist[23]? Anders ausgedrückt: Inwieweit steht die neue größere Bundesrepublik Deutschland noch in der Tradition ihrer kleineren Vorgängerin bzw. inwieweit hat sie mit deren Erbe gebrochen? Wenn man wiederum Unterschiede, ja Brüche zwischen Bonner und Berliner Republik feststellt, was sind dann die Gründe hierfür: die Ereignisse von 1989/1990 oder vielmehr erst internationale Entwicklungen in den Jahren danach? Zugespitzt formuliert: Hat sich die Bundesrepublik infolge der Vereinigung verändert oder hat sie sich später ändern müssen, weil die ganze Welt sich in den 1990er-Jahren verändert hat?

Diese Fragen ordnen sich ein in die laufende umfassende Erörterung des zäsierenden Charakters der Jahre 1989/1990: Inwiefern markieren diese das Ende einer Epoche? Eric Hobsbawm hat diese Frage klar bejaht, indem er das von ihm als »Zeitalter der Extreme« interpretierte »kurze« 20. Jahrhundert 1914–1917 – mit dem Ausbruch des Ersten Weltkrieges sowie dem Eintritt der USA in den Krieg und dem Ausbruch der russischen Oktoberrevolution – beginnen und 1989–1991 – mit den Umbrüchen im Ostblock, einschließlich der DDR, und dem Zusammenbruch der Sowjetunion – enden lässt[24]. Martin Sabrow bestätigt in seinem den vorliegenden Band abschließenden Beitrag einerseits die Bedeutung der Jahre 1989/1990 als epochale Zäsur mit globalen Auswirkungen, relativiert sie andererseits aber mit Hinweis auf davon nicht betroffene längerfristige sozioökonomische Wandlungsprozesse sowie Veränderungen auf nationaler und internationaler Ebene in den Jahren danach, deren Schlüsselbegriffe der 11. September und die Globalisierung gewesen sind[25].

Unsere eigene These lautet: Nur bei vordergründiger Betrachtung stellen die Jahre 1989/1990 bereits den Übergang von der ›alten‹ zur ›neuen‹ Bundesrepublik unserer Tage dar. Tatsächlich resultieren die tiefgreifenden Veränderungen Deutschlands seit den 1990er-Jahren aber nicht primär aus der Vereinigung, sondern sind eine Konsequenz der Tatsache, dass der Zeitraum 1989–1991 – von der Öffnung des Eisernen Vorhangs, einschließlich dessen deutschen Teils, der Mauer, bis zum Zerfall der Sowjetunion – die Nachkriegszeit beendete und damit eine grundlegend veränderte Konstellation schuf, in der sich alle internationalen Akteure neu positionieren mussten. Insofern ist die Geschichte der deutschen Vereinigung auch als eine »internationale Verflechtungsgeschichte«[26] zu verstehen, deren Auswirkungen teilweise unmittelbar, teilweise aber auch erst mit einiger Verzögerung in den 1990er-Jahren zu spüren waren. Folglich sind die in diesem Band erörterten strukturellen Veränderungen der BRD

---

[23] GOUGEON, Allemagne (wie Anm. 15); DERS., L'Allemagne du XXIe siècle, une nouvelle nation? Éléments de réponse, Paris 2009; vgl. SCHROEDER, Republik (wie Anm. 21).
[24] Eric HOBSBAWM, Das Zeitalter der Extreme. Weltgeschichte des 20. Jahrhunderts, München, Wien 1995.
[25] Vgl. auch Martin SABROW, 1990 – eine Epochenzäsur?, in: DERS. (Hg.), 1990 – eine Epochenzäsur?, Leipzig 2006, S. 9–26.
[26] Ursula LEHMKUHL, Von alten und neuen Grenzen. Der Mauerfall in internationaler Perspektive, in: Internationale Politik 64 (2009) 11, 12, S. 82–87, hier S. 82.

keineswegs schlagartig 1990 eingetreten, teilweise noch nicht einmal in den ersten Jahren danach, sondern in einem fast zehn Jahre andauernden Adaptionsprozess an neue internationale Gegebenheiten. Hierfür war die deutsche Vereinigung sicher eine notwendige Voraussetzung, nicht aber schon eine hinreichende Bedingung, wie im Folgenden gezeigt werden soll.

Bereits die Geschichte von Mauerfall und Vereinigung lässt sich nur als ein mehrfach verschränkter Prozess innerdeutscher und internationaler Entwicklungen begreifen, der nicht auf eine Ursache reduziert werden kann und dessen Wirkungen wiederum untrennbar miteinander verflochten waren. Ihre Genese war eingebettet in europäische, ja weltpolitische Entwicklungen, die erst die äußeren Voraussetzungen für die inneren Umbrüche in der DDR schufen, welche dann letztlich die Wiederherstellung der deutschen Einheit ermöglichten[27]: zunächst die Mischung aus west-östlicher Entspannungspolitik und Festigkeit des Westens gegenüber der Sowjetunion von Mitte der 1960er-Jahre bis 1985; sodann Michail Gorbatschows Politik von Perestroika und Glasnost seit 1985; schließlich das Ende des Kalten Krieges und die sofortige Unterstützung der deutschen Vereinigung durch die USA. Der Hinweis auf diese günstige weltpolitische Konjunktur der Jahre 1989/1990 soll indes nicht den Anteil vieler Ostdeutscher an den Geschehnissen negieren oder relativieren, also all jener, die im Sommer 1989 den Mut hatten, ihr Land zu verlassen, und erst recht derjenigen, die dann im Herbst des Jahres immer entschlossener und lauter in den Straßen von Leipzig, Dresden und in vielen anderen Orten der DDR demonstrierten, um einen politischen Wechsel sowie ab Ende 1989/Anfang 1990 mehrheitlich auch die Vereinigung zu fordern[28]. Im Gegenteil: Ihre Aktionen erzwangen nicht nur eine simple »Wende« in der DDR, sondern geradezu eine Revolution, und letztlich war es auch ihr andauernder Druck, der 1990 die Beschleunigung der Entwicklung hin zur deutschen Einheit ermöglichte und damit endgültig jenen magischen Moment schuf, »als in Deutschland die Realität die Phantasie überholte«[29].

Ebenso müssen die Veränderungen, die Deutschland seitdem erfahren hat, in ihren weltpolitischen Kontext gestellt werden: Das Ende des Ost-West-Konflikts war nicht das »Ende der Geschichte«[30], der Sieg des ökonomischen und politischen Liberalismus, und damit der Beginn einer konfliktfreien ›einen‹ Welt – im Gegenteil: Seit Anfang der 1990er-Jahre sind wir mit einem internationalen System konfrontiert, das viel komplizierter und konfliktreicher, ja gefährlicher ist als das vorhergehende[31]: An die

---

[27] WEIDENFELD, Außenpolitik (wie Anm. 7); VON PLATO, Vereinigung (wie Anm. 7); Georges-Henri SOUTOU, La guerre (wie Anm. 13); Maurice VAÏSSE, Les relations internationales depuis 1945, Paris [10]2007; Olivier WIEVIORKA, 1989–2009. Chronique d'une révolution européenne, in: Eurostudia 5/1 (2009), http://id.erudit.org/iderrudit/038644ar (10.6.2010) (Zugang für Abonnenten).

[28] KOWALCZUK, Endspiel (wie Anm. 7); NEUBERT, Revolution (wie Anm. 7); RÖDDER, Deutschland (wie Anm. 7); RITTER, Volk (wie Anm. 7); SCHULLER, Revolution (wie Anm. 7); VAILLANT, Effondrement (wie Anm. 7); HENKE (Hg.), Deutschland (wie Anm. 7).

[29] Ibid.

[30] Francis FUKUYAMA, Das Ende der Geschichte. Wo stehen wir?, München 1992.

[31] VAÏSSE, Relations internationales (wie Anm. 27); Karl KAISER, Hans-Peter SCHWARZ (Hg.), Weltpolitik im neuen Jahrhundert, Baden-Baden 2000.

Stelle zweier ideologischer Blöcke, die in ihrer Hochrüstung sicher Furcht einflößend waren, gleichzeitig aber auch von ihren beiden jeweiligen Vormächten – den USA und der Sowjetunion – kontrolliert wurden, haben sich mehrere Gravitationszentren gebildet[32]: zunächst die USA, deren Einfluss anfänglich derart dominierend schien, dass man von einem unipolaren System sprach. Zwischenzeitlich sind auch die Grenzen dieser letzten Supermacht offensichtlich geworden, so dass die Bedeutung anderer Akteure wieder deutlicher wird: Russland, zweifellos geschwächt, doch weiterhin eine Atommacht, China, der zumindest momentan stärkste ›Aufsteiger‹, Indien, Brasilien, schließlich die Europäische Union, die weit davon entfernt ist, eine Supermacht zu sein, die aber ein wichtiger Wirtschaftsakteur ist. Kurzum: An die Stelle des Bipolarismus von gestern ist heute ein Multipolarismus getreten, der viel schwerer zu meistern ist als die relativ statische Ordnung des Kalten Krieges.

Henry Kissinger konstatierte bereits zu Beginn der 1990er Jahre eine »Wiederkehr der Geschichte«[33], und in der Tat ähnelt das aktuelle internationale System dem multilateralen Europäischen Konzert des 19. Jahrhunderts[34]. Überdies ist seit 1990/1991 in der ehemaligen Einflusssphäre der Sowjetunion ein Wiederaufleben nationaler Bestrebungen festzustellen, die lange unterdrückt waren und deshalb einerseits durchaus legitim anmuten, andererseits teilweise Züge eines neuen Nationalismus, ja eines exklusiven und geradezu eliminatorischen Ethnizismus annehmen, der an alte, eigentlich überwunden geglaubte Bruchlinien und Konfliktpotenziale des Kontinents erinnert. Seit dem Bürgerkrieg in Jugoslawien zu Beginn der 1990er-Jahre sind wir deshalb selbst in Europa wieder mit militärischen Konflikten konfrontiert. Der Krieg, der lange Zeit durch die Supermächte eingehegt war, ist wieder zu einem Mittel der Politik geworden[35]. Schließlich ist seit dem 11. September 2001 eine neue Gefahr aufgetreten: der globale Terrorismus, der den USA und ihren Verbündeten in Afghanistan und im Irak neue asymmetrische, also schwer zu gewinnende Kriege aufgezwungen hat[36]. Gleichzeitig ist die Welt heute nicht nur von radikalen politischen Veränderungen betroffen, sondern im Zuge der Globalisierung auch von nicht minder folgenreichen sozialen und wirtschaftlichen Umbrüchen[37]: Zum einen erlaubt uns diese Entwicklung, weit schneller als früher miteinander zu kommunizieren sowie grenzenlos Geschäfte tätigen und reisen zu können. Zum anderen macht sie uns verwundbarer: vor allem ökonomisch, weil kein Land mehr den Auswirkungen von Weltwirtschaftskrisen entkommen kann, aber auch in vielen anderen Bereichen, wie dem Klima und der Gesundheit.

---

[32] VAÏSSE, Relations internationales (wie Anm. 27).
[33] Henry A. KISSINGER, Die sechs Säulen der Weltordnung, Berlin 1992; vgl. Robert KAGAN, The Return of History and the End of Dreams, New York 2008.
[34] Wolfram PYTA (Hg.), Das europäische Mächtekonzert. Friedens- und Sicherheitspolitik vom Wiener Kongress 1815 bis zum Krimkrieg 1853, Köln, Weimar, Wien 2009.
[35] Ulrich LAPPENKÜPER, Reiner MARCOWITZ (Hg.), Macht und Recht. Völkerrecht in den internationalen Beziehungen, Stuttgart 2010.
[36] Herfried MÜNKLER, Die neuen Kriege, Reinbek bei Hamburg 2002; DERS., Der Wandel des Krieges. Von der Symmetrie zur Asymmetrie, Weilerswist 2006.
[37] Jürgen OSTERHAMMEL, Niels P. PETERSSON, Geschichte der Globalisierung, München 2003; Peter E. FÄSSLER, Globalisierung. Ein historisches Kompendium, Köln, Weimar, Wien 2007.

Diese teilweise dramatischen Veränderungen der internationalen Politik der letzten beiden Jahrzehnte betreffen alle Akteure. Dementsprechend erfassten sie auch die Bundesrepublik, doch diese hat sich eher zögerlicher als andere an die neuen Gegebenheiten angepasst. Mit der Wiederherstellung der deutschen Einheit proklamierte die damalige Bundesregierung unter Helmut Kohl gerade nicht das Ende der Nachkriegszeit, sozusagen eine neue »Stunde Null«[38], sondern betonte demonstrativ die Kontinuität zwischen ›alter‹ und ›neuer‹ Bundesrepublik. Dementsprechend versuchte sie noch im ersten Golfkrieg 1991, ihre bewährte militärische Abstinenz beizubehalten und praktizierte eine »Scheckbuchdiplomatie«, die zum außenpolitischen Desaster geriet, weil sich ihre Verbündeten mittlerweile längst wieder den Ansatz begrenzter Kriegführung in einer aus dem bipolaren Korsett berstenden Welt zu eigen gemacht hatten[39]. Diese Verweigerung wurde später sogar zum neuen »deutschen Weg«[40] stilisiert – eine gefährliche Überhöhung, die allerdings mehr tagespolitisch motiviertes und entsprechend kurzfristiges Wahlkampfkonzept war als eine durchdachte langfristige außenpolitische Strategie.

Die Hauptstadtentscheidung zugunsten Berlins wiederum, die zunächst Publizisten, doch in ihrem Gefolge auch einige Wissenschaftler zum Gründungsakt einer neuen, einer »Berliner Republik«, stilisierten, war tatsächlich eine schwere Geburt, und ihre endgültige Umsetzung dauerte fast ein Jahrzehnt[41]. Die Ausdifferenzierung des Parteiensystems schließlich gewann ihre Dynamik ebenfalls erst im Laufe der 1990er-Jahre. Auf Bundesebene brachte zudem erst die Transformation der PDS in Die Linke mit Hilfe eines geschickten politischen Strategen, Oskar Lafontaine, der politisch gänzlich in der alten Bundesrepublik sozialisiert war, den Durchbruch. Überdies ist dessen Nachhaltigkeit noch keineswegs ausgemacht. Gleichzeitig gilt zu bedenken, dass das Dreiparteienidyll in Westdeutschland schon 1983 – also in der Zeit der ›alten‹ Bundesrepublik Deutschland – beendet war, als die Grünen erstmals in den Bundestag einzogen. Bleibt schließlich die aktuelle Wirtschaftskrise, die alle Industriestaaten gleichermaßen erfasst hat, wenngleich sie in Deutschland durch den zunächst unterschätzten »Preis der deutschen Einheit« (Gerhard Ritter), also die milliardenschweren Transferleistungen in die neuen Länder, sowie wegen der dortigen Strukturprobleme nach vierzig Jahren Planwirtschaft, aber auch aufgrund der verpassten gesamtdeutschen Reformmöglichkeiten in den 1990er-Jahren verstärkt wird.

Insofern ähnelt die Bundesrepublik Deutschland heute noch sehr viel stärker als vor 1990 ihren Partnern im Westen: Sie ist weder »östlicher« noch »deutscher« gewor-

---

[38] Axel SCHILDT, L'histoire de la République fédérale – vingt ans après la réunification, in: CAHN, PFEIL (Hg.), Allemagne (wie Anm. 7), S. 303–317, hier S. 305; vgl. die Titelgeschichte »Das Ende der Bundesrepublik«, in: Der Spiegel, 12.3.1990.
[39] HACKE, Weltmacht (wie Anm. 17), S. 474–484.
[40] Egon BAHR, Der deutsche Weg. Selbstverständlich und normal, München 2000.
[41] Johannes GROSS, Begründung der Berliner Republik. Deutschland am Ende des 20. Jahrhunderts, Stuttgart 1995; Manfred GÖRTEMAKER, Die Berliner Republik. Wiedervereinigung und Neuorientierung, Berlin 2009.

den[42], sondern hat sich noch nachdrücklicher als in den ersten vier Jahrzehnten ihres Bestehens »europäisiert«[43], und dies eben nicht nur in begrüßenswerter Hinsicht – dem Bekenntnis zur westlichen Kultur, der Einbindung in trans-, ja supranationale Strukturen und der Herausbildung stabiler Institutionen –, sondern auch in besorgniserregender Weise: dem Anwachsen radikaler politischer Positionen, der Verschärfung sozialer Konflikte und der Verwicklung in kriegerische Konflikte. Gleichzeitig ist vor zuviel Unkenrufen zu warnen: Die Bundestagswahl 2009 kann man wegen des Fiaskos der SPD sowie der relativen Schwächung der Unionsparteien als beunruhigenden Beleg für die schwindende Bindungskraft der Volksparteien deuten[44], doch ebenso gut auch als Reprise eines traditionellen Koalitionsregierungsmodells aus der Zeit der ›alten‹ Bundesrepublik, die man vor der Wahl nicht (mehr) für möglich gehalten hatte[45]. Dies zeigt, dass gerade Historiker ihr Wissen nicht in den Dienst rein präsentistischer Zeitdiagnosen stellen, sondern deren verbreiteten Alarmismus eher relativieren sollten.

Ist die Bundesrepublik Deutschland heute also nicht schlichtweg normal? Bereits am 3. Oktober 2000 konstatierte genau dies der damalige Chefredakteur der Wochenzeitung »Die Zeit«, der Schweizer Roger de Weck, in einem Leitartikel – programmatisch betitelt: »Lob auf die Deutschen. Zehn Jahre Wiedervereinigung – ein ganz normales Land« – aus Anlass des 10. Jahrestages der Vereinigung: »Mein Gott, was haben wir alles gesagt und geschrieben, wir Nachbarn von BRD oder DDR, vor zehn Jahren, als die Deutschen zusammenfanden zu einem Staat. Briten sahen das Land ›nach Osten abdriften‹. Der nette Franzose nebenan argwöhnte, das Achtzig-Millionen-Volk werde ›über Europa herrschen‹. Angst ging um (auch in meiner Schweizer Heimat). Aber es kam Normalität«[46].

In der Tat: Alle die, die sich im Ausland wie in Deutschland selbst 1990 vor einem wiedervereinigten Deutschland ängstigten, müssen sich mittlerweile getäuscht sehen: Die ›neue‹ Bundesrepublik ist keine Gefahr für den Rest Europas, geschweige denn ein »Viertes Reich«, das wieder die Welt bedroht. Natürlich ist der Sonderstatus der alten Bundesrepublik beendet und damit auch die Anomalie, die auf der Teilung des Landes und den Reservatrechten der Siegermächte des Zweiten Weltkrieges beruhte. Das

---

[42] Anselm DOERING-MANTEUFFEL, Wie westlich sind die Deutschen?, Amerikanisierung und Westernisierung im 20. Jahrhundert, Göttingen 1999, S. 5 mit einem entsprechenden Zitat Lothar de Maizières sowie Der Spiegel, 2.7.1990, S. 42–53: »Deutschland wird anders«. Kirchenführer Manfred Stolpe über Probleme der Einheit und die Zukunft der DDR-Gesellschaft mit entsprechenden Zitaten Stolpes: »Ihre Deutschland-Identität [jene der 30–40-Jährigen und der noch Jüngeren] war die einer Bundesrepublik mit einer starken West-Bindung, und mit einemmal ist man durch den Beitritt der DDR mit Osteuropa verheiratet. Die Menschen begreifen, dass dieses Deutschland anders wird. Im Grunde wird Deutschland jetzt erst richtig Deutschland«.
[43] Stefan FRÖHLICH, Die Europäisierung der Bundesrepublik, in: SCHWARZ (Hg.), Bundesrepublik Deutschland (wie Anm. 9), S. 511–530.
[44] Peter LÖSCHE, Ende der Volksparteien, in: Aus Politik und Zeitgeschichte 59 (2009) 51, S. 6–12. Vgl. auch den Beitrag von Jacques-Pierre Gougeon im vorliegenden Band.
[45] Matthias JUNG, Yvonne SCHROTH, Andrea WOLF, Regierungswechsel ohne Wechselstimmung, in: Aus Politik und Zeitgeschichte 59 (2009) 51, S. 12–19.
[46] Roger DE WECK, Lob der Deutschen. 10 Jahre deutsche Einheit – ein ganz normales Land, in: Die Zeit, 3.10.2000, S. 1.

Deutschland von heute ist souverän. Gleichzeitig ist es weise genug, die Grenzen dieser Souveränität zu respektieren und weiter dem außenpolitischen Königsweg der alten Bundesrepublik zu folgen, also seine nationale Politik in atlantische und europäische Strukturen einzubinden. Selbstverständlich ist die neue Bundesrepublik nicht mehr jene kleine rheinische Republik der Jahre 1949 bis 1990 – sympathisch, aber auch ein bisschen provinziell. Der Umzug der Hauptstadt von Bonn nach Berlin hat einen notwendigen Schlusspunkt hinter diese Vergangenheit gesetzt: Um normal zu werden, hat sich das neue Deutschland verändern müssen, im Innern und nach außen.

Diejenigen, die aus Anlass der deutschen Vereinigung die Gefahr eines »Vierten Reichs« beschworen, insinuierten ebenfalls, dass das neue Deutschland sich seiner historischen Verantwortung für das »Dritte Reich« entledigen werde[47]. Tatsächlich hat sich das Gedenken an die deutsche Geschichte der Jahre 1933 bis 1945 in den letzten Jahren verändert, nicht zuletzt aufgrund eines Generationswechsels, der sich auch in Deutschland vollzogen hat: Die Altersklasse, die den Zweiten Weltkrieg und seine Folgen noch unmittelbar erlebt hat, machte einer neuen Altersgruppe Platz, die keine direkte Kenntnis dieser Zeit mehr hat[48]. Auch deshalb wird nun offener über die Leiden der deutschen Bevölkerung im Zweiten Weltkrieg gesprochen – seien es jene aufgrund des Bombenkriegs oder jene im Zuge der Vertreibung. Aber bedeutet dies ein Vergessen der anderen Aspekte dieser Vergangenheit, ja einen neuen Revanchismus? Es gibt solche Befürchtungen, doch sie scheinen ungerechtfertigt, denn die Deutschen haben, ganz im Gegenteil, seit der Vereinigung sehr intensive Diskussionen über die Naziverbrechen geführt: Es ist begonnen worden, die Verantwortung einfacher Soldaten für die Shoah zu erforschen, kulminierend in der Ausstellung »Verbrechen der Wehrmacht«, die 1995 das erste Mal in Hamburg gezeigt wurde und die ungeachtet mancher Mängel die Forschung zum Thema angeregt hat. Überdies sind in den letzten Jahren neue Mahnmale zur Erinnerung an die Opfer des Nationalsozialismus errichtet worden, darunter 2005 jenes für die ermordeten europäischen Juden im Zentrum Berlins. Schließlich passt hierzu, dass Politik und Zivilgesellschaft wachsam bleiben gegenüber jedem Versuch einer Negation oder Relativierung der nationalsozialistischen Verbrechen. Kurzum: Der Generationswechsel scheint im Bereich der internationalen Politik, insbesondere auf dem Feld der deutsch-französischen Beziehungen und der europäischen Integration, weit eher zu einer Banalisierung zu führen – wobei auch das ein Teil der neuen deutschen Normalität ist, denn Ähnliches können wir auch bei vie-

---

[47] Heinrich August WINKLER, Der lange Weg nach Westen, Bd. 2: Deutsche Geschichte vom »Dritten Reich« bis zur Wiedervereinigung, München ⁵2002, S. 489–639; Edgar WOLFRUM, Geschichte als Waffe. Vom Kaiserreich bis zur Wiedervereinigung, Göttingen 2001, S. 131.
[48] ASSMANN, FREVERT (Hg.), Geschichtsvergessenheit (wie Anm. 9); ASSMANN, Schatten (wie Anm. 9); Torben FISCHER, Matthias N. LORENZ (Hg.), Lexikon der »Vergangenheitsbewältigung« in Deutschland. Debatten und Diskursgeschichte des Nationalsozialismus nach 1945, Bielefeld 2007; Klaus GROSSE KRACHT, Die zankende Zunft. Historische Kontroversen in Deutschland nach 1945, Göttingen 2005; BIERMANN, Vergangenheiten (wie Anm. 9).

len europäischen Nachbarn beobachten – als auf dem Gebiet der Vergangenheitspolitik[49].

Gleichwohl: Der Historiker wie der Zeitzeuge, der einen guten Teil seines Lebens im Ausland verbringt und der um die andauernden zumindest latenten Vorbehalte gegenüber Deutschland selbst oder sogar gerade in Frankreich weiß, sträubt sich gegen die pauschale Feststellung einer Normalität des vereinten Deutschlands, eben weil zur Geschichte der Bundesrepublik nach wie vor auch die nationalsozialistische Vergangenheit und deren monströse Verbrechen gehören. Allein der 9. November zeigt diese Ambivalenz auch der neuesten deutschen Geschichte. So übertrieben und auch unredlich es war, dass westdeutsche Intellektuelle hieraus 1989/1990 ohne Rücksicht auf ostdeutsche Wünsche eine historische Legitimation, ja Notwendigkeit für die Festschreibung der deutschen Teilung als Sühneleistung ableiteten[50], so ahistorisch und gefährlich wäre es heute, im Sinne einer falsch verstandenen Normalität die historische Verbindungslinie gering zu schätzen: Die Bundesrepublik Deutschland ist ein normaler Staat mit einer anomalen Vergangenheit. Dass sie ungeachtet ihrer andauernden geschichtlichen Hypotheken heute bei ihren Nachbarn zumindest keine offenen Ängste mehr auslöst, ist allerdings zwanzig Jahre nach der Vereinigung ein weiterer Grund zur Freude. Ebenfalls erfreulich ist eine neuere Umfrage, die belegt, dass 80% der 14–19-Jährigen sich tatsächlich als Deutsche verstehen und nur 11% als West- oder Ostdeutsche[51]. Damit wächst zwanzig Jahre nach Mauerfall und Vereinigung erstmals eine Generation heran, die gesamtdeutsch denkt und fühlt und für die die faktische wie mentale Teilung Deutschlands tatsächlich eine vergangene Geschichte ist.

Der vorliegende Band ist aus einer Tagung hervorgegangen, die der Herausgeber am 9. November 2009 zusammen mit dem Deutschen Historischen Institut Paris an der Universität Paul-Verlaine – Metz (UPV-M) durchgeführt hat. Die Tatsache, dass diese Konferenz eine starke Publikumsresonanz fand, zeugt von dem sehr großen Interesse, auf das insbesondere der 20. Jahrestag des Mauerfalls in Frankreich gestoßen ist: Historische Sendungen auf allen Kanälen, Sonderbeilagen der großen Tages- und Wochenzeitungen, zahlreiche Tagungen – und dies alles über das ganze Jahr verteilt – können auch noch in der Retrospektive alle jene ermutigen, die sich für die deutsch-französische Sache einsetzen. In dieser Tradition stand auch die Metzer Tagung, die ihre

---

[49] Reiner MARCOWITZ, Cinquantième anniversaire des traités de Rome. Rétrospective et perspectives, in: Martin KOOPMANN, Stephan MARTENS (Hg.), L'Europe prochaine. Regards franco-allemands sur l'avenir de l'Union européenne, Paris 2008, S. 23–41. (dt.: 50 Jahre Römische Verträge: Rückblick und Ausblick, in: Martin KOOPMANN, Stephan MARTENS [Hg.], Das kommende Europa. Deutsche und französische Betrachtungen zur Zukunft der Europäischen Union, Baden-Baden 2008, S. 21–37).
[50] Heinrich August WINKLER, Der 9. November. Ein deutscher Nachdenktag, in: DERS., Auf ewig in Hitlers Schatten? Über die Deutschen und ihre Geschichte, München 2007, S. 150–153; vgl. zu diesem negativen Argumentationsmuster kritisch auch DERS., Kehrseitenbesichtigung, in: ibid., S. 145–149 und exemplarisch Günter GRASS, Unterwegs von Deutschland nach Deutschland. Tagebuch 1990, Göttingen 2009.
[51] Olaf GERSMANN, Die Generation ohne Mauer trennt nicht mehr nach Ost und West, in: Die Welt am Sonntag, 26.10.2009.

Entstehung und Durchführung vielen Menschen verdankt: zunächst einmal der finanziellen Unterstützung durch den Centre d'études germaniques interculturelles de Lorraine (CEGIL), den Conseil scientifique der UPV-M, den Conseil régional de la Lorraine, die Deutsch-Französische Hochschule und die Stadt Metz; sodann den Mitwirkenden der Tagung, sowohl den Vortragenden, die alle auch zu Autoren dieses Bandes geworden sind, als auch den Leitern der einzelnen Sektionen – Jean-Paul Cahn (Université Paris IV), Michel Grunewald (UPV-M) und Stefan Martens (DHIP). Für die äußerst angenehme und produktive Zusammenarbeit mit dem DHIP, die in das Angebot mündete, den Tagungsband in die Ateliers-Reihe des Hauses aufzunehmen, sei stellvertretend für ihre Equipe der Direktorin Gudrun Gersmann gedankt. Für ihr umsichtiges Lektorat gilt schließlich ein besonderer Dank Claudie Paye und Veronika Vollmer, für die professionelle und rasche Drucklegung gleichfalls dem Oldenbourg Verlag.

Metz, im Juni 2010   Reiner Marcowitz

RÉSUMÉ FRANÇAIS

Vingt ans après, la chute du mur de Berlin et l'unification allemande semblent être pleinement entrées dans l'Histoire: elles appartiennent définitivement au passé. Ce constat repose premièrement sur les résultats des sondages, selon lesquels la grande majorité des Allemands ne regrettent pas l'époque de la division. Deuxièmement, la RDA a toujours été une entité artificielle qui n'existait que par les lois de la guerre froide. Troisièmement, grâce à l'ouverture quasi-totale des archives est-allemandes dès 1990, la RDA et son prédécesseur, la zone d'occupation soviétique, ont fait l'objet d'études plus poussées que la plupart des autres époques historiques ces vingt dernières années. Il y a peu de chances de voir surgir aujourd'hui des découvertes importantes ou de grandes révélations sur les événements de 1989/1990, tout au plus des détails, par exemple sur la politique allemande de la France à l'époque. En ce qui concerne les évolutions récentes, il est particulièrement intéressant d'analyser la mémoire de ces événements et le travail de réflexion individuel ou collectif qu'elle a induit. Dans cette perspective à long terme, l'auteur s'interroge également sur le caractère de césure des années 1989/1990: l'›ancienne‹ RFA s'est-elle alors transformée en une ›nouvelle‹ Allemagne? Les mutations flagrantes observées non seulement dans la société allemande, mais aussi dans la politique extérieure, intérieure et économique du pays vont dans ce sens. Mais on ne saurait attribuer ces changements seulement à l'unification. Ils s'expliquent surtout par le fait que la guerre froide prit fin avec les événements de 1989/1990, ce qui permit l'émergence d'une configuration entièrement nouvelle, obligeant tous les acteurs internationaux à se repositionner. La mutation structurelle de la RFA ne s'est donc pas produite subitement en 1990, ni même – à certains égards – au début des années 1990. Elle est le fruit d'un long processus d'adaptation au nouveau contexte international, processus qui a duré près de dix ans. L'unification allemande était un pré-requis nécessaire, mais pas une condition suffisante. En définitive, malgré les craintes latentes ou manifestes parfois exprimées en Allemagne et à l'étranger, la République fédérale ressemble aujourd'hui beaucoup plus à ses partenaires occidentaux qu'avant 1989/1990: elle est devenue un État normal qui a toutefois conservé son passé spécifique, anormal.

Eine deutsche Revolution – nach französischem Vorbild?

Une révolution allemande – d'après le modèle français?

PHILIPPE ALEXANDRE

»Nos amis français ont bien des difficultés avec l'Allemagne«[1]
Les Français face à l'unification allemande, 1989–1990

Dans une Europe marquée par les conséquences de la Seconde Guerre mondiale et connaissant de profonds bouleversements, les relations franco-allemandes étaient appelées à trouver une forme nouvelle. Le contexte international qui résultait de l'épreuve de force opposant les États-Unis et l'Union soviétique ainsi que la situation particulière dans laquelle elles se trouvaient firent en effet sentir à la France et à la République fédérale la nécessité de fonder leurs rapports mutuels sur des principes positifs.

La République fédérale s'était dotée d'institutions qui faisaient d'elle un État de droit démocratique, elle réussit à relever son économie et à s'intégrer dans la communauté internationale. Le pragmatisme de son premier chancelier, Konrad Adenauer, lui permit de devenir, à l'Ouest, un partenaire indispensable et traité sur un pied d'égalité. Les relations qu'ils surent établir avec les États-Unis et la Communauté atlantique d'une part, avec l'Union soviétique et les pays de l'Europe de l'Est d'autre part, permirent aux Allemands de l'Ouest de maintenir ouverte la »question allemande«. Restaurer l'unité et la souveraineté de leur pays était un but qu'ils avaient inscrit dans leur Loi fondamentale. Pour atteindre ce but, il leur fallait notamment assurer à la RFA un statut international solide. La réconciliation et la coopération sans cesse plus étroite avec la France ont sans doute contribué à construire ce statut.

La France, quant à elle, se trouva en 1945 dans le camp des vainqueurs, elle obtint une zone d'occupation en Allemagne et devint ainsi une des quatre puissances dites tutélaires de son voisin vaincu. Aspirant toujours à jouer un rôle prépondérant en Europe continentale, elle chercha d'abord à affaiblir celui-ci afin d'écarter définitivement le ›danger allemand‹. Comprenant toutefois que cette politique conduirait à une impasse, les Français adoptèrent par la suite une attitude différente. Cela se manifesta notamment à travers le plan de Communauté européenne du charbon et de l'acier (CECA), présenté en 1950 par leur ministre des Affaires étrangères, Robert Schuman. Mais ce plan recherchait, d'une certaine manière, »la poursuite d'une politique de l'État-nation avec d'autres moyens«[2]. Le traité du 22 janvier 1963, dit »de l'Élysée«, devait sceller définitivement la réconciliation entre la France et l'Allemagne et jeter les bases d'un partenariat qui, en dépit de crises passagères, s'est avéré durable et efficace. Les relations franco-allemandes reposaient sur une sorte de distribution des rôles qui était la suivante: l'Allemagne fédérale était devenue une puissance économique, face à

---

[1] Horst TELTSCHIK, 329 Tage: Innenansichten der Einigung, Berlin 1991, p. 96.
[2] Ulrich LAPPENKÜPER, Auf dem Weg zur ›Erbfreundschaft‹: Die Bundesrepublik Deutschland und Frankreich von 1949 bis 1963, dans: Vis-à-vis: Deutschland-Frankreich, publ. par Haus der Geschichte der Bundesrepublik Deutschland, Cologne 1998, p. 111–120.

laquelle la France souffrait d'un complexe d'infériorité, complexe qu'elle entendait compenser par certaines formes de diplomatie et par sa force de frappe. De leur côté, les dirigeants ouest-allemands s'imposaient depuis 1949 une prudente »politique de retenue«.

Avec l'effondrement du communisme en Europe de l'Est, en 1989, sonna pour le couple franco-allemand l'heure de vérité[3]. La division de l'Allemagne avait été un des facteurs décisifs qui avaient permis une politique de rapprochement entre les deux pays. Or, voici que du fait de la chute du mur de Berlin et des conséquences qui allaient en résulter se dérobaient les bases sur lesquelles reposait cette entente[4].

Comment les Français ont-ils réagi face à ce bouleversement? Il convient, en posant aujourd'hui cette question, de bien distinguer les réactions provoquées par la chute du mur de Berlin et les attitudes adoptées face au problème de l'unification allemande. Au lendemain du 9 novembre 1989, on pouvait se réjouir de la »levée des restrictions imposées aux déplacements de la population est-allemande vers l'Ouest«, espérer qu'il s'agissait d'»un prélude au démantèlement du Mur«, attendre l'»instauration d'un gouvernement démocratique« en RDA, en pensant qu'il fallait »traiter les événements l'un après l'autre«, en raison de la complexité d'une situation qui devait modifier l'ordre européen né de 1945[5].

Pour parvenir à des conclusions satisfaisantes, une analyse des réactions françaises face au processus d'unification allemande en 1989/1990 doit tenir compte de celles de l'ensemble du monde occidental et de l'Est. Envisagée avant même le 9 novembre, la réunion des deux États allemands fut en effet considérée comme »tout à fait problématique«, »quand on ne la redoutait pas«[6] dès lors qu'elle s'avéra possible. Urbain N'Sonde, auteur d'une étude comparée portant sur les puissances occidentales, montre que la »remise en question prévisible de l'ordre géopolitique et stratégique« et la perspective de voir naître un »géant économique au centre de l'Europe« a inspiré partout, à cette époque, des sentiments d'inquiétude[7]. Helmut Kohl le fait remarquer dans ses souvenirs[8].

---

[3] Anna Léa ROSENBERGER, François Mitterrand im Prozess der Wiedervereinigung Deutschlands, Universität Passau, Diplomarbeit im Studiengang Sprachen-, Wirtschafts- und Kulturraumstudien, 2005, ici p. 4.
[4] Ibid.
[5] François MITTERRAND décrit clairement, à propos de l'attitude de Margaret Thatcher avant février 1990, les deux problématiques dans: ID., De l'Allemagne, de la France, Paris 2001, p. 39.
[6] Ingo KOLBOOM, Frankreich und die deutsche Einheit: Der dramatische Eindruck täuscht, dans: ID., Vom geteilten zum vereinten Deutschland, Bonn 1991 (Arbeitspapiere zur Internationalen Politik, 61), p. 44–65, ici p. 44.
[7] Urbain N'SONDE, Les réactions à la réunification allemande. En France, en Grande-Bretagne et aux États-Unis, Paris 2006 (Allemagne d'hier et d'aujourd'hui), p. 8.
[8] Helmut KOHL, Vom Mauerfall zur Wiedervereinigung. Meine Erinnerungen, Munich 2009, p. 21.

Les études ciblées sur un pays, même si elles font apparaître des tendances générales, présentent des résultats très différenciés[9]. Il nous faut distinguer, d'une part, l'opinion publique, dont les résultats de sondages donnent un reflet; d'autre part ›l'opinion publiée‹, c'est-à-dire les médias, qui font intervenir les leaders d'opinion, les intellectuels; enfin les experts, les entrepreneurs, la classe politique, les dirigeants du pays. Chacune de ces catégories a sa manière d'appréhender les choses, déterminée par des expériences ou des intérêts qui lui sont propres. À l'intérieur de ces catégories, des éléments tels que l'appartenance politique, la génération, le milieu social ou le niveau d'instruction permettent d'affiner encore davantage l'analyse.

Il importe, en outre, de tenir compte de la chronologie des événements, la question de l'unification allemande s'est posée de manière différente avant et au moment de la chute du Mur, puis quand, au début de 1990, la réunion des deux États allemands parut inéluctable, enfin durant la période des négociations dites »2 + 4«. Les opinions ont évolué du 9 novembre 1989, date de la chute du Mur, au 3 octobre 1990, jour officiel de l'unité allemande.

La question de l'unification allemande englobait un ensemble complexe de problèmes. Les deux grandes puissances, les États partenaires et voisins de l'Allemagne, à l'Ouest comme à l'Est, l'ont abordée de manière différente, en fonction des intérêts de chacun. Les Français pensaient à l'avenir des relations franco-allemandes, au poids politique et économique d'une Allemagne unifiée, qui risquait de provoquer un déséquilibre dans le rapport entre les deux pays. On se demandait: quel est l'avenir de l'Allemagne nouvelle? Quelle position adoptera-t-elle désormais dans la construction européenne? Ne sera-t-elle pas, du fait de sa situation géographique, tentée de se tourner vers la Mitteleuropa ou de suivre une »voie particulière«?

Cinq difficultés majeures étaient liées à l'unification allemande[10]. Il était demandé à l'Allemagne de reconnaître définitivement la ligne Oder-Neiße. Un refus de sa part aurait pu déclencher une réaction en chaîne, des conflits de frontières dans l'Europe du Centre-Est. C'était là une cause d'inquiétude chez le président François Mitterrand[11], et aussi chez les Polonais particulièrement. Les quatre puissances tutélaires: les États-Unis, l'Union soviétique, la Grande-Bretagne et la France, devaient se mettre d'accord sur la dévolution de leurs droits à l'Allemagne unifiée. L'Allemagne devait renoncer aux armes nucléaires, biologiques et chimiques. Elle devait par ailleurs continuer, après son unification, d'appartenir à l'Alliance atlantique. C'était là une nécessité. L'Allemagne ne pouvait être ›neutralisée‹, car elle constituait un élément important d'un dispositif de sécurité, dans lequel la France entendait jouer un rôle. Ce problème fut au cœur des discussions franco-allemandes au mois de janvier 1990[12]. Enfin, l'Allemagne devait confirmer son engagement au sein de la Communauté européenne.

---

[9] Cf. Marie-Noëlle BRAND-CRÉMIEUX, Les Français face à la réunification allemande, automne 1989–automne 1990, Paris 2004
[10] MITTERRAND, De l'Allemagne (voir n. 5), p. 33–34.
[11] Ibid.
[12] Deutschland–Frankreich. Ein neues Kapitel ihrer Geschichte/France–Allemagne. Un nouveau chapitre de leur histoire: 1948–1963–1993. Chronologie-Documentation. Dokumente/Documents, publ. par Deutsch-Französisches Institut Ludwigsburg, Bonn 1993, p. 108–109.

ENTRE FIXATION SUR LE PASSÉ ET RÉALISME: L'OPINION FRANÇAISE FACE À LA QUESTION DE L'UNITÉ ALLEMANDE

La question de l'unité allemande a constitué, de l'automne 1989 à celui de 1990, un des thèmes majeurs traités dans les médias français. Tous les partis, tous les leaders d'opinion et tous les experts se sont exprimés à ce sujet. La discussion porta d'abord sur la possibilité d'une unification; puis, lorsque celle-ci parut inéluctable et qu'elle fut sur le point de se réaliser, sur les conséquences qu'elle pourrait avoir pour l'Allemagne et pour la France.

Dans leur majorité, les Français saluèrent la chute du Mur. Les images de la nuit du 9 au 10 novembre 1989 frappèrent les esprits, on vit s'exprimer un sentiment de solidarité avec le peuple allemand, en particulier avec les Allemands de l'Est qui quittaient la RDA pour venir en RFA. On célébrait aussi la chute du communisme, tout en étant conscient que la fin de la division de l'Allemagne pouvait générer des troubles graves en Europe. Mais c'est l'émotion qui l'emporta, et beaucoup se rendirent à Berlin pour vivre, sur place, le grand événement. L'ouverture du mur de Berlin était considérée par une bonne part de l'opinion française comme la réunion d'un peuple qui avait été artificiellement divisé[13], comme le premier pas vers l'unification de l'Allemagne, plutôt perçue comme positive[14].

Une certaine inquiétude se manifesta toutefois lorsque Helmut Kohl sembla hésiter à reconnaître ouvertement la frontière Oder-Neiße, et cette inquiétude grandit au fur et à mesure qu'approcha la date de l'unité[15]. Cette réaction peut s'expliquer par plusieurs facteurs, parmi lesquels les facteurs psychologiques ont joué un rôle important. Si, à l'automne de 1989, une certaine perplexité se fit sentir en France, cela était sans doute dû au fait que l'Histoire s'accélérait. On se trouvait désemparé face à une dynamique que l'on avait le sentiment de ne plus pouvoir contrôler et prenant une tournure que l'on n'avait pas prévue, et cela avec une soudaineté déconcertante. Aussi beaucoup, parmi les observateurs et les dirigeants, réagissaient-ils avec prudence[16]. En outre, les Français continuaient de faire une fixation sur le passé[17]; ils craignaient une Allemagne puissante, dominatrice et expansionniste. Il y a eu, à ce moment-là, des malentendus qui montraient que les bases de l'»amitié« franco-allemande manquaient encore de solidité. Et une connaissance trop insuffisante de l'Allemagne n'entretenait-elle pas certains clichés dans l'esprit de nombreux Français? En tout cas, une réalité nouvelle

---

[13] BRAND-CRÉMIEUX, Les Français face à la réunification allemande (voir n. 9), p. 36, 307.
[14] Il ressort d'un sondage réalisé au lendemain de la chute du Mur pour »Le Figaro« que 60% des Français interrogés pensaient que la réunification était »une bonne chose pour la France«, 19% »une mauvaise chose«. 70% estimaient que l'unification ne serait pas un obstacle à la construction européenne, 18% étaient d'un avis contraire. Cf. Le Figaro, 13/11/1989. Un autre sondage effectué un peu plus tard en France et en RFA disait: 66% des Français croient à la réunification, 55% des Allemands de l'Ouest n'y croient pas. Cf. Le Figaro, 29/11/1989.
[15] Joachim FRITZ-VANNAHME, Viel Sand im Getriebe, dans: Die Zeit, 30/3/1990, p. 7; BRAND-CRÉMIEUX, Les Français face à la réunification allemande (voir n. 9), p. 39–41.
[16] Ibid., p. 307.
[17] Roland DUMAS, Angst vor den Deutschen?, dans: Die Zeit, 14/9/1990, p. 6.

s'imposait à eux: une Allemagne unifiée compterait 80 millions d'habitants, soit 25 millions de plus que la France, elle aurait un poids économique encore plus important, qui créerait nécessairement un déséquilibre dangereux[18]. Ce géant économique, dont le statut de ›nain politique‹ constituait pour la France une sorte de compensation, pouvait désormais devenir aussi une puissance politique, prépondérante en Europe. La »vieille différence de statut« entre les deux pays allait-elle disparaître[19]?

En dépit de ces inquiétudes, la plupart des Français considéraient l'aspiration des Allemands à l'unité nationale comme légitime, et cela au nom du principe de l'autodétermination des peuples. N'avait-on pas, durant cette année 1989, célébré le bicentenaire de la Révolution française[20]? Ce principe de la liberté des peuples n'était-il pas, justement, un des héritages de cette révolution? Seuls les intellectuels communistes remettaient en question le droit des Allemands à l'autodétermination. Ils mettaient en avant le droit des non-Allemands à la non-réunification de l'Allemagne[21]. La chute du mur de Berlin symbolisait pour eux l'effondrement d'un idéal, mais ils invoquaient aussi un passé que l'on ne voulait plus revivre ou annonçaient la naissance d'une puissance hégémonique en Europe, qui cherchait »à affirmer son rôle politique international avec une certaine arrogance«[22].

Cette peur fut ensuite surmontée, mais en partie seulement. Entre-temps, la situation s'était peu à peu clarifiée. Le 30 janvier, Gorbatchev avait accepté le principe de la réunification, ce qui avait levé un obstacle majeur; le 6 février avait été annoncée l'union économique et monétaire entre la RFA et la RDA. On connaît la suite des événements. Quel était l'état d'esprit en France en septembre 1990? Il ressort d'un sondage réalisé par la Sofres qu'à cette date 37% des personnes interrogées se félicitaient de voir arriver le jour de l'unité allemande, alors que 27% se déclaraient inquiètes et 32% indifférentes[23]. 37% ne constituaient certes pas une majorité absolue.

Les facteurs psychologiques qui peuvent expliquer les réactions après la chute du Mur, et qui ont continué à influencer l'opinion française jusqu'à la fin de 1990, ont toutefois cédé le pas à des considérations plus réalistes. On se disait: comment pouvons-nous nous opposer à la décision des Allemands de réaliser leur unité? Il serait dangereux d'aller contre leurs aspirations, de faire naître chez eux une frustration. Cela aurait pour conséquence de réveiller chez eux un nationalisme. Tel est l'argument qui fut maintes fois utilisé contre les adversaires de la réunification allemande, qui, en France, brandissaient le spectre d'une grande Allemagne nationaliste. On se disait aussi: ce que nous avons réussi à faire, grâce à une politique de réconciliation, ne doit

[18] Le Nouvel Observateur, 16–22/11/1989; Jacques JULLIARD, L'Allemagne m'inquiète, dans: Le Nouvel Observateur, 1–7/1/1990, p. 45.
[19] KOLBOOM, Frankreich und die deutsche Einheit (voir n. 6), p. 46.
[20] François MITTERRAND note, dans »De l'Allemagne, de la France«, à propos des réactions des Allemands de l'Est le 9 novembre 1989: »Comme à Varsovie, à Prague, à Budapest, le peuple avait fait l'Histoire et cette Histoire était celle d'une autre révolution, jeune celle-là, vivante réplique, deux siècles plus tard, de la Révolution française«. ID., De l'Allemagne (voir n. 5), p. 36–37.
[21] BRAND-CRÉMIEUX, Les Français face à la réunification allemande (voir n. 9), p. 308.
[22] N'SONDE, Les réactions face à la réunification allemande (voir n. 7), p. 109.
[23] Le Figaro, 26/9/1990.

Les Français face à l'unification allemande, 1989–1990 29

pas être compromis. Ce n'est qu'en continuant de coopérer avec eux que nous pourrons empêcher les Allemands de s'engager sur une voie particulière. Le mieux que nous ayons à faire est de les soutenir, si nous voulons avoir une influence sur le processus de leur unification. La politique de rapprochement pratiquée après 1945 a permis d'instaurer un rapport de confiance entre la France et la République fédérale; si l'Allemagne unifiée doit être une République fédérale élargie, démocratique, occidentale, avec laquelle nous pouvons entretenir des relations amicales, il n'y a aucune raison de s'opposer à la décision des Allemands[24].

Une analyse minutieuse des prises de position qui se sont exprimées en France sur la question de l'unité allemande donne des résultats très différenciés. Chaque groupe de la population a réagi à sa manière; les déportés, les résistants, les anciens combattants ou la communauté juive, par exemple, avec des sentiments différents de ceux d'autres parties de l'opinion. La plupart des Français se sont montrés prêts à accepter le principe de la réunification. Une minorité a eu un discours différent. Marie-Noëlle Brand-Crémieux note à ce sujet:

Un tel discours frappe, provoque des remous. Bien que minoritaire, il ne peut être négligé dans la mesure où il représente un courant d'opinion existant. Mais sa portée ne doit pas non plus être exagérée. Il ne doit pas trop focaliser l'attention et doit être rééquilibré[25].

Les Français les plus intéressés par la question allemande portaient leur attention sur ses aspects les plus difficiles, liés aux alliances stratégiques, à la ligne Oder-Neiße ou à la construction européenne; les autres se posaient des questions plus générales telles que: où va l'Allemagne? Quelles garanties offrira-t-elle? Mais tous étaient certains d'une chose: l'Allemagne unifiée serait plus forte que l'ancienne République fédérale, tant sur le plan politique que sur le plan économique. Comment allait-on pouvoir contrôler cette nouvelle puissance?

La perception que l'opinion française pouvait avoir de cette puissance fut influencée par les médias. Ainsi, les bonnes résolutions des Allemands furent souvent mises en doute. L'hebdomadaire »Le Point« ne parlait-il pas du »Blitzkrieg« du chancelier Kohl, le quotidien »Libération« de la naissance d'un »Quatrième Reich«? La une de nombreux journaux brandissait le spectre de la »grosse Allemagne«. Ingo Kolboom faisait fort justement observer, en 1991, que la méfiance entretenue deux ans auparavant dans la presse française avait été instrumentalisée[26]. Ce n'était pas là un phénomène nouveau. Depuis l'époque où le gouvernement de Bonn avait inauguré sa Ostpolitik, le débat sur la question allemande avait été régulièrement réactivé en France.

Après la chute du mur de Berlin, les médias ravivèrent la méfiance. La superficie de la »grosse Allemagne« était certes inférieure à celle de la France; mais ses points forts étaient additionnés avec une arithmétique permettant de mettre en évidence sa supériorité. Les titres accrocheurs choisis par la presse française de l'époque doivent toutefois être relativisés; le contenu des articles était, la plupart du temps, beaucoup plus nuancé

[24] BRAND-CRÉMIEUX, Les Français face à la réunification allemande (voir n. 9), p. 308–309.
[25] Ibid., p. 309.
[26] KOLBOOM, Frankreich und die deutsche Einheit (voir n. 6), p. 44.

et prudent que les manchettes qui les précédaient[27]. La presse a, certes, exagéré la crise momentanée de l'automne 1989, affirmant qu'une unification serait une »grande aventure«, réactivant certaines images du passé: celles du Reich[28], de la Prusse, de Bismarck, d'une Europe organisée autour de Berlin[29]. Certains journalistes affirmaient par exemple que la réunification pouvait faire ressurgir les »vieux démons de l'Allemagne«, tels que le »Drang nach Osten«[30].

Des études systématiques comme celles qui ont été proposées par Marie-Noëlle Brand-Crémieux et Urbain N'Sonde font apparaître que certains journalistes français ont, au contraire, mis en garde contre les phobies, les exagérations et les malentendus. Mais ce que les commentateurs allemands mettaient de préférence en avant, c'étaient les opinions négatives de la presse du pays voisin, ce qui donnait en Allemagne une image déformée de l'opinion française face à l'unification allemande. Le »Spiegel« en est une illustration caractéristique. En avril 1990, par exemple, l'hebdomadaire publiait un article précédé du titre suivant: »Cicatrices psychiques. Sentiments antiallemands et rivalités entre Mitterrand et Kohl«[31].

Ces sentiments, dont le »Spiegel« pouvait laisser penser qu'ils étaient partagés par la majorité des Français, n'étaient par exemple pas ceux de Michel Tournier. L'auteur du roman »Le Roi des aulnes«, pour lequel il avait obtenu le prix Goncourt en 1970, connaisseur de la culture allemande et marqué par elle, était de ceux qui saluaient, sans réserves, la chute du Mur. Il se félicitait de voir approcher la fin de la division allemande dont il répétait, depuis des années, qu'elle était »contre-nature«. Invité par le »Spiegel« à dire ce qu'il pensait de l'attitude de ses collègues d'outre-Rhin Stefan Heym et Günter Grass, qui se montraient fort réticents à la perspective d'une réunion des deux États allemands, il répondait simplement: »Ces écrivains ne sont pas le peuple. C'est à ce dernier qu'appartient la décision«[32].

Michel Tournier avait un jour affirmé être le seul Français à comprendre vraiment quelque chose à l'Allemagne. En janvier 1990, il ne revenait pas totalement sur cette affirmation provocatrice, déclarant aux journalistes du »Spiegel«: »Peut-être les Français ne comprennent-ils simplement pas grand-chose à l'Allemagne. Et c'est pourquoi il n'est pas difficile de comprendre l'Allemagne mieux que la plupart des Français«[33]. Il se montrait toutefois compréhensif quant aux inquiétudes que la perspective de l'unification allemande pouvait inspirer à ses compatriotes; non seulement du fait de la renaissance d'une grande Allemagne, mais, de façon générale, en raison des incertitudes liées au grand bouleversement qui s'opérait en Europe.

---

[27] BRAND-CRÉMIEUX, Les Français face à la réunification allemande (voir n. 9), p. 68–82.
[28] François PUAUX, Vers le V⁰ Reich, dans: Le Figaro, 8/11/1989.
[29] Cf. p.ex. Josette ALIA, Allemagne: ce qui nous attend, dans: Le Nouvel Observateur, 1/3/1990; Max CLOS, Une ou deux Allemagnes?, dans: Le Figaro, 10/11/1989.
[30] Cf. BRAND-CRÉMIEUX, Les Français face à la réunification allemande (voir n. 9), p. 71.
[31] Psychische Narben. Antideutsche Ressentiments und Rivalitäten zwischen Mitterrand und Kohl belasten das deutsch-französische Verhältnis, dans: Der Spiegel, 9/4/1990, p. 157–158.
[32] »Die Teilung ist widernatürlich«. Der französische Romancier Michel Tournier über Deutschland, dans: Der Spiegel, 22/1/1990, p. 136–143.
[33] Ibid.

AMBIGUÏTÉS, INCERTITUDES
FRANÇOIS MITTERRAND ET LA CLASSE POLITIQUE
FRANÇAISE FACE À LA QUESTION DE L'UNITÉ ALLEMANDE

Si ce grand bouleversement a surpris les Français, il a aussi, du fait de la complexité de ses enjeux, désemparé leur président[34] et l'ensemble de leur classe politique.

Après son élection à la présidence de la République en 1981, François Mitterrand avait déclaré, lors d'un entretien avec le chancelier Helmut Schmidt, que la réunification allemande était »dans la logique de l'histoire«[35]. La condition pour que cette unité devienne possible était, disait-il, l'affaiblissement de l'empire soviétique, qui ne se manifesterait pas avant une quinzaine d'années[36]. En 1989, il défendait l'idée que l'aspiration des Allemands à l'unité nationale était »tout à fait logique et normale«[37]. Mais, à l'automne, il se montra persuadé que Moscou s'opposerait à la réunification de l'Allemagne. En juillet 1989, alors que le mouvement de contestation prenait de l'ampleur en RDA, il se prononça en faveur de l'unité allemande. C'était à l'occasion d'une conférence de presse commune avec Mikhaïl Gorbatchev, à Paris. Il invitait toutefois les protagonistes, dans le cas où l'unification serait possible, à agir avec modération et à ne rien précipiter, car un tel processus ne pouvait s'opérer »que pacifiquement et démocratiquement«[38]. Le 3 novembre, il déclarait encore à un journaliste, à l'occasion d'un sommet franco-allemand, qu'il ne craignait pas l'unification de l'Allemagne. Son ancien conseiller, Jacques Attali, rapporte toutefois que, dans un entretien privé, il disait la considérer comme un danger qui pourrait avoir pour conséquence une alliance entre la Grande-Bretagne, la France et l'Union soviétique, voire une guerre au cours du XXIe siècle[39]. Aussi s'agissait-il, selon lui, de hâter la construction européenne pour empêcher le processus de l'unification allemande.

Au moment où s'ouvrait le mur de Berlin, Mitterrand se trouvait à Copenhague, où il préparait le Conseil européen de Strasbourg. Il déclara qu'il s'agissait là d'un »événement heureux« qui serait contagieux[40]; il n'en restait pas moins persuadé que l'Union soviétique ne permettrait jamais une réunification allemande. Lorsqu'il s'avéra qu'il se trompait, il persévéra dans une attitude qui a souvent été qualifiée

---

[34] Cf. p.ex.: 1989, le retour de la question allemande: vers la réunification, par Georges SAUNIER, Jean MUSITELLI, Frédéric BOZO, Tilo SCHABERT, le 9 octobre 2005, Interview, dans: http://www.mitterrand.org/1989-le-retour-de-la-question.html (25/6/2010) ou Vincent JAUVERT, Mitterrand au pied du Mur, dans: http://hebdo.nouvelobs.com/hebdo/parution/p2348/articles /a412272-.html (25/6/2010).
[35] MITTERRAND, De l'Allemagne (voir n. 5), p. 13; ID., Über Deutschland, Francfort/M. 1996, p. 10.
[36] Die deutsch-französischen Beziehungen. Chronologie und Dokumente 1948–1999, Bonn 2000, p. 73.
[37] MITTERRAND, De l'Allemagne (voir n. 5), p. 32; Über Deutschland (voir n. 35), p. 27.
[38] Cf. p.ex. Pierre FAVIER, Michel MARTIN-ROLAND, La décennie Mitterrand, t. 3: Les défis (1988–1991), Paris 1996, p. 230.
[39] Jacques ATTALI, Verbatim 3. Chronique des années 1988–1990, Paris 1995, p. 332.
[40] Ibid.

d'ambivalente. En public, il souhaitait que l'»Europe de Yalta prenne fin«[41]; en privé, il disait – à en croire Jacques Attali par exemple – redouter les conséquences d'un tel bouleversement qui était de nature à compromettre le succès de ce dont la France avait fait une de ses priorités: la poursuite de la construction européenne et le développement de la coopération avec l'Est.

À cette époque, Mitterrand pensait sans doute, et il n'était pas le seul, que l'unité allemande ne pourrait être que le résultat d'un processus long et compliqué et la forme de l'Allemagne réunifiée qu'une confédération assez lâche. Cette façon de voir les choses dut être révisée quand qu'il s'avéra que la RDA n'était pas viable et que tout évoluait plus rapidement que prévu. Dès lors, la position de la France changea. Celle-ci restait toutefois déterminée – tel était du moins le sentiment que l'on pouvait avoir – à faire valoir ses droits et ses devoirs en tant que puissance tutélaire de l'Allemagne. À travers les déclarations de Mitterrand s'exprimait également un souci constant de la France: celui de sa sécurité. Ancien résistant, appartenant à la génération qui avait connu la guerre, il pensait et réagissait peut-être encore avec les catégories d'après 1945. Il attendait en tout cas qu'après son unification l'Allemagne continue de respecter ses engagements tant sur le plan politique que sur le plan militaire; sa nouvelle configuration territoriale et son ouverture à l'Est ne pouvaient, selon le président français, avoir de conséquences pour l'Europe occidentale, en particulier pour la France[42].

Cet état d'esprit peut expliquer pourquoi François Mitterrand fut à un tel point irrité par le fait que le chancelier Helmut Kohl ne l'ait pas consulté, ni même informé, avant de présenter au Bundestag son plan en dix points, le 28 novembre 1989, d'autant que, la veille, il lui avait écrit en vue de fixer la date des négociations sur la future Union monétaire européenne. En outre, le chancelier se refusait à faire avancer la conférence qui devait préparer ce projet, ce qui, en France, et ailleurs, éveilla des soupçons. Helmut Kohl semblait accorder plus d'importance à l'unité allemande qu'à l'unification européenne. La France et les autres partenaires de l'Allemagne auraient toutefois pu, à ce moment, tenir compte d'une chose: le chancelier était confronté au problème des *Übersiedler*, de l'afflux d'Allemands de l'Est en République fédérale, dont on pouvait prévoir les conséquences. Il lui fallait agir vite. Pour des raisons de politique intérieure (le récent congrès de son parti, à Brême, avait montré que sa position était devenue fragile), il avait décidé de foncer. Il voulait l'unité allemande.

Lors du Conseil européen de Strasbourg, en décembre 1989, on put avoir l'impression que le ›vieux‹ couple franco-allemand entretenait une relation difficile, non exempte »d'arrière-pensées« et de »perfidie«[43]. Cette situation peut s'expliquer. D'un côté, Kohl faisait cavalier seul; de l'autre, Mitterrand prenait des initiatives qui étaient ressenties comme maladroites et inopportunes. La visite de ce dernier à Kiev, le

---

[41] Deutschland-Frankreich (voir n. 12), p. 73.
[42] Le »Spiegel« rappelait l'attitude qui avait été autrefois celle de Mitterrand vis-à-vis des Allemands. Il avait souvent souligné que ceux-ci étaient responsables de la division de l'Europe et qu'il leur fallait tenir compte du fait qu'il y avait eu une guerre mondiale. Cf. Splitter im Körper, dans: Der Spiegel, 1/1/1990, p. 26.
[43] Klaus DREHER, Helmut Kohl: Leben mit Macht, Stuttgart 1998, p. 463; Roger DE WECK, Hintergedanken und Hinterlist, dans: Die Zeit, 15/12/1989, p. 3.

6 décembre 1989, devait agacer le gouvernement de Bonn; elle fut perçue comme un retour à la tradition de l'entente franco-russe, visant à intimider les Allemands. Cette visite fut suivie du voyage en RDA, du 20 au 22 décembre, qui s'inscrivait dans la logique de la politique à l'Est de Mitterrand et devait être une réponse à l'offensive économique de l'Allemagne de l'Ouest en Europe de l'Est. À Berlin-Est, le chef de l'État français déclara que »la RDA et la France [avaient] encore beaucoup de choses à réaliser ensemble«[44]. Si cette démarche irrita à Bonn, c'est peut-être surtout parce qu'elle apportait au nouveau gouvernement est-allemand un soutien qui était de nature à lui donner une légitimité, ce qui mettait Helmut Kohl dans l'embarras. Celui-ci écrit dans ses souvenirs:

[François Mitterrand] avait effectué en RDA, au mois de décembre, une visite officielle qui m'irrita sérieusement. Même si ses entretiens avec les anciens communistes ou avec les représentants des partis du bloc n'avaient pas eu de contenu substantiel, je ressentis la portée symbolique de sa visite comme destructrice pour le processus de changement radical qui s'opérait en RDA[45].

Le dialogue fut toutefois renoué au début de l'année 1990. C'était une nécessité. Le 4 janvier, le chancelier rendait visite au président dans sa résidence landaise de Latche[46]. De novembre 1989 à mai 1990, ils se rencontrèrent huit fois. La question de la ligne Oder-Neiße qui, depuis 1950, était pourtant considérée comme réglée, n'en continua pas moins à empoisonner le climat: Helmut Kohl se refusait à reconnaître l'intangibilité de la frontière germano-polonaise avant l'unification. La France, quant à elle, insista pour que la Pologne participe aux négociations 2 + 4, quand ce problème serait à l'ordre du jour[47].

Si l'attitude du président Mitterrand face au processus de l'unification allemande paraît complexe et ambiguë, celle de la classe politique française se caractérise surtout par la diversité des positions. Les socialistes se montraient méfiants, la droite exprimait des craintes, le parti communiste attirait l'attention sur les dangers qui pouvaient résulter de la réunion des deux États allemands[48]. On vit aussi certains leaders changer radicalement de position de novembre 1989 à l'été 1990. Ainsi, l'ancien président de la République Giscard d'Estaing, qui restait une autorité morale dans le monde politique, affirma d'abord qu'il fallait donner la priorité à l'Europe: il s'agissait, dans son esprit, de s'opposer à une prépondérance allemande[49]. Il accepta finalement le fait qui allait s'accomplir[50], mais en défendant l'idée que l'Allemagne réunifiée devait être intégrée à la Communauté européenne[51].

---

[44] Cf. p.ex. Heiko ENGELKES, Frankreich und die deutsche Wiedervereinigung, dans: Vis-à-vis (voir n. 2), p. 193–200, ici p. 195.
[45] KOHL, Vom Mauerfall zur Wiedervereinigung (voir n. 8), p. 169.
[46] Ibid., p. 169–171.
[47] Oder-Neiße-Grenze: Überall Unruhe, dans: Die Zeit, 12/3/1990, p. 172.
[48] N'SONDE, Les réactions à la réunification allemande (voir n. 7), p. 109.
[49] BRAND-CRÉMIEUX, Les Français face à la réunification allemande (voir n. 9), p. 95.
[50] Ibid., p. 99.
[51] 1989, le retour de la question allemande (voir n. 34).

Le »Spiegel« s'est plu à mettre en avant des propos de responsables politiques français qui traduisaient certaines de leurs obsessions, telles que, par exemple, l'attachement à la force de frappe de la France, qui était en quelque sorte un des attributs de la puissance que celle-ci entendait garder. Il citait Georges Pompidou, qui, en 1970, lors d'un entretien privé avec deux journalistes (Claude Imbert, du »Point«, et Jean-Jacques Servan-Schreiber, de l'»Express«), avait déclaré: »Une fois encore, nous serons contents d'avoir notre bombinette, si l'Allemagne est réunifiée plus tôt que nous le pensions et si l'on négocie sur un nouveau système de sécurité«[52]. Et le »Spiegel« de faire ce commentaire:

Comme à l'époque de De Gaulle, la France met fortement l'accent sur son indépendance. Les superpuissances négocient à propos des armes nucléaires – la France, elle, ne prend pas place à la table des négociations. Les États de l'OTAN sont quasiment tous d'accord pour faire disparaître les missiles à courte portée en Europe – la France, elle, fabrique ses Hadès.

C'est avec une certaine malice et avec insistance que le »Spiegel« parlait des craintes qui s'exprimaient alors chez les dirigeants politiques français. Il citait par exemple le Premier ministre Michel Rocard, selon lequel la France conservait des »cicatrices psychiques« après avoir été attaquée trois fois par les Allemands en soixante-dix ans. Des réactions qu'il observait en France l'hebdomadaire tirait la conclusion suivante:

Les doutes que l'on a, de l'autre côté de la frontière, à propos de la fiabilité démocratique d'une ›patrie unie‹ se complaisant dans l'exaltation de la nation font naître la peur de nouvelles aspirations teutoniques à l'hégémonie[53].

Les analyses du »Spiegel« n'étaient pas totalement dénuées de fondement. La France, manifestement si jalouse de son statut de »puissance«, envisageait avec inquiétude la nouvelle répartition des rôles qui allait résulter de la réunification allemande. C'est qu'en effet le géant économique qu'était l'Allemagne pouvait désormais être en mesure d'exercer, lui aussi, une prépondérance politique en Europe. Ce ne sont pas seulement les relations franco-allemandes, mais aussi l'axe de l'union européenne et l'ancien équilibre auquel on s'était habitué qui allaient s'en trouver modifiés[54]. Le »Spiegel« qualifiait d'»hostile aux Allemands« le climat qui régnait alors en France.

L'enjeu réside dans le leadership politique en Europe, expliquait-il. Le socialiste de Paris, si susceptible, entend se battre pour conserver ce rôle prestigieux, le chrétien-démocrate de Bonn, insensible, attend que ce rôle lui tombe du ciel, comme l'unité allemande.

Après s'être montrés inquiets et prudents, les politiques français saluèrent l'unification allemande, comme l'ancien Premier ministre Michel Rocard[55]. Raymond Barre, qui avait été Premier ministre de Giscard d'Estaing, conseillait d'»accepter la réalité« et de

---

[52] Psychische Narben (voir n. 31).
[53] Ibid.
[54] Le »Spiegel« cite, à ce sujet, »Le Quotidien de Paris«.
[55] ATTALI, Verbatim 3 (voir n. 39), p. 337.

regarder l'avenir avec confiance. Jean-Marie Le Pen, leader de l'extrême droite, trouvait qu'il était légitime que les Allemands revendiquent le droit à l'unité[56]. Partout, ou presque, on finit par affirmer qu'il fallait adopter une attitude raisonnable et renoncer à certaines conceptions qui dataient de l'époque du général de Gaulle; beaucoup demandaient, en revanche, aux Allemands de se déterminer clairement en faveur de l'union européenne après la réunification.

»DOUBLE JEU« ET »JEU TROUBLE«[57]? LA POLÉMIQUE À PROPOS DE L'ATTITUDE DE FRANÇOIS MITTERRAND FACE À LA QUESTION DE L'UNITÉ ALLEMANDE

L'attitude de François Mitterrand face à la question de l'unité allemande a, dès 1989, fait l'objet d'une polémique qui a perduré et que le 20ᵉ anniversaire de la chute du mur de Berlin a ravivée. Alors que les détracteurs de l'ancien président mettent en avant ses erreurs d'appréciation et les faiblesses de sa politique allemande de l'époque, ses amis s'efforcent d'en montrer la cohérence.

La parution du troisième volume de la trilogie »Verbatim«, de Jacques Attali, a contribué, en 1995, à alimenter cette controverse. Dans cette chronique des années 1988–1991, l'ancien conseiller de François Mitterrand révèle – entre autres informations – ce qui se serait dit dans les coulisses de la grande politique dans les moments de la chute du mur de Berlin. Nous touchons ici à une double problématique: celle du décalage entre le discours public et l'entretien privé, plus exactement de ce qui en est rapporté, soit par les intéressés eux-mêmes dans leurs mémoires, soit par d'autres. Ce décalage peut, d'une part, relever de la stratégie et même être cultivé par les dirigeants politiques[58]; d'autre part, l'entretien privé tel qu'il est restitué peut être sciemment déformé ou sorti de son contexte à des fins polémiques ou par malveillance.

Jacques Attali note, par exemple, que Margaret Thatcher aurait déclaré au président français, en décembre 1989, au cours d'un tête-à-tête qui eut lieu lors du sommet européen de Strasbourg: »La position dominante de l'Allemagne en Europe s'affirme chaque jour davantage. Nous devons nous voir régulièrement pour créer un contrepoids face à l'Allemagne«. Mitterrand lui aurait répondu: »Nous nous retrouvons dans une situation semblable à celle des dirigeants français et anglais en 1913 ou en 1938«. Ainsi, ce serait en raison de la politique de Helmut Kohl que la relation de confiance

---

[56] MITTERRAND, Über Deutschland (voir n. 35), p. 51–60.
[57] Tels sont les termes utilisés par Helmut Kohl dans ses mémoires. KOHL, Vom Mauerfall zur Wiedervereinigung (voir n. 8), p. 78: »Mitterrand joua, au cours des semaines qui suivirent, une sorte de double jeu«, et p. 168: »Le rôle joué par François Mitterrand était pour le moins trouble«.
[58] Dans »De l'Allemagne, de la France«, François Mitterrand aborde clairement cette problématique, et il en donne une belle illustration à propos de Margaret Thatcher. MITTERRAND, De l'Allemagne (voir n. 5), p. 42.

existant entre la France et l'Allemagne fut mise à mal dans ces circonstances difficiles, alors que l'›amitié‹ entre le président français et le chancelier fédéral aurait dû jouer un rôle décisif. Mitterrand aurait donc voulu, sinon empêcher, du moins freiner le processus de l'unification allemande, craignant qu'il ne déstabilise la position de Gorbatchev[59] et ne détourne l'Allemagne de la construction européenne. Et il était surtout convaincu que l'Union soviétique n'accepterait jamais l'unité allemande.

L'attitude du président français peut s'expliquer. Depuis l'ouverture du mur de Berlin, des Allemands de la RDA affluaient vers l'Ouest, la situation se détériorait dans l'autre État allemand. Préoccupé et se sentant obligé de réagir rapidement, Helmut Kohl négligea – pour quelque temps, au mois de novembre – la communication avec ses partenaires. Lorsque, le 28 novembre, il présenta au Bundestag son plan en dix points, François Mitterrand se mit en colère: il n'avait pas été consulté, ni même informé.»Il ne m'a rien dit! Rien dit! Je ne l'oublierai jamais«, aurait-il dit à ce moment-là. Le 31 janvier 1990, il déclarait encore lors d'un Conseil des ministres à l'Élysée:»Nous assistons à la renaissance de l'Allemagne de Bismarck«[60]. Ce qui le contraria encore davantage, écrit Pierre Haski, c'est le fait que Gorbatchev, auquel il avait rendu visite à Kiev en décembre donna son feu vert à la réunification en février 1990[61].

Les amis de François Mitterrand n'ont jamais cessé de répéter que si l'unification a pu se réaliser, c'est parce que la France en a favorisé le processus. Jacques Jessel, ancien diplomate qui fut en poste à Berlin-Est de 1973 à 1977, présente les choses autrement. Il parle, pour sa part, des »faux pas« et des »erreurs d'analyse« du président après le 9 novembre[62]. Celui-ci et les diplomates français n'ont, selon lui, pas bien mesuré la portée de l'événement que constituait la chute du Mur et ils ont cherché à entraver l'unification. Ainsi s'expliquerait la visite de Mitterrand en RDA en décembre 1989. À cette époque, un journaliste français se serait efforcé, mais en vain, de convaincre l'ambassadeur de France à Berlin-Est d'empêcher cette visite. S'ils ont mal apprécié la situation, affirme encore Jacques Jessel, c'est que les responsables politiques français ont été confortés dans leur attitude par celle de leurs amis sociaux-démocrates allemands en République fédérale.

C'est avec le même argument que Jacques Jessel explique la visite de Mitterrand à Gorbatchev, le 6 décembre. Convaincu que ce dernier n'accepterait jamais l'unification allemande, il espérait trouver en lui un allié qui empêcherait celle-ci. Or, Gorbatchev avait déjà défini, les 2 et 3 décembre, lors d'une rencontre avec George Bush, qui avait eu lieu à Malte, les grandes lignes de la réunification future; mais il s'était bien gardé d'en informer son hôte français, voulant tirer parti de la prudence de la France pour sa

---

[59] C'est ce qu'il affirmait à Helmut Kohl, le 4 janvier 1990, lors de leur rencontre à Latche. KOHL, Vom Mauerfall zur Wiedervereinigung (voir n. 8), p. 170–171.

[60] Pierre HASKI, »Verbatim III« ou les ratés de l'unification allemande, dans: Liberation.fr, 18/10/1995, http://www.liberation.fr/monde/0101155888-verbatim-iii-ou-les-rates-francais-de-l-unification-allemande (25/6/2010).

[61] Ibid. Mitterrand aurait dit: »Qu'est-ce qui prend à Gorbatchev? Il me dit qu'il sera ferme et il cède sur tout! Que lui a donné Kohl en contrepartie? Combien de milliards de deutschemarks?«

[62] Jacques JESSEL, La réunification allemande et les relations franco-allemandes, Entretien avec Pierre Verluise, dans: http://www.diploweb.com/p5jese01.htm (25/6/2010).

propre diplomatie, c'est-à-dire pour ralentir le processus de l'unification et l'influencer dans le sens de ses options stratégiques.

L'attitude de la France durant cette période décisive pour eux a, selon Jacques Jessel, déçu les Allemands. Ils ont compris, à ce moment-là, que l'allié sur lequel ils pouvaient compter, c'était George Bush. Dans ses souvenirs, Helmut Kohl dit du président américain de l'époque qu'il a été »une chance« pour les Allemands[63]; en revanche, il ne cache pas l'amertume qu'il a plusieurs fois ressentie face à certaines réactions de son interlocuteur français.

L'unification allemande a-t-elle été pour la France une occasion manquée d'affirmer son rang en Europe? L'attitude de la France en 1989/1990 a-t-elle nui à son prestige et détérioré pour longtemps les relations franco-allemandes? Samy Cohen[64] écrit à propos de Mitterrand: »Cet homme rompu aux affaires internationales a laissé l'image controversée d'un dirigeant qui a ›raté‹ la sortie de la guerre froide et n'a pas su anticiper les évolutions majeures qui en découleraient«[65].

Frédéric Bozo, spécialiste des relations internationales, s'efforce, au contraire, de justifier la diplomatie de Mitterrand en 1989/1990. Certes, il reconnaît que l'ancien président s'est laissé surprendre par les grands événements qui ont alors bouleversé le monde, de même que par l'accélération du processus de l'unification allemande[66]; mais il fait valoir les arguments suivants: le président voulait créer à tout prix les conditions nécessaires pour encadrer le processus de l'unification allemande. En connaisseur de l'histoire, il craignait que l'on en revienne à la situation de 1913, ce qu'il voulait éviter. Il était obsédé par l'idée que l'unification allemande pouvait déstabiliser Gorbatchev et, de ce fait, compromettre totalement l'expérience de la perestroïka[67]. Les Américains et les Allemands ont, il est vrai, mieux compris la manière dont ils pourraient obtenir des concessions de Gorbatchev. Mitterrand redoutait que l'unification allemande ne remette en cause le »grand dessein européen«. Aussi s'est-il entendu avec le chancelier pour jeter sans tarder les bases de l'Union économique et monétaire de l'Europe. Frédéric Bozo en convient, les malentendus entre l'Allemagne et la France auraient pu être évités, et il conclut:

La diplomatie française envisageait un autre scénario pour la sortie de la guerre froide et l'unification allemande, [mais si] elle a été un temps prise au dépourvu par le cours des événements [...] elle n'a pas cherché à freiner ou à entraver les évolutions[68].

---

[63] KOHL, Vom Mauerfall zur Wiedervereinigung (voir n. 8), p. 82.
[64] Samy COHEN, du Centre d'études et de recherches internationales CERI-Sciences Po/CNRS, a publié les actes du colloque »Mitterrand et la sortie de la guerre froide«, Paris 1998.
[65] Samy COHEN, Recension de: Frédéric BOZO, Mitterrand, la fin de la guerre froide et l'unification allemande. De Yalta à Maastricht, Paris 2005, dans: Critique internationale 30 (2006) 1, p. 203–206, http://www.cairn.info/article.php?ID_REVUE=CRII&ID_NUMPUBLIE= CRII_030&ID_ARTICLE=CRII_030_0203 (25/6/2010).
[66] Frédéric BOZO, Mitterrand, la fin de la guerre froide (voir n. 65), p. 20.
[67] Ibid., p. 24.
[68] Ibid., p. 26.

Le point de vue allemand ne saurait être ignoré ici. Il apporte en effet un éclairage différent sur la brouille qui a momentanément affecté les relations franco-allemandes durant l'année 1989/1990, il relativise aussi certaines outrances commises dans le débat franco-français et peut contribuer à une plus juste appréciation des choses.

Horst Teltschik, qui, en tant que conseiller diplomatique du chancelier Helmut Kohl, a joué un rôle important dans les négociations qui ont permis l'unification allemande, souligne l'ambiguïté qui caractérise l'attitude de François Mitterrand en 1989[69]. Lors de sa visite officielle en RDA, le 20 décembre, celui-ci manifesta le désir d'intensifier ses relations avec l'Allemagne de l'Est. Cette visite était »certes motivée par des objectifs économiques [...]. Mais l'objectif principal était bien plutôt l'effet stabilisateur qu'elle pouvait avoir«. Le président français semblait montrer qu'il reconnaissait l'existence de la RDA et qu'il souhaitait la pérennité de l'État est-allemand[70]. En même temps, il plaidait en faveur du droit des peuples à l'autodétermination, y compris celui du peuple allemand[71]. En 1989, Teltschik tirait de cette ambivalence la conclusion suivante:

Il est manifeste que deux esprits sont en lutte chez Mitterrand. D'un côté, il ne veut pas entraver le processus de l'unification allemande. Comme il l'a souvent répété lui-même, il ne redoute pas l'unité allemande. De l'autre côté, il attire constamment l'attention sur les grands obstacles qu'il s'agit de surmonter. Nos amis français ont bien du mal avec l'Allemagne[72].

Helmut Kohl note dans ses mémoires que c'est du côté britannique qu'il s'était attendu à trouver les réticences les plus fortes, mais que Mitterrand a lui aussi éprouvé des difficultés face à la question allemande. Selon lui, le chef de l'État français n'a, dans un premier temps, pas eu de stratégie bien définie, il a agi sous l'influence de son ministre des Affaires étrangères, Roland Dumas. Le ministère des Affaires étrangères et la classe politique – à la différence des »gens normaux« – ne considéraient pas l'unité allemande comme souhaitable. L'ancien chancelier note aussi:

Deux cœurs battaient chez François Mitterrand. L'un pour les soulèvements révolutionnaires en RDA, l'autre pour la France, dont le rôle et le rang ne pouvaient pas être remis en question dans le cas d'une réunification. D'où, également, ses déclarations qui me paraissaient étranges et inacceptables[73].

L'image de François Mitterrand qui ressort des souvenirs de Helmut Kohl est assez ambivalente. D'un côté, celui-ci accuse le »président de la Grande Nation« d'avoir joué pendant un certain temps un »double jeu«, jusqu'à ce que son interlocuteur alle-

[69] TELTSCHIK, 329 Tage: Innenansichten der Einigung (voir n. 1), p. 96.
[70] Werner WEIDENFELD, Außenpolitik für die deutsche Einheit. Die Entscheidungsjahre 1989/90, Stuttgart 1998 (Geschichte der Deutschen Einheit, 4), p. 159–163.
[71] Manfred GERLACH, Mitverantwortlich: als Liberaler im SED-Staat, Berlin 1991, p. 372
[72] TELTSCHIK, 329 Tage: Innenansichten der Einigung (voir n. 1), p. 96.
[73] Helmut KOHL, »Ich wollte Deutschlands Einheit«, Berlin 1996, p. 198; Jean-Louis THIÉBAULT, Die deutsch-französischen Beziehungen im Herzen Europas, dans: Hans-Georg EHRHARDT et al. (dir.), Die Europäische Union im 21. Jahrhundert: Theorie und Praxis europäischer Außen-, Sicherheits- und Friedenspolitik, Wiesbaden 2007, p. 269–276, ici p. 272.

mand réussisse à le convaincre que pour lui l'unité allemande et l'Europe étaient »les deux faces d'une même médaille«[74]. D'un autre côté, il dit avoir affirmé à l'époque au président George Bush qu'entre lui et Mitterrand il n'y avait pas de divergences d'opinion[75]. Après avoir noté que Mitterrand lui avait déclaré que le 9 novembre était un grand moment pour le peuple allemand et qu'il l'avait assuré de son amitié[76], il s'attarde sur les propos que le chef de l'État français était censé avoir tenus dans des entretiens privés et dont la véracité n'est pas prouvée.

La manière dont Helmut Kohl présente la politique allemande de Mitterrand en 1989/1990 est qualifiée par l'historien Tilo Schabert de »falsification délibérée de l'histoire«, qui ne vise qu'à construire sa propre légende[77]. Le président français et Margaret Thatcher auraient, selon l'ancien chancelier, misé sur Gorbatchev, dont ils attendaient qu'il freine l'unification allemande. En résumé, Mitterrand n'entendait pas s'opposer à l'unité de l'Allemagne, mais poser des conditions, comme George Bush d'ailleurs: le processus devait s'opérer progressivement et dans la paix, l'Allemagne devait rester intégrée dans l'OTAN et dans une Europe renforcée, et tenir compte des intérêts d'autres États, s'agissant en particulier du caractère intangible des frontières[78].

Anna Léa Rosenberg formule deux questions importantes qui, à notre avis, méritent d'être posées à propos de la diplomatie de François Mitterrand en 1989/1990, dans la mesure où elles transcendent toutes les autres. La première est: »Le président français restait-il attaché à la politique classique de l'équilibre des forces?«[79] C'est sans doute le cas. Aussi comprend-on pourquoi il a souvent parlé d'un retour à la situation de l'année 1913[80]. Quant à la seconde question, celle de la puissance nouvelle qui allait naître de la réunification, il semble évident qu'il a cherché »à contrôler l'Allemagne renforcée en l'encadrant dans une Europe qui se souderait davantage«[81].

C'est un point sur lequel Hans-Dietrich Genscher, ministre des Affaires étrangères à cette époque, s'efforçait de rassurer ses interlocuteurs. À la fin du mois de novembre 1989, il déclarait à Neil Kinnock, leader de l'opposition travailliste en Angleterre, favorable à la réunification allemande: »[...] nous souhaitons voir l'unité allemande intégrée dans une évolution de l'Europe«[82]. Quittant Londres pour gagner Paris, Hans-Dietrich Genscher rencontrait ensuite Roland Dumas, qu'il appelle »mon ami«, puis Valéry Giscard d'Estaing et le président du Sénat, Alain Poher. Dumas lui avoua être »irrité«, pour trois raisons: lors du sommet de Paris, pas un mot n'avait été prononcé sur le contenu du plan en dix points de Helmut Kohl. À Bonn se faisaient sentir de nouvelles réticences à propos de l'union économique et monétaire européenne. La

---

[74] KOHL, Vom Mauerfall zur Wiedervereinigung (voir n. 8), p. 21.
[75] Ibid., p. 25.
[76] Ibid., p. 96.
[77] Interview zu Kohl-Memoiren. »Das grenzt an bewusste Geschichtsfälschung«, dans: http://www.spiegel.de/politik/deutschland/0,1518,382435,00.html (25/6/2010).
[78] Ibid.
[79] ROSENBERGER, François Mitterrand im Prozess der Wiedervereinigung Deutschlands (voir n. 3), p. 4.
[80] Cf. p.ex. KOHL, Vom Mauerfall zur Wiedervereinigung (voir n. 8), p. 129.
[81] Ibid.
[82] Hans-Dietrich GENSCHER, Erinnerungen, Berlin 1995, p. 376.

manière dont les alliés occidentaux avaient été informés par Teltschik sur le plan en dix points posait problème[83].

La mission de Genscher était de rassurer.

L'Europe ne peut s'unifier autour de l'Allemagne et sans elle, déclarait-il à Paris. Nous voulons une unification allemande dans le cadre de l'Europe; l'appartenance à l'OTAN et à la Communauté européenne est une chose acquise. Il s'agit en particulier d'accélérer l'union économique et monétaire. La dynamique intérieure de la Communauté européenne ne doit pas prendre du retard par rapport à la dynamique qui détermine la redéfinition des rapports Est-Ouest[84].

De l'entretien que Genscher eut avec Mitterrand se dégagea une convergence avec les Français. Si ce dernier avait une sympathie pour la révolution faite par le peuple de RDA, le ministre des Affaires étrangères de RFA se sentait proche de ses compatriotes de l'Est qu'il avait quittés en 1952. Il écrit dans ses mémoires: »Je voulais ne pas cacher la fierté que j'éprouvais en [les] voyant se soulever, pacifiquement, pour la paix et la démocratie«. Sa diplomatie fut aussi de nature à apaiser les inquiétudes de ses interlocuteurs français. C'est ainsi qu'ils purent ensemble »définir une position commune« dans la perspective du sommet de Strasbourg, qui devait réunir, les 8 et 9 décembre, les chefs d'État et de gouvernement de la Communauté européenne et »clarifier la question des conditions générales dans lesquelles serait réalisée l'unité allemande«. »De Strasbourg devait être envoyé un double message: d'une part, la ferme volonté d'aller plus loin dans l'intégration au sein de la Communauté européenne; d'autre part, la volonté de coopérer avec l'Est«[85].

Durant cet entretien de novembre 1989, tel que Genscher le rapporte, Mitterrand aurait défendu les idées suivantes: si nous voulons avancer, sans risque, dans les relations Est-Ouest, il nous faut, parallèlement, faire des progrès dans l'intégration européenne. Si l'on piétinait, l'intégration à l'Ouest reculerait et la situation en Europe serait alors fondamentalement changée, de nouvelles alliances privilégiées se constitueraient. Et même, il ne serait pas exclu que l'on retombe dans les conceptions de 1913. Dans le cas où l'unification allemande se réaliserait dans une Europe qui, finalement, n'aurait pas progressé de manière décisive, les partenaires européens de l'Allemagne, se retrouvant à l'avenir face à 80 millions d'Allemands, chercheraient sans doute à trouver une solution pour contrebalancer leur poids. Ce à quoi Genscher répondait: On ne sera pas obligé d'en arriver là si l'intégration européenne telle que nous la souhaitons avance. Mitterrand se montrait préoccupé par le fait que la République fédérale, qui »jusqu'ici, avait toujours été un moteur du processus d'unification européenne ne manifestait, à présent, plus autant d'empressement«, disait-il; elle lui semblait être »devenue un frein«[86].

Affirmant que cet entretien fut »le plus important« qu'il ait jamais eu avec le président français, Genscher conclut:

[83] Ibid., p. 676–677.
[84] Ibid.
[85] Ibid., p. 677.
[86] Ibid., p. 678.

À ce moment-là aussi, Mitterrand s'avéra être un homme d'État d'envergure européenne et un ami fiable des Allemands, soucieux de ne pas créer d'obstacles à l'unification allemande, mais plutôt d'assurer les conditions générales qui feraient de l'unification allemande un gain pour l'Europe également. Cela correspondait au résultat de mes réflexions et à ma stratégie, [...] mais au sein du gouvernement allemand il y avait également un accord sur notre engagement européen; cela vaut en particulier pour Helmut Kohl[87].

Ce témoignage relativise dans une certaine mesure la polémique sur la politique allemande de Mitterrand après la chute du mur de Berlin et sur les tensions qui se sont fait sentir à l'automne de 1989 entre le président français et le chancelier allemand.

CONCLUSIONS

On peut cependant faire le constat suivant: dans le processus de l'unification allemande, en 1989/1990, la France, si soucieuse de son »rang dans le monde«[88], n'a joué qu'un rôle secondaire, comparé à ceux de George Bush et de Mikhaïl Gorbatchev. Cette réalité avait deux causes essentielles: une perte d'influence au niveau de la grande politique internationale et l'attitude des dirigeants français face aux enjeux liés à la chute du mur de Berlin.

Les Français se sont manifestement crispés à la perspective de la renaissance d'une »grosse Allemagne« et du déséquilibre qui pourrait en résulter, en Europe mais aussi et surtout dans le rapport franco-allemand. »L'Allemagne constitue une réalité imposante au cœur de l'Europe«, déclarait le ministre de la Défense, Jean-Pierre Chevènement[89], tandis que son collègue Roland Dumas, ministre des Affaires étrangères, disait aux Allemands: »Vous êtes trop pressés«[90]. Ce dernier tenait cependant à se démarquer clairement du rédacteur en chef de l'hebdomadaire »L'Express«, Georges Valance, dont le livre »France-Allemagne, le retour de Bismarck«[91] montrait que les Français ne pouvaient envisager la réunification allemande sans se référer au passé[92].

En 1989, François Mitterrand n'a certes pas été à la hauteur de la situation, même s'il s'est efforcé de montrer le contraire[93], mais les dirigeants politiques, à l'Ouest comme à l'Est, ont tous été pris de court par le bouleversement rapide de l'ordre euro-

---

[87] Ibid., p. 679.
[88] KOLBOOM, Frankreich und die deutsche Einheit (voir n. 6), p. 49.
[89] »Seit Attila 60 Invasionen«. Der französische Verteidigungsminister Jean-Pierre Chevènement über die deutsche Einigung und Europa, dans: Der Spiegel, 12/3/1990, p. 190–194.
[90] »Sie haben es zu eilig«. Der französische Außenminister Roland Dumas über die Wiedervereinigung der Deutschen, dans: Der Spiegel, 4/6/1990, p. 165–173.
[91] Georges VALANCE, France-Allemagne, le retour de Bismarck, Paris 1990.
[92] Walter SCHÜTZE, France-Allemagne, le retour de Bismarck [recension], dans: Politique étrangère 55 (1990) 3, p. 689.
[93] Ulrich PFEIL, La portée du voyage de François Mitterrand en RDA (20–22 décembre 1989). Éclairages multiples, dans: Anne SAINT-SAUVEUR-HENN, Gérard SCHNEILIN (dir.), La mise en œuvre de l'unification allemande 1989–1990, Paris 1998 (Publications de l'Institut d'allemand d'Asnières – Université de la Sorbonne nouvelle, 25), p. 325–340, ici p. 336.

péen né de la Seconde Guerre mondiale[94]. Helmut Kohl va jusqu'à dire qu'ils ont ressenti la chute du Mur comme un »choc inopportun«[95]. Un adversaire politique de François Mitterrand, Jean François-Poncet, ne déclarait-il pas en 1990:

> Je ne suis pas là pour défendre le gouvernement, mais il a sans doute été, comme tout le monde, stupéfait par la rapidité avec laquelle les événements se sont déroulés. Nul n'avait imaginé que le mur de Berlin tomberait si rapidement et que la réunification viendrait si vite[96].

On ne peut toutefois pas s'empêcher de faire observer que la France et la République fédérale entretenaient des relations telles qu'on pouvait s'attendre à ce que le gouvernement de la première réagisse autrement. Hubert Védrine, à l'époque porte-parole de la présidence, résume bien l'état d'esprit de François Mitterrand face à la chute du Mur quand il écrit:»Il incarne les angoisses françaises face à une Allemagne trop grande, à une construction européenne qui n'est pas encore irréversible«[97]. Ce problème français, Ernst Weisenfeld le résumait, en 1986, dans le titre de son livre »Quelle Allemagne pour la France?«[98]

Le cavalier seul de Helmut Kohl qui présentait son plan en dix points au Bundestag, le 28 novembre 1989, sans consulter ses partenaires, ce déficit de communication – passager il est vrai – et, surtout, l'énergie avec laquelle le chancelier a su obtenir l'unité allemande en si peu de temps ont sans doute décontenancé les Français[99]. D'un autre côté, il y eut le voyage de François Mitterrand en RDA, à la suite duquel le »Spiegel« titrait:»Le président français se montre favorable à l'existence de deux États allemands. Les relations entre Bonn et Paris sont au plus bas«[100].

La politique allemande de Mitterrand en 1989/1990 fait dire à Jacques Jessel: »Nous avons raté le train qui s'est mis en marche plus tôt que prévu, alors que des années de politique patiente et avisée nous avaient mis en position d'être des pilotes de cette entreprise«[101].

On constate toutefois que, dans ses mémoires, Helmut Kohl tempère habilement le reproche par une volonté de dédramatiser. Et finalement, une tradition diplomatique

---

[94] Vincent JAUVERT, Mitterrand au pied du Mur (voir n. 34).
[95] À l'exception, précise-t-il, de son ami Felipe González. KOHL, Vom Mauerfall zur Wiedervereinigung (voir n. 8), p. 20–21.
[96] Zurück ins Jahr 1913? Der Pariser Deutschlandexperte Jean François-Poncet über die Wiedervereinigung und die Allianz mit Moskau, dans: Der Spiegel, 23/7/1990, p. 22–23.
[97] Hubert VEDRINE, Les mondes de François Mitterrand. À l'Élysée 1981–1995, Paris 1996, cité par: Vincent JAUVERT, Mitterrand au pied du Mur (voir n. 34).
[98] Ernst WEISENFELD, Welches Deutschland soll es sein? Frankreich und die deutsche Einheit seit 1945, Munich 1986; ID., Quelle Allemagne pour la France? La politique étrangère française et l'unité allemande depuis 1944, Paris 1989.
[99] Laurent RIBADEAU DUMAS, 9 novembre 1989. La chute du mur de Berlin. Les hésitations de Mitterrand, dans: http://info.france2.fr/anniversaire-chute-du-mur-de-berlin/index.php?page= article&numsite=4607&id_rubrique=4640&id_article=13520 (25/6/2010).
[100] Splitter im Körper (voir n. 42).
[101] Jacques JESSEL, La double défaite de Mitterrand. De Berlin à Moscou les faillites d'une diplomatie, Paris 1992, p. 89.

solide et éprouvée n'a-t-elle pas permis de renouer rapidement le dialogue et de clarifier les choses? Le président français semble avoir agi en vertu de ce principe: »Si la démarche vers l'unité était légitime, cela ne signifiait pas qu'elle pût aboutir n'importe comment«[102]. Son souci était de lier le processus de l'unification allemande à une accélération de la construction européenne[103]. Certes, François Mitterrand n'a pas été un visionnaire en 1989, il a été, comme beaucoup, pris de court face à l'Histoire qui avançait »au pas de charge«[104], il a envisagé l'unité allemande avec des »sentiments mêlés«[105], mais une conclusion nuancée, étrangère à la prévention partisane, nous fait dire, avec Anna Léa Rosenberger: la thèse selon laquelle il aurait tout fait pour retarder, voire empêcher, l'unification allemande ne peut être retenue tant que des preuves évidentes ne sont pas apportées[106].

DEUTSCHE ZUSAMMENFASSUNG

Die Frage der deutschen Einheit war 1989/1990 eine Belastungsprobe für die deutschfranzösischen Beziehungen. Die Franzosen begrüßten freilich den Triumph der Freiheit nach dem Berliner Mauerfall, doch befürchteten sie die Entstehung eines »Großdeutschlands«, das sich nicht nur zu einem wirtschaftlichen Riesen, sondern auch zu einer politischen Macht im Herzen Europas entwickeln würde.
Für die intellektuelle und die politische Elite lässt sich die gleiche Haltung feststellen. Letztere zeichnete sich durch eine Vielfalt von Stellungnahmen aus. Diese waren Ausdruck einer gewissen Befangenheit in einer Situation, auf die sie ganz und gar nicht vorbereitet war. Man erkannte bald, dass die deutsche Einheit nicht nur die 1945 entstandene Ordnung umstürzen, sondern auch das erlangte Gleichgewicht innerhalb der deutsch-französischen Beziehungen in Frage stellen würde. Nach dem Schock setzte sich eine realistische Tendenz durch: Von den Deutschen wurden Garantien erwartet, vor allem aber ein klares Engagement in Bezug auf die europäische Einheit wie auch ihre Unterstützung zur Beschleunigung dieses Prozesses.
Dies forderte auch François Mitterrand von seinen deutschen Gesprächspartnern. Die Leitlinie seiner Deutschlandpolitik wurde jedoch durch seine unklare Haltung beeinträchtigt, die Bundeskanzler Helmut Kohl als »doppeltes Spiel« bezeichnete. Unbestreitbar ist, dass der französische Staatschef der deutschen Einheit mit gemischten Gefühlen entgegenblickte. In Frankreich wurde die Haltung Mitterrands bald Gegenstand einer Kontroverse, die durch den 20. Jahrestag des Mauerfalls neu belebt wurde. Die Gegner Mitterrands behaupten, er habe »den Zug verpasst, der sich früher als geplant in Bewegung gesetzt hat«; seine Befürworter unterstreichen dagegen, er habe Rahmenbedingungen sichern wollen, die aus der deutschen Einheit insofern einen Gewinn für Europa machen würden, als das vereinte Deutschland Teil einer sich enger zusammenschließenden EU sein würde. Damit hoffte Mitterrand, ein Gleichgewicht in den deutsch-französischen Beziehungen aufrechterhalten zu können. Der Beweis für die Behauptung, er habe die deutsche Einheit verhindern wollen, steht noch aus.

---

[102] MITTERRAND, De l'Allemagne, de la France (voir n. 5), p. 33.
[103] Tilo SCHABERT, Wie Weltgeschichte gemacht wird. Frankreich und die deutsche Einheit, Stuttgart 2002, p. 14; Jean MUSITELLI, Premiers retours sur la politique étrangère de François Mitterrand, dans: Commentaire 20/77 (1997), p. 81–86.
[104] MITTERRAND, De l'Allemagne, de la France (voir n. 5), p. 41.
[105] JAUVERT, Mitterrand au pied du Mur (voir n. 34).
[106] ROSENBERGER, François Mitterrand im Prozess der Wiedervereinigung (voir n. 3), p. 4.

Die Reaktionen der Franzosen, das Verhalten ihrer politischen Elite gegenüber der deutschen Einheit sowie auch die Rolle der französischen Regierungskreise im Prozess der deutschen Einigung zeugen von einer Verminderung des französischen Einflusses in der Weltdiplomatie. Die Franzosen waren sich dessen bewusst. Die Verdrängung dieses Bewusstseins war zweifelsohne die Ursache mancher Ungeschicktheiten, die die deutsch-französische Freundschaft aber nicht grundsätzlich in Frage stellten. Dank einer bewährten Diplomatie konnten die Probleme bald überwunden werden.

ULRICH PFEIL

Der Bicentenaire, der Fall der Mauer und die Franzosen

Lorsqu'un ordre se décompose,
quand les peuples soulevés
agissent avec la fulgurance de la pensée
et pensent au rythme de leurs espoirs,
lorsque tout se précipite
et se radicalise.
1789 renaît à Prague en 1989, à Berlin en 1989, à Moscou en 1989,
à Budapest, à Sofia, à Santiago du Chili, à Pékin en 1989.
Qui eût pu imaginer lorsque s'ouvraient en janvier
les fêtes du Bicentenaire que 1989 verrait
la révolution en marche sur toutes les routes du globe?
Année sans pareille.
Prenons le temps de nous émerveiller!
Quelle chance pour nous
de vivre ce prodigieux moment!
Ce soir n'est pas le final du Bicentenaire.
Ce soir est un prélude: une manière d'ouverture
à ce troisième siècle de nos libertés en devenir[1].

Die Worte des damaligen französischen Kulturministers Jack Lang, die von seinem Ministerium am 14. Juli 1989 in dieser lyrischen Form publiziert wurden, schienen François Mitterrand Recht zu geben, der am 15. Januar 1988 in der Sorbonne den anstehenden Feiern zum Bicentenaire der Französischen Revolution einen Sinn zu geben versuchte, indem er Victor Hugo zitierte: »Célébrer les grands anniversaires, c'est préparer les grands événements«, um dann selber hinzuzufügen: »Voilà pourquoi nous commémorons en ce jour [...] le bicentenaire de 1789«. Die Revolutionsfeierlichkeiten gaben einen weiteren Hinweis für die von Étienne François formulierte These von der »Geschichtsbesessenheit« der Franzosen, deren nationale Identität mehr als bei anderen Staaten und Nationen auf dem Geschichtsbewusstsein beruhe[2]; dass das Ereignis für den französischen Staatspräsidenten aber zugleich von globaler Dimension war, brachte er im Washingtoner Kapitol am 29. Juli 1988 zum Ausdruck:

Je souhaite pour la France mais aussi pour l'idéal qui est le nôtre, que ces cérémonies prennent toute leur force symbolique pour continuer d'éveiller dans l'esprit des hommes la juste passion du bien public, la souveraineté du peuple, la liberté, l'égalité.

---

[1] Vgl. dieses und die beiden folgenden Zitate in: Patrick GARCIA, François Mitterrand, chef de l'État, commémorateur et citoyen, in: Mots 31 (1992) 1, S. 5–26, hier S. 23, folgende S. 22; vgl. auch: DERS., Le Bicentenaire de la Révolution française. Pratiques sociales d'une commémoration, Paris 2000.

[2] Étienne FRANÇOIS, Die Einstellung zur Geschichte, in: Robert PICHT u.a. (Hg.), Fremde Freunde. Deutsche und Franzosen vor dem 21. Jahrhundert, München 1997, S. 15–21.

Woran zu diesem Zeitpunkt noch keiner dachte, schien sich ein Jahr später zu bewahrheiten, nachdem in China die Studenten die Staatsmacht herausgefordert hatten, der Aufstand aber von den Panzern niedergeschlagen wurde. Diese Ereignisse nahm Mitterrand in seiner Rede zum Bicentenaire des *serment du Jeu de paume* in Versailles am 20. Juni 1989 zum Anlass, um den Revolutionsfeierlichkeiten eine Aktualität zu verleihen, mit der er dem schleppenden Interesse für den Bicentenaire innerhalb der französischen Bevölkerung begegnen wollte: »Gloire au pays où l'on parle, honte aux pays où l'on se tait! [...] Si les Français doutent parfois d'eux-mêmes, qu'ils écoutent la rumeur qui monte des quatre coins de la planète [...]. La vraie révolution est en marche«. Nicht nur der französische Staatspräsident zog zu diesem Zeitpunkt Parallelen zwischen 1789 und 1989; genauso sah der französische Soziologe und Philosoph Edgar Morin am 9. Juni 1989 »89 régénéré«[3]. Auch in der deutschen Presse wurde immer wieder eine Linie zwischen den Ereignissen von 1789 und 1989 gezogen, wie Horst Möller anmerkt:

Ein Teil der Kommentatoren jubelte: Was 1789 begann, das kommt nun nach 200 Jahren endlich zum Abschluss. Die Ideale der Französischen Revolution, Freiheit, Gleichheit, Brüderlichkeit, setzten sich nun auch im östlichen Teil Europas, auch im anderen Teil Deutschlands durch. Das Selbstbestimmungsrecht der Völker, Demokratie und Rechtsstaatlichkeit gelten nun nicht mehr nur in der westlichen Hemisphäre, sondern treten ihren globalen Siegeszug an[4].

Bis heute gehört es zu einer beliebten rhetorischen Stilfigur deutscher Historiker, den Bogen von 1789 bis 1989 zu spannen, wie es u.a. Heinrich August Winkler in seinem Buch »Der lange Weg nach Westen« mit Bezug auf die Ereignisse in der »Heldenstadt« Leipzig Anfang Oktober 1989 tut: »Zweihundert Jahre, nachdem die Pariser die Bastille gestürmt hatten, erhoben die Leipziger die Forderung nach *Freiheit, Gleichheit, Brüderlichkeit*«. Auch in der Maueröffnung vom 9. November sieht er eine Parallele zu den Ereignissen in Frankreich 200 Jahre zuvor:

Die Öffnung der Berliner Mauer am 9. November 1989 war für die DDR das, was der Sturm auf die Pariser Bastille am 14. Juli 1789 für das französische Ancien régime gewesen war: der Schlag, von dem sich die bisherige Ordnung nicht mehr erholen konnte. Die Mauer war nicht minder als die Bastille ein Symbol der Unfreiheit. Als das Symbol fiel, war das Ende der alten Herrschaft gekommen. Die ›friedliche Revolution‹ in der DDR hatte das Ziel erreicht, über das alle vorwärtsdrängenden Kräfte einig waren[5].

Karsten Timmer sieht in seiner Studie über die Bürgerbewegung in der DDR gar eine Parallele zwischen den Ereignissen in der DDR zur Monatswende vom November zum Dezember 1989 und der »Großen Angst«[6], also jenen allgemeinen Unruhen, die im

---

[3] Edgar MORIN, 89 régénéré, in: Le Monde, 9.6.1989.
[4] Horst MÖLLER, Die Überwindung der Teilung Deutschlands: Zukunftschancen in historischer Perspektive, Sankt Augustin 2000 (Zukunftsforum Politik, 16), S. 83.
[5] Heinrich August WINKLER, Der lange Weg nach Westen, Bd. II: Deutsche Geschichte 1933–1990, München 2000, S. 499 und 517.
[6] Karsten TIMMER, Vom Aufbruch zum Umbruch. Die Bürgerbewegung in der DDR 1989, Göttingen 2000, S. 317.

vorrevolutionären Frankreich von umherziehenden räuberischen Banden und Gerüchten ausgelöst worden waren:

Abgesehen davon, dass die Räuber diesmal Namen hatten – Honecker, Tisch, Schalck-Golodkowski –, zeigten sich viele Elemente der ›Grande Peur‹, die als historische Parallele dazu dienen kann, die Entwicklung in der DDR nachzuzeichnen.

Die bisherigen Ausführungen fordern in einem ersten Schritt zu zwei Fragen heraus: 1. Welche Gemeinsamkeiten und Unterschiede gab es zwischen der Französischen Revolution von 1789 und der »friedlichen Revolution« in der DDR von 1989? 2. Besaß das zweihundert Jahre zurückliegende historische Ereignis explizit eine Art von Modellfunktion und, daran anschließend, spielte der Bicentenaire für den sich seit Sommer 1989 beschleunigenden Zerfall der SED-Herrschaft eine Katalysatorrolle? Also eine deutsche Revolution nach französischem Modell?

FRANZÖSISCHE REVOLUTION UND »FRIEDLICHE REVOLUTION«

»Revolutio« ist ein aus der Spätantike stammender Begriff, der »Umwälzung« oder »Zurückwälzung« bedeutet und im christlichen Glauben für die Umwälzung des Grabsteins Jesu Christi und damit als Sinnbild für die Auferstehung verstanden wurde. In den folgenden Jahrhunderten machte der Begriff einen semantischen Wandel durch und wurde ab dem 14. Jahrhundert im Zusammenhang mit politischen und sozialen Veränderungen benutzt, insbesondere im Zuge der englischen »Glorious Revolution« von 1688. Erst mit dem amerikanischen Bürgerkrieg erhielt der Begriff der »Revolution« eine positive Konnotation und wurde als notwendige »Durchgangsphase« auf dem Weg zur Freiheit definiert. Heute wird unter einer politischen Revolution allgemein eine politische Krisenentwicklung verstanden, die in eine von der normativen konstitutionellen Ordnung abweichende grundlegende Umgestaltung der politischen Institutionen mit einem Austausch der Eliten führt bzw. führen kann: »Die statt eines allmählichen Übergangs vergleichsweise abrupte Veränderung kann friedlich oder gewaltsam erfolgen. Zum Erfolg ist ab einem bestimmten Stadium eine breite Bevölkerungskoalition nötig«[7]. Diese sehr allgemein gehaltene Definition spiegelt jedoch zugleich die immer wieder gescheiterten Versuche für eine allgemeingültige Definition, die sich bislang an der Unterschiedlichkeit der politischen Ereignisse und Prozesse stieß, die mit dem Begriff Revolution in Verbindung gebracht werden. In diesem Zusammenhang ist für Deutschland und Frankreich zu bemerken, dass das Wort Revolution in beiden Ländern über Jahrhunderte nicht den gleichen Klang besaß. Während es in Frankreich seit 1789 zumeist positiv besetzt war und »mit der Vorstellung von freudi-

---

[7] Ulrich WEISS, Revolutionen/Revolutionstheorien, in: Dieter NOHLEN, Rainer-Olaf SCHULZE, Suzanne S. SCHÜTTEMEYER (Hg.), Lexikon der Politik, Bd. 7: Politische Begriffe, München 1998, S. 563.

ger Begeisterung, dem Abschaffen längst überfälliger Missstände, mit republikanischen Rechten und bürgerlicher Freiheit«[8] verbunden war, assoziierten die Deutschen vor allem Unruhe und Unsicherheit, bisweilen gar Bürgerkrieg und blutige Schrecken mit diesem Begriff. Deutschland kannte vor 1989 keine erfolgreiche Revolution, was die zwiespältige Haltung erklärt.

DIE FRANZÖSISCHE REVOLUTION

Trotz der weiter bestehenden Definitionsprobleme werden die Ereignisse in Frankreich im Jahre 1789 immer wieder als »Modellfall« für eine Revolution bezeichnet, denn sie waren Ausgangspunkt für eine politische und gesellschaftliche sowie gewaltsam herbeigeführte Umwälzung unter Beteiligung der Volksmassen. So unstrittig die Bezeichnung »Revolution« für die erste Phase der Französischen Revolution ist, so ambivalent stellt sich jedoch die Situation für die zweite Phase dar und fordert zu der Frage heraus, ob die Französische Revolution – angesichts der nicht voneinander losgelöst zu betrachtenden Haben- und Sollseite – als »gelungen« bezeichnet werden kann, wie Birgit Aschmann zu bedenken gibt:

So wie einerseits die Ablösung der Feudalgesellschaft und die Erklärung der Menschen- und Bürgerrechte, die Gewaltenteilung und die Volkssouveränität untrennbar zur Revolution gehören, so gehören dazu ebenso die ersten Lynchmorde noch im Juli 1789, die rund 100 Toten bei der Erstürmung der Bastille, die Septembermorde von 1792, die zwischen 1000–1500 wehrlose Menschen das Leben kosteten, und die Tausenden, die während des Terrors der Konventsherrschaft auf der Guillotine hingemetzelt wurden[9].

Indem der 14. Juli, also die Erstürmung der Bastille, zur Inkarnation der Revolution und im Jahre 1880 zum nationalen Feiertag erklärt wurde, hat man diese Ambivalenz umschiffen und dieses Ereignis in die Gründungsgeschichte der französischen Republik einreihen können. Der 14. Juli entwickelte sich fortan in der III. Republik zu einem Vektor der republikanischen Idee, die in der Folge nicht auf Frankreich beschränkt blieb, wie Étienne François betont:

Sie war fundamental europäisch, ja sogar universell, und stellt damit auch einen der großen Augenblicke der gemeinsamen Geschichte unserer beiden Völker und deren miteinander verknüpften Schicksale dar[10].

---

[8] Horst GÜNTHER, Revolution, in: PICHT u.a. (Hg.), Fremde Freunde (wie Anm. 2), S. 25–30, hier S. 25.
[9] Birgit ASCHMANN, 1789 und 1989. Die Französische und die deutsche Revolution, in: Jörg HILLMANN, Eckardt OPITZ (Hg.), 1789–1989. 200 Jahre Revolutionen in Europa. Ein Beispiel für die historisch-politische Bildung in den Streitkräften, Bochum 2003 (Kleine Schriftenreihe zur Militär- und Marinegeschichte, 5), S. 17–41, hier S. 23.
[10] Étienne FRANÇOIS, Deutschland und die Französische Revolution, in: Horst MÖLLER, Jacques MORIZET (Hg.), Franzosen und Deutsche. Orte der gemeinsamen Geschichte, München 1996, S. 104–129, hier S. 104.

Trotz aller Ambivalenzen wurde die bürgerliche Französische Revolution außerhalb des Hexagone für alle späteren revolutionären Bewegungen zur Referenz, indem sie sich auf ihre Erbschaft beriefen und ihre nunmehrige Vollendung proklamierten, wie sich im 19. Jahrhundert u.a. an der »Marseillaise« zeigen lässt, die mit abgewandelten Texten in anderen europäischen Ländern ein Kampflied sozialer und demokratisch-republikanischer Bewegungen wurde[11]. Bereits 1905 sah Rosa Luxemburg in der russischen Revolution den letzten Ausläufer der »Grande Révolution«[12], bevor sich dann 1917 die Bolschewiki als die eigentlichen »historischen Erben [...] der französischen Jakobiner« verstanden und in einer proletarischen Revolution den Zaren stürzten. In dem auf Marx, Engels und Lenin beruhenden theoretisch-ideologischen Verständnis stellt diese den »entwicklungslogischen Endpunkt der aufeinanderfolgenden Kämpfe der unterdrückten Klasse gegen die herrschende dar, indem sie die Errungenschaften der bürgerlichen Revolution bei der Erlangung der Bürgerrechte im politischen Bereich auf die soziale und wirtschaftliche Gleichstellung auszudehnen versucht«[13]. Aus dieser revolutionären Entwicklungsgeschichte heraus erklärt sich das positive Bild der Französischen Revolution in den sozialistischen Gesellschaften, das dann auch nach 1945 in den verschiedenen sowjetischen Satellitenstaaten vorherrschend wurde, so auch in der DDR, wie wir später noch genauer sehen werden[14].

DIE FRIEDLICHE REVOLUTION IN DER DDR

Zur Bezeichnung der Ereignisse in der DDR im Jahre 1989/1990 sind verschiedene Begriffe im Umlauf. Dabei schien sich im allgemeinen Sprachgebrauch des Deutschen der Begriff der »Wende« durchgesetzt zu haben, der aus der Seglersprache stammt und einen Kurswechsel unter Beibehaltung desselben Fahrtziels und desselben Kapitäns bedeutet. In der Umbruchzeit der DDR bekam er seine Popularität durch Egon Krenz, der gegen den von der sozialen und politischen Wirklichkeit abgehobenen Erich Honecker einen reformierten Sozialismus durchsetzen wollte, welcher der SED die Macht retten und eben nur eine »Wende« sein sollte, aber kein tiefer politischer und gesellschaftlicher Umbruch, was ihm die Bezeichnung »Wendehals« einbrachte[15]. Bis in das Jubiläumsjahr 2009 hinein schien es so, als sei »die Debatte um die Bedeutung des Umbruchs in der DDR 1989 und um die Titulierung als ›Revolution‹ noch längst nicht

---

[11] Vgl. u.a. ›Die furchtbare Hymne‹. Die Marseillaise in Deutschland. Lieder und Gedichte gegen den ungerechten Krieg, mit einem Nachwort hg. von Hans-Werner ENGELS, Saarbrücken 1989.
[12] Vgl. Rosa LUXEMBURG, Die russische Revolution, in: Gesammelte Werke, Bd. 2, Berlin (Ost) 1972, S. 5–9.
[13] Ulrich WIDMAIER, Revolution/Revolutionstheorien, in: Everhard HOLTMANN (Hg.), Politik-Lexikon, München ²1994, S. 572–576, hier S. 573.
[14] Vgl. Wolfgang VON HIPPEL (Hg.), Freiheit, Gleichheit, Brüderlichkeit? Die Französische Revolution im deutschen Urteil von 1789 bis 1945, München 1989, S. 43.
[15] Vgl. Egon KRENZ, Wenn Mauern fallen. Die friedliche Revolution. Vorgeschichte, Ablauf, Auswirkungen, Wien 1990.

abgeschlossen«[16]. Konrad H. Jarausch weist auf die weiterhin umstrittene und nur selten gebrauchte Charakterisierung als »Revolution« hin, die er aber für eigentlich angemessen hält[17]. Nach Abschluss des Erinnerungsmarathons »20 Jahre Mauerfall« scheint sich nun doch die Tendenz abzuzeichnen, den Herbst 1989 nicht nur als »eine eigenständige historische Episode«[18], sondern auch als revolutionären Umbruch zu fassen, wie Klaus-Dietmar Henke resümiert:

Wie die seinerzeitigen Protagonisten der Revolution reden inzwischen alle von Revolution [...]. In der Zeitgeschichtswissenschaft ist diese Einordnung ohnehin nicht mehr ernstlich umstritten, auch wenn die zugrunde liegenden revolutionstheoretischen Überlegungen divergieren oder ganz fehlen[19].

Und in der Tat zögerten die Zeitgenossen nicht, den Begriff der Revolution zu benutzen; das mag aus unterschiedlichen Gründen und aus abweichenden Erwartungen heraus passiert sein, »aber dass es sich um eine solche handelte, war 1989/1990 weithin unumstritten. Selbst jene Kommunisten, die damals von ›Konterrevolution‹ sprachen, bestätigten damit den Revolutionscharakter der Ereignisse«[20]. Der Leipziger Historiker Hartmut Zwahr schrieb 1993: »Mit der Demonstration der Zwanzigtausend in Leipzig am Montag, dem 2. Oktober, begann in der DDR die demokratische Revolution«[21]. Die in der allgemeinen Definition genannten Kriterien waren in der DDR erfüllt, wurde im Herbst 1989 das Regime doch durch eine Massenmobilisierung gestürzt, die ein neues politisches und ökonomisches System hervorbrachte, wie auch Klaus-Dietmar Henke in dem gerade von ihm herausgegebenen Sammelband »Revolution und Vereinigung« unterstreicht:

Der Umsturz und die entscheidenden Weichenstellungen zu einer rechtsstaatlichen Demokratie in Ostdeutschland erfolgten 1989. Das war zweifellos revolutionär, da es hier gelang, durch eine Massenmobilisierung gerade jene Verhältnisse dauerhaft zu etablieren, die vom alten Regime explizit ausgeschlossen wurden[22].

---

[16] Jörg HILLMANN, Eckardt OPITZ, Einleitende Bemerkungen. 1789–1989. Zweihundert Jahre Revolutionen in Europa, in: DIES. (Hg.), 1789–1989. 200 Jahre Revolutionen in Europa. Ein Beispiel für die historisch-politische Bildung in den Streitkräften, Bochum 2003, S. 11–16, hier S. 13.
[17] Konrad H. JARAUSCH, Der Umbruch 1989/90, in: Martin SABROW (Hg.), Erinnerungsorte der DDR, München 2009, S. 526–535, hier S. 532f.
[18] Charles S. MAIER, Essay: Die ostdeutsche Revolution, in: Klaus-Dietmar HENKE (Hg.), Revolution und Vereinigung 1989/90. Als in Deutschland die Realität die Phantasie überholte, München 2009, S. 553–575, hier S. 574.
[19] Klaus-Dietmar HENKE, Rezension zu: Ilko-Sascha KOWALCZUK, Endspiel. Die Revolution von 1989 in der DDR, München 2009, in: H-Soz-u-Kult, [15.12.2009], http://hsozkult.geschichte. hu-berlin.de/rezensionen/2009-4-228 (28.6.2010).
[20] Ilko-Sascha KOWALCZUK, Endspiel (wie Anm. 19), S. 537.
[21] Hartmut ZWAHR, Ende einer Selbstzerstörung. Leipzig und die Revolution in der DDR, Göttingen 1993, S. 50.
[22] Klaus-Dietmar HENKE, 1989, in: DERS. (Hg.), Revolution und Vereinigung (wie Anm. 18), S. 11–46, hier S. 14.

Dass die Revolution »durch die Chance auf rasche nationale Vereinigung gekappt wurde«[23] und in ein System mündete, das von den Trägern der Revolution ursprünglich nicht beabsichtigt war, tut dem Revolutionscharakter des Herbstes 1989 keinen Abbruch, denn die »friedliche Revolution« in der DDR war nicht die erste, die ihre Kinder bzw. ihre frühen Träger zu einem bestimmten Zeitpunkt entließ.

So vielfältig die Definitionen von Revolution sind, so verschieden sind auch die konkreten Abläufe von Revolutionen und ihre Typologisierungen. Charles S. Maier betont meines Erachtens zu Recht, dass die Revolution in der DDR nicht in die gleiche Kategorie wie die Französische Revolution gehört, sondern einzureihen ist in die Geschichte des gewaltfreien zivilen Ungehorsams im 20. Jahrhundert. Dies gilt – mit Ausnahme des rumänischen Falls – für alle Revolutionen in den ehemaligen Satellitenstaaten der Sowjetunion, die sich Selbstbeschränkung auferlegten und den Dialog mit den bisherigen Mächtigen suchten, was Timothy Garton Ash bewog, von »Refolution«, also Reform und Revolution, zu sprechen[24].

Diktatorische Herrschaften wurden überwunden und demokratische Institutionen durch Massenmobilisierungen in ganz bewusst gewaltfreien Demonstrationen etabliert, die an die Märsche von Gandhi und die Bürgerrechtsbewegung eines Martin Luther King erinnerten, welche zum Vorbild für revolutionäre Umwälzungen in Südamerika wurden. Während die Französische Revolution mit Gewalt begonnen und mit Gewalt geendet hatte, konnte 1989 ein massenhaftes Blutvergießen verhindert werden. Die von Václav Havel, Adam Michnik und auch den ostdeutschen Bürgerrechtlern angewandte subversive Strategie, sich Schritt für Schritt Freiräume neben den staatlichen Strukturen zu verschaffen, war das eigentlich Neue an dieser »friedlichen Revolution«. In angewandter Dialektik beriefen sich die Dissidenten auf Bestimmungen, welche die herrschenden kommunistischen Parteien formal akzeptiert hatten, aber nie angewandt wissen wollten: Verfassungsrechte etwa oder den Menschenrechtsteil der KSZE-Schlussakte von Helsinki. Dass es sich bei dieser Hinwendung zum einzelnen Menschen, seiner Freiheit und seinen unverlierbaren Rechten nicht um eine klassische, sondern um eine neuartige Revolution handelte, geht sehr eindringlich aus den Worten von SED-Politbüromitglied Horst Sindermann hervor, der angesichts des gewaltfreien Charakters der Leipziger Demonstrationen am 9. Oktober 1989 nur noch feststellen konnte: »Wir waren auf alles vorbereitet. Nur nicht auf Kerzen und Gebete«[25]. Kerzendemonstrationen und die Beschwörung »Keine Gewalt« waren nun das revolutionäre Mittel der Demonstranten, um zum einen ihre Unzufriedenheit mit den Zuständen in der DDR zum Ausdruck zu bringen, zum anderen aber die Sicherheitskräfte nicht zu gewaltsamen Reaktionen zu provozieren. Dass es in der DDR zu keinen gewalttätigen Auseinandersetzungen wie wenige Wochen zuvor in Peking kam, konnten die ostdeutschen Demonstranten vorher nicht wissen, wie sich an der großen Anzahl von Testamenten ablesen lässt, die sie im Vorfeld der Demonstrationen niedergeschrieben hat-

---

[23] MAIER, Essay (wie Anm. 18), S. 553.
[24] Vgl. Philipp LICHTERBECK, Refolution! Timothy Garton Ash und Wole Soyinka im HdK [Haus der Kulturen der Welt], in: Der Tagesspiegel, 21.2.2009.
[25] Matthias SCHLEGEL, Nicht nur Kerzen und Gebete, in: Der Tagesspiegel, 10.10.2007.

ten[26]. Bis in die ersten Oktobertage hinein konnte nicht ausgeschlossen werden, dass die SED-Führung doch noch zur »chinesischen Lösung« greift, nachdem sie die Studentenproteste auf dem Platz des himmlischen Friedens als einen »konterrevolutionären Aufruhr« bezeichnet hatte[27].

Quasi widerstandslos ergab sich jedoch die SED in ihr Schicksal und sah nahezu tatenlos mit an, wie sich gegen sie ein Volksaufstand entwickelte, den die Kommunisten und ihre Ideologie immer für sich selber gepachtet hatten, der sie am Ende aber stürzen sollte. Revolutionen seien »Lokomotiven der Geschichte«, hatte bereits Lenin geschrieben, doch dass sich gesellschaftliche Gesetze auch gegen sie selber richten könnten, hatten die ostdeutschen Kommunisten nicht bedacht. Mit dem schließlich von Hunderttausenden skandierten Ruf »Wir sind das Volk« wandelte sich nicht nur der Untertan zum Souverän[28] bzw. konstituierte sich das Volk als politisches Subjekt, sondern wurde zugleich die SED in ihrem Mark getroffen, was ihr ihre letzte Legitimation raubte. Als sich die »friedliche Revolution« in Marsch setzte, wurde die alte Garde im SED-Politbüro Opfer ihrer eigenen Ideologie und ihres materialistischen Geschichtsbildes. Ihre bis zur Arroganz zur Schau gestellte Selbstzufriedenheit konnte den Verlust an Zukunftsorientierung nicht mehr übertünchen, so dass die Altrevolutionäre in der Parteispitze nun zur größten Bedrohung für das SED-Regime wurden.

Mit den Wahlen vom 18. März 1990 endete die »friedliche Revolution« in der DDR. Das Wahlergebnis war ein klares Votum für die Abschaffung eines Staates, der niemals demokratische Legitimation besessen hatte. Dieses Ergebnis entsprach nicht den Vorstellungen der kritischen Intellektuellen, die weiterhin nach einem »dritten Weg«[29] suchten: »Die Liquidation der DDR entsprach [aber] dem Willen der Massen, die seit der nationalen Wende nach der Öffnung der Grenzen im November 1989 den Demonstrationen ihren Stempel aufgedrückt hatten«[30]. Die »friedliche Revolution« kann für sich keine universelle Dimension in Anspruch nehmen, doch mit ihrem nicht nur symbolischen Höhepunkt, dem Fall der Berliner Mauer am 9. November, kann sie beanspruchen, den Zusammenbruch des kommunistischen Systems in allen Ländern Mittel- und Osteuropas beschleunigt und dem Kalten Krieg ein Ende gesetzt zu haben. So konnten sich nun in ganz Osteuropa die »Ideen von 1789« durchsetzen.

---

[26] Vgl. allgemein: Martin JANKOWSKI, Der Tag, der Deutschland veränderte. 9. Oktober 1989, Leipzig 2009; Volker RESING (Hg.), Kerzen und Gebete. Ein geistliches Lesebuch zur friedlichen Revolution 1989, Leipzig 2009.
[27] Volksbefreiungsarmee Chinas schlug konterrevolutionären Aufruhr nieder, in: Neues Deutschland, 5.6.1989.
[28] Vgl. Detlef POLLACK, ›Wir sind das Volk!‹ Sozialstrukturelle und ereignisgeschichtliche Bedingungen des friedlichen Massenprotests, in: HENKE (Hg.), Revolution und Vereinigung (wie Anm. 18), S. 178–197.
[29] Martin SABROW, Der vergessene ›Dritte Weg‹, in: Aus Politik und Zeitgeschichte 60 (2010) 11, S. 6–13.
[30] WINKLER, Der lange Weg (wie Anm. 5), S. 560.

DIE DDR, DIE FRANZÖSISCHE REVOLUTION UND DER BICENTENAIRE

Das revolutionäre Selbstverständnis der DDR und ihrer führenden Politiker gehörte seit der Gründung des zweiten deutschen Staates zu seinem Legitimationsarsenal und blieb bis zum Ende des SED-Regimes unangetastet, wie auf den folgenden Seiten ein Blick in ostdeutsche Schulgeschichtsbücher veranschaulichen soll. Diese Textgattung liefert uns wichtige Hinweise für das Selbstverständnis einer Gesellschaft und ihrer politischen Kultur, denn sie sind »nationale Autobiographien«, wie Rainer Riemenschneider zutreffend feststellt:

> Entstanden unter staatlicher Kontrolle oder zumindest Aufsicht, sind sie wichtige Medien institutionalisierter Lernprozesse [...]. Sie spiegeln in sensibler Weise den Zeitgeist der Gesellschaften, in denen und für die sie geschrieben werden[31].

Sie bilden damit einen Zweig der Historiographie, den auch Geschichtswissenschaftler nicht vernachlässigen sollten, gehören Schulgeschichtsbücher doch zu den wichtigsten Kanälen für den Transport historischer Forschungsergebnisse in die Geschichtskultur einer Gesellschaft. Daran ändert auch die Tatsache nichts, dass die Forschungsresultate einer altersgemäßen didaktischen Reduktion unterworfen sind, die eine Simplifizierung der Forschung erfordert, wie auch Michel Vovelle betont: »Mais le livre [...] scolaire apporte un témoignage irremplaçable au niveau de la transmission de masse et du façonnement d'une mémoire transmise«[32]. Die Darstellung der Französischen Revolution in den Schulgeschichtsbüchern spiegelt daher das Verhältnis, das ein jedes Land zu diesem Ereignis unterhält.

Die Französische Revolution nahm in den Schulgeschichtsbüchern der DDR stets einen privilegierten Platz ein[33], reihte sie sich doch in den Zyklus der bürgerlichen Revolutionen ein. Seit der Veröffentlichung der ersten Lehrpläne in der DDR im Jahre 1948 wurde die Französische Revolution als wichtiger Bestandteil des Weltkulturerbes, als Ausgangspunkt für Überlegungen zur Fortentwicklung bürgerlicher Gesellschaften und zur Rolle von Revolutionen in der Geschichte behandelt. Galt es in dieser unmittelbaren Nachkriegszeit in erster Linie, den Bruch mit dem Nationalsozialismus zu demonstrieren, der sich u.a. als Gegenrevolution zur Französischen Revolution definiert hatte, geriet die DDR-Geschichtsschreibung wie auch die Schulgeschichtsbücher

---

[31] Rainer RIEMENSCHNEIDER, Introduction, in: DERS. (Hg.), Bilder einer Revolution. Die Französische Revolution in den Geschichtsbüchern der Welt/Images d'une Révolution/Images of a Revolution. Mit einem Vorwort von Michel VOVELLE, Frankfurt a.M. 1994, S. 1–10, hier S. 1.
[32] Michel VOVELLE, Préface, in: RIEMENSCHNEIDER (Hg.), Bilder einer Revolution (wie Anm. 31), S. IX.
[33] Vgl. Horst DIERE, Die Französische Revolution von 1789 bis 1795 und die Zeit Napoleons im Geschichtsbuch der DDR, in: RIEMENSCHNEIDER (Hg.), Bilder einer Revolution (wie Anm. 31), S. 329–345.

ab den 1950er Jahren immer stärker unter politisch-ideologisches Kuratel[34]. War die Französische Revolution in der Anfangszeit noch Quelle demokratischer Werte, so schob sich über das Ereignis nun mehr und mehr eine marxistisch-deterministische Geschichtsauffassung, in der es auf Grundlage des historischen Materialismus feststeht, dass es »gesetzmäßig zur bürgerlichen Revolution kam, und die Ablösung der feudalen durch die kapitalistische Ordnung gesetzmäßig erfolgte«[35]. Der »aufopferungsvolle Kampf der Volksmassen« wurde zum entscheidenden Faktor in der Revolution stilisiert, der den Sieg der Bourgeoisie über den »Feudalkapitalismus« erst ermöglicht habe[36]. Die politisch und ideologisch gebundene Geschichtsdarstellung kommt auch in der »Kriegsschuldfrage« zum Ausdruck, bei der in Anlehnung an Lenin der Konflikt zum »gerechten Verteidigungskrieg« Frankreichs gegen das »reaktionär-monarchistische Europa« erklärt wird[37]. Nicht nur die historische Fachwissenschaft, sondern auch die Schulgeschichtsbücher waren Ausdruck für die »Entmachtung der historischen Tatsachen zugunsten des politischen Nutzens«, die ein Wissenschaftsideal hervorbrachte, das sich durch die »harmonische Versöhnung von empirischer Objektivität und ideologischer Parteilichkeit auszeichnete«[38].

Als Folge dieser deterministischen Geschichtsschreibung macht Matthias Middell eine »Sterilisierung der demokratischen Botschaft der Revolution« aus, die im Jahre 1989 nicht zu aktivieren war, weil sie den bleibenden Werten für die Aktualität beraubt worden sei:

Une Révolution française plus ou moins démantelée de sa position historique spécifique, surtout coupée de son message démocratique (avec la contradiction inhérente entre démocratie parlementaire et démocratie directe) et réduite au modèle de *la* révolution en tant que telle, modèle qui se trouverait surenchéri par la révolution russe en 1917. Mais ›révolution‹ ne correspondait pas aux expériences des élèves pour qui la notion d'une ›révolution démocratique-antifasciste‹ de 1945 ne présente plus qu'une notion synthétique et abstraite, pour qui une société devenue de plus en plus conservatrice se présente comme révolutionnaire avec des révolutionnaires partout et surtout parmi les vieux hommes. Dans cette dévalorisation du mot révolution [...], la Révolution française est devenue plus au moins une chose morte[39].

Diese Austrocknung des revolutionären Gedankens spiegelt sich auch in den Lehrplänen aus dem Jahre 1988, die der Vermittlung der Französischen Revolution die Aufgabe zuweisen, die treibende Kraft der Volksmassen zu betonen, dabei aber die Sanscu-

---

[34] Vgl. Axel KOPPETSCH, Die Französische Revolution: Dauer und Wandel ihrer Darstellung in deutschen Schulbüchern seit 1890, in: RIEMENSCHNEIDER (Hg.), Bilder einer Revolution (wie Anm. 31), S. 357–376.
[35] Geschichte. Lehrbuch für Klasse 7, hg. von einem Autorenkollektiv unter Leitung von H. HÜBNER und H. DIERE, Berlin (Ost) ³1971, S. 149 (Erstausgabe 1968).
[36] Ibid., S. 173.
[37] Geschichte. Lehrbuch für den Geschichtsunterricht 11. Schuljahr. Neuzeit 1789 bis 1918, Berlin (Ost) ²1956, S. 22 (Erstausgabe 1954).
[38] Martin SABROW, Das Wahrheitsproblem in der DDR-Geschichtswissenschaft, in: Tel Aviver Jahrbuch für deutsche Geschichte XXV (1996), S. 233–257, hier S. 244, 246.
[39] Matthias MIDDELL, La Révolution française enseignée dans les écoles de l'ex-RDA et les changements d'hier à aujourd'hui, in: RIEMENSCHNEIDER (Hg.), Bilder einer Revolution (wie Anm. 31), S. 347–355, hier S. 350.

lotten völlig ausblenden. Die DDR hatte sich damit jenen »kalten Gesellschaften« im Verständnis von Claude Lévi-Strauss genähert, die »jeder Veränderung ihrer Struktur, die ein Eindringen der Geschichte ermöglichen würde, verzweifelt Widerstand [...] leisten«[40] und ähnelte jener von George Orwell in seinem Roman »1984« beschriebenen geschichtspolitischen Landschaft: »Die Geschichte ist zum Stillstand gekommen. Es gibt nur die ewige Gegenwart, in der die Partei immer recht hat«. Mit diesem erinnerungspolitischen Rüstzeug fühlte sich die SED seit Ende der 1950er Jahre ausreichend abgesichert, »Ereignisse, Einbrüche von Kontingenz« hinzunehmen, ohne fürchten zu müssen, »dass sie sich zur Geschichte verdichten«[41]. Dabei betätigte sich die DDR-Geschichtswissenschaft als Ideologieproduzentin, welche die historische Wahrheit dem Deutungsmonopol der marxistischen Geschichtstheorie unterworfen hatte.

Mit genau diesem Geschichtsverständnis machten sich auch die DDR-Kulturplaner an den anstehenden Bicentenaire und stellten Überlegungen an, wie »die Ergebnisse dieser Ereignisse für die bürgerlich-demokratische Entwicklung in Deutschland sichtbar« gemacht werden könnten. Erich Honecker hatte während seines Paris-Aufenthaltes im Januar 1988 verabsolutierend den historisch-materialistischen Weg gewiesen, als er bei einer Begegnung mit Vertretern der französischen Freundschaftsgesellschaft »France-RDA« auf die »bedeutende[n] Höhepunkte im Leben unserer beider Länder« hinwies: »Dieses herausragende Ereignis der Geschichte Frankreichs, das auf die Entwicklung im damaligen Deutschland einen nachhaltigen progressiven Einfluss ausübte, wird auch in der DDR mit zahlreichen Veranstaltungen würdig begangen werden«[42]. Entsprechend wurde die Gründung der DDR von 1949 in eine Linie mit der Französischen Revolution gestellt:

Das Zusammentreffen beider Jubiläen 1989 gibt Gelegenheit, mit den Möglichkeiten des Kulturzentrums in Frankreich die Gründung und erfolgreiche Entwicklung der sozialistischen DDR in die fortschrittlichsten Bestrebungen der Menschheit zur Abschaffung der Ausbeutung des Menschen durch den Menschen und zur Realisierung des wahren Humanismus, wie sich dies in den Forderungen der Französischen Bürgerlichen Revolution widerspiegelt, einzuordnen. Insbesondere unter diesem Aspekt sind daher zahlreiche Programmpunkte zur Darstellung sozialistischer Demokratie und verwirklichter Menschenrechte in der DDR vorgesehen[43].

[40] Claude LEVI-STRAUSS, Das wilde Denken, Frankfurt a.M. 1973, S. 270.
[41] Aleida und Jan ASSMANN, Schrift, Tradition und Kultur, in: Wolfgang RAIBLE (Hg.), Zwischen Festtag und Alltag, Tübingen 1988, S. 25–50, hier S. 35.
[42] Ansprache Erich Honeckers anlässlich der Begegnung mit Vertretern der Gesellschaft Frankreich–DDR. Vom 21.–24.5.1986 fand in Bautzen das VIII. gemeinsame Kolloquium von Historikern der DDR und Frankreichs zum Thema »Die französische Revolution und der bürgerliche Revolutionszyklus« statt. Das Kolloquium diente der langfristigen Vorbereitung auf den 200. Jahrestag der Französischen Revolution (197. Sitzung des Präsidiums des Ministerrates der DDR vom 3.10.1985; Bundesarchiv Berlin [BAB], DC 20/I/4/5680, Bl. 213–220). Am 22.6.1989 fand in Ost-Berlin aus gleichem Anlass unter Federführung der Deutsch-Französischen Gesellschaft der DDR (Deufra) eine Veranstaltung im Apollo-Saal der Deutschen Staatsoper statt. Für die französische Freundschaftsgesellschaft »France–RDA« hielt ihr Präsident Georges Castellan eine Ansprache; Gerald Götting tat Gleiches als Präsident der Liga für Völkerfreundschaft.
[43] Anlage Nr. 1 zum Protokoll Nr. 113/88 der Sitzung des Sekretariats des ZK der SED, 12.10.1988; SAPMO-BArch, DY 30/J IV 2/3/4315.

Im Vorfelde des Bicentenaire arbeiteten die ostdeutschen Kulturpolitiker auf Hochtouren und planten für das Jahr 1989 über 600 Veranstaltungen, die – wie Matthias Middell betont – durchaus ein interessiertes Publikum fanden. Besonders die wissenschaftlichen Kolloquien waren aber in der Regel von einer geschichtspolitisch-ideologischen Überformung gekennzeichnet[44], wie aus einem Artikel von Heinrich Scheel hervorgeht, den er als Vorwort für eine illustrierte und durchgesehene Ausgabe von »1789, die große Revolution der Franzosen« von Walter Markow und Albert Soboul verfasst hatte:

In der Französischen Revolution fielen inhaltsreiche Entscheidungen über die Ablösung einer feudalständischen Ordnung durch eine bürgerliche. Angeführt wurde die Bewegung von einer sozialen Mitte, die unter den gegebenen Voraussetzungen zur Erfüllung dieser historischen Aufgabe befähigt war [...]. Da jedoch die Kraftentfaltung des Volkes der Umwälzung Tiefe und Breite gab, verlieh es ihr ein Kennzeichen einer demokratischen Revolution[45].

Den Vorgaben des kulturellen kalten Krieges verpflichtet sprang Scheel bei seinem Bezug auf den Bicentenaire gleich in den Schützengraben der vom ideologischen Gegensatz geprägten geschichtspolitischen Auseinandersetzung:

Wohl aber macht die Heftigkeit der orchestrierten Polemik, die ihr 200. Jahrestag entfacht hat, auch dem Arglosesten überdeutlich, dass der Kampf um ihr Erbe unvermindert anhält und dazu zwingt, auf dieser oder auf jener Seite der Barrikade Stellung zu beziehen.

Die bei Scheel zum Ausdruck kommende präsentistische Darstellung von Geschichte spiegelt die für die DDR-Geschichtswissenschaft so charakteristische dogmatische Fixierung von Historie, die keinen Platz für Unbestimmtheit, Wandlungsfähigkeit und Interpretierbarkeit lassen wollte.

Diese Erfahrung musste Anfang 1989 auch die Arbeitsgruppe Stadtbilder im Berliner Verband der bildenden Künstler (VBK) machen, die ein Ausstellungsprojekt im U-Bahnhof Alexanderplatz unter dem Titel »Denken an Revolution« vorgeschlagen hatte, das mit seiner an den Bicentenaire angelehnten Zielsetzung – das sei schon jetzt vermerkt – aber eher die Ausnahme der oben angesprochenen Regel war:

Es sollen im U-Bahnhof Alexanderplatz Angebote, nicht Vorgaben gemacht werden. Das diesjährige Thema ›Denken an Revolution‹ trägt noch dem traditionellen Jahrestagsgeschichtsverständnis Rechnung. Wenn wir dennoch dieses Jubiläum zum Anlass nehmen, öffentlich über Revolution nachzudenken, haben wir weniger ein illustriertes Geschichtsmuseum vor Augen, als vielmehr die Aktualität dieser Geschichte. 1789 und 1989 bedeuten aus dieser Perspektive nicht ein Ereignis und seine 200. Jährung, sondern einen Zeitraum, angefüllt mit einer Vielzahl von Umbrüchen, die bis in die Gegenwart Denken und Verhalten prägen. Revolution nicht als Gegenstand von

---

[44] Vgl. Jean-Numa DUCANGE, 1789–1989: Le bicentenaire de la Révolution française en République démocratique allemande, in: Bernard COTTRET, Lauric HENNETON (Hg.), Du bon usage des commémorations. Histoire, mémoire et identité, XVIe–XXe siècles, Rennes 2010, S. 141–153.
[45] Heinrich SCHEEL, ›Des Jahrhunderts edelste Tat‹ (Friedrich Gottlieb Klopstock), in: Walter MARKOW, Albert SOBOUL, 1789, die große Revolution der Franzosen, Leipzig, Jena, Berlin 1989, S. 7.

Erinnerungsarbeit, sondern ständig präsente Aufgabe, nicht Rekonstruktion von Geschichte, sondern in erster Linie Produktion von Gegenwart und Zukunft.

Dass die Künstler Revolution als Prozess verstanden und nicht als »abgeschlossene und abgelegte Geschichte«, musste die »führende Partei« als Herausforderung für ihr dogmatisches Geschichtsverständnis verstehen, so dass es der Ost-Berliner Stadtrat am 13. Oktober 1989 mit folgender Begründung ablehnte: »Die politische Aussage in ihrer Gesamtheit ermöglicht nicht, diese Kollektion an diesem Platz zu dieser Zeit zu zeigen. Es würden Reibungsflächen entstehen, die wir im Moment nicht brauchen«[46]. Dabei verkannte er, dass sich die DDR zu diesem Zeitpunkt bereits in einem revolutionären Prozess befand, der nicht mehr aufzuhalten war. Als die Künstlergruppe ihre Sperrholztafeln schließlich in der Nacht vom 13. zum 14. Dezember 1989 in der U-Bahn anbrachte, waren aber auch sie von der Zeit überholt worden, so dass ein Projekt, das als hochaktuelles Signal geplant war, zur melancholischen Reminiszenz verkam.

Indem die SED die »Entwicklungsgeschichte der DDR in hagiographischer Verklärung zu einem kontinuierlichen Reifungsprozess veredelt«[47] hatte, beraubte sie Geschichte und Erinnerung ihrer identitären Kraft und ihrer Identifikationsfähigkeit, deren Verlust aus Perspektive eines kulturalistischen Ansatzes zu den Bedingungsfaktoren für die friedliche Revolution wurde[48]. Das zunehmende Selbstbewusstsein der Bürgerrechtsbewegungen in der DDR im Jahre 1989 ließ bisherige Geschichtsbilder ins Wanken geraten, wie sich sowohl am antifaschistischen Gründungsmythos der DDR als auch an der offiziellen Interpretation der Französischen Revolution zeigte.

Dass die Französische Revolution für die marxistisch-leninistische Ideologie und die Erinnerungslandschaft in der DDR stets eine große Bedeutung besaßen, Referenzen an das Ereignis zweihundert Jahre zuvor während der »friedlichen Revolution« in der DDR jedoch weitgehend Fehlanzeige blieben, ist somit nur ein scheinbarer Widerspruch wie Middell konstatiert:

L'opposition au régime formulait des revendications semblables à celles de la Révolution française sans s'en apercevoir – la Révolution de 1789 ne figurait guère parmi les allusions historiques du mouvement révolutionnaire en RDA[49].

---

[46] Dieses und die beiden vorangehenden Zitate finden sich in: Tom MUSTROPH, Öffentliches Denken an die Revolution. Eine Ausstellung am Alexanderplatz verspätet sich – aus einem Signal wurde eine Reminiszenz, in: Neues Deutschland, 25.10.2004.
[47] Martin SABROW, Die DDR erinnern, in: DERS. (Hg.), Erinnerungsorte der DDR (wie Anm. 17), München 2009, S. 11–27, hier S. 16.
[48] Vgl. DERS., Der Konkurs der Konsensdiktatur. Überlegungen zum inneren Zerfall der DDR aus kulturgeschichtlicher Perspektive, in: Konrad H. JARAUSCH, Martin SABROW (Hg.), Weg in den Untergang. Der innere Zerfall der DDR, Göttingen 1999, S. 83–116.
[49] MIDDELL, La Révolution française (wie Anm. 39), S. 349.

FRANKREICH UND SEIN BICENTENAIRE

Die Programmmaßnahmen zur Würdigung des 200. Jahrestages der Französischen Bürgerlichen Revolution geben Gelegenheit, progressive gemeinsame bzw. einander durchdringende Traditionen deutsch-französischer Geschichte aufzugreifen und damit unmittelbar an das Interesse der französischen Öffentlichkeit anzuknüpfen[50].

Diese Wunschvorstellung von Erich Honecker – das Interesse der französischen Öffentlichkeit an Revolution und Bicentenaire – erwies sich Ende 1988 jedoch genauso weit weg von der Realität wie so manche seiner Einschätzungen zur Zukunft der DDR. Bereits 1984 hatte der Historiker Christian Amalvi in den »Lieux de mémoire« auf die nachlassende emotionale Bindungskraft zwischen Revolution bzw. 14. Juli und französischer Gesellschaft im Verlaufe des 20. Jahrhunderts hingewiesen:

> Le 14 Juillet a cessé de fonctionner pour nous comme un repère annuel autour duquel s'articulait de façon immuable la vie nationale [...]. Le rituel devenu routinier s'accomplit chaque année dans une ambiance touristique qui paraît a priori dépourvue depuis longtemps déjà de caractère partisan et militant: on serait donc tenté de rouler avec indifférence le 14 Juillet dans le fameux ›linceul de pourpre où dorment les dieux morts‹[51].

Dieser These schien zu widersprechen, dass sich in der französischen Presse und Öffentlichkeit im Sommer 1983 eine lebhafte Diskussion entwickelte, weil die französische Regierung schließlich die Pariser Weltausstellung 1989 abgesagt hatte. Regierung und Opposition gaben sich gegenseitig die Schuld; sicherlich war es auch eine Form der Rache des unterlegenen Präsidentschaftskandidaten Jacques Chirac, der sich als Pariser Bürgermeister insbesondere den Standortplänen von Präsident François Mitterrand widersetzt hatte – der sozialistische Staat schlug zwei Terrains im Westen und Osten der Stadt vor, Chirac ein Erschließungsgebiet extra muros im Marnetal. So wurde es Mitterrand verweigert, wenige Monate nach seinem Wahlsieg die Franzosen für ein gemeinsames Projekt zu mobilisieren und ihnen eine große Perspektive für ihre Hauptstadt zu präsentieren. Konnte das Zentenarium 1889 noch mit einer Weltausstellung begangen werden, so ging das Projekt »Wege der Freiheit« – so der Programmtitel – 100 Jahre später im Parteienzwist unter, was die Hamburger Wochenzeitung »Die Zeit« zu folgendem Kommentar bewog: »Pariser Weltausstellungen waren ja schon immer, oft im Gegensatz zu pragmatischer aufgezogenen Veranstaltungen in England und Amerika, ideologisch befrachtet«[52]. Die vor allem von der Tagespolitik und den damaligen wirtschaftlichen Problemen Frankreichs geprägten innerfranzösischen Kontroversen aus dem Jahre 1983 blieben jedoch nur ein Strohfeuer, so dass es den Planern des Bicentenaire im Vorfelde der Feiern darum gehen musste, das revolutionäre Feuer

---

[50] Anlage Nr. 1 zum Protokoll Nr. 113/88 der Sitzung des Sekretariats des ZK der SED, 12.10.1988; SAPMO-BArch, DY 30/J IV 2/3/4315.
[51] Christian AMALVI, 14 Juillet, in: Pierre NORA (Hg.), Les lieux de mémoire, Bd. 1, Paris 1984, S. 421–472, hier S. 422, 466f.
[52] Günter METKEN, Feste des Fortschritts. Ein Zeitalter des Selbstbewusstseins ging zu Ende, in: Die Zeit, 5.8.1983.

der Franzosen wieder zum Lodern zu bringen. Mitterrand versuchte diese Feierlichkeiten zudem zu nutzen, um zum Präsidenten aller Franzosen zu werden, doch musste er in der ersten Jahreshälfte 1989 feststellen, dass sich die große Mehrheit der Franzosen dem Ereignis eher mit Gleichgültigkeit und Passivität näherte. Die von der von Mitterrand eingesetzten Kommission formulierten geschichtspolitischen Lektionen trafen nicht das Zeitgefühl der Franzosen, wie Steven L. Kaplan in seinem Buch »Adieu 89« bemerkt:

Elles étaient trop détachées des préoccupations quotidiennes, malgré leur prétention à l'urgence. Les commémorateurs avaient raison de viser haut, mais il était au-delà de leur pouvoir de toucher la masse du public [...] et de modifier la manière générale de penser et de se conduire [...]. L'histoire était jugée incurablement ennuyeuse[53].

Diese Indifferenz verlor sich erst, als in Osteuropa der Funke des revolutionären Freiheitswillens übersprang, so dass wir hier schon als Schlussfolgerung formulieren können, dass nicht der Bicentenaire eine treibende Kraft für die »friedliche Revolution« in der DDR war, sondern die Revolutionen im Osten den Feierlichkeiten in Frankreich erst den eigentlichen Elan einhauchten. Im Gegensatz zum paternalistischen Ansatz des französischen Festkomitees gelang es ihnen in einer Art Kulturtransfer in Ost-West-Richtung, eine emotionale Verbindung zwischen Vergangenheit, Gegenwart und Zukunft herzustellen, so dass schließlich der französische Staatspräsident François Mitterrand am 31. Dezember 1989 eine positive Bilanz des Bicentenaire ziehen konnte: »Personne n'aurait oser rêver pareille célébration pour un si bel anniversaire«[54].

FRANKREICH UND DIE »FRIEDLICHE REVOLUTION« IN DER DDR

Diese positive Resonanz auf die Revolutionen in Osteuropa und besonders auf den Fall der Berliner Mauer war ein allgemeines Phänomen in der französischen Öffentlichkeit. In »Le Monde« vom 11. November 1989 sah André Fontaine im Mauerfall eine neue Französische Revolution (»89bis«): »La joie du peuple allemand est celle de tous les peuples: elle est la nôtre«. In »Libération« vom gleichen Tag spielte Serge July sowohl auf die russische Oktoberrevolution von 1917 (»L'autre révolution d'octobre«) als auch auf die Französische Revolution an: »Le mur de Berlin était au communisme ce que la Bastille était à la monarchie«[55]. Ebenfalls am 11. November sprach der ehemalige französische Informationsminister Alain Peyrefitte im »Figaro« von einer »révolution pacifique«, nachdem die Deutschlandexpertin Anne-Marie Le Gloannec am Tage zuvor in gleicher Zeitung darauf hingewiesen hatte, dass es sich zum ersten Mal in der deutschen Geschichte um eine erfolgreiche Revolution handele.

---

[53] Steven L. KAPLAN, Adieu 89, Paris 1993, S. 868.
[54] Zit. nach GARCIA, François Mitterrand (wie Anm. 1), S. 24.
[55] Serge JULY, L'autre révolution d'octobre, in: Liberation.fr, 11/11/1989, http://www.liberation.fr/monde/0101600838-l-autre-revolution-d-octobre (5.7.2010).

Die gleiche Tendenz ließ sich im französischen Fernsehen beobachten. Am 12. November begann Bruno Masure die 20-Uhr-Nachrichten auf TF 1 mit einem feierlichen »200 ans après la Bastille, le Mur«. Anne Sinclair zog in ihrer Sendung »Sept sur Sept« den Bogen ebenfalls von der Bastille zur Mauer, und der von ihr interviewte Jacques Delors fügte hinzu »Comme en 1789, le peuple fait l'histoire«[56]. Endlos fortsetzen ließe sich die Liste solcher Beispiele, in denen ein aktuelles historisches Ereignis der deutschen Geschichte durch das Prisma der französischen Geschichte betrachtet wurde, so dass Yves Lavoinne zu folgendem Schluss kommt: »Cette saturation interprétative brouille les grands traits de l'événement. Son inscription dans un lieu allemand devient seconde par rapport à ses dimensions symboliques et idéologiques, à sa valeur européenne et française«[57]. Man könnte fast meinen, dass sich die Franzosen in dieser Situation den Mauerfall zu eigen machten und ihn in die eigene Geschichte einschrieben.

Die Freude über die »friedliche Revolution« in der DDR machte in den französischen Medien aber schon in den Tagen nach dem 9. November der Furcht vor einem vereinigten Deutschland Platz. Schon längst überwunden geglaubte Ängste und Dämonen wurden wieder an die Oberfläche gespült, die Ausdruck von Besorgnis darüber waren, die Zukunft könnte eine Wiederkehr der Vergangenheit bedeuten. Gilles Freissinier kommt im Fazit seiner Medienanalyse zu folgendem Schluss: »De plus, en ›calquant‹ une vision française de l'État-nation et de l'histoire sur des événements allemands, cela a conduit à une méprise sur la signification et la portée du 9 novembre 1989 perçu comme le retour de la volonté de puissance en Allemagne«[58].

Die Angst vor einem zu starken deutschen Nachbarn war auch François Mitterrand nicht fremd, dessen Haltung zu Mauerfall und deutscher Vereinigung nicht nur in Deutschland immer wieder Anlass zu Kritik war:

Mitterrand ist noch im Dezember 1989 nach Ost-Berlin gereist und hat mit der DDR einen Kooperationsvertrag auf fünf Jahre abgeschlossen, gerade während die Leute auf den Straßen das Emblem dieses Staates aus den Fahnen herausgeschnitten hatten. Jener Vertrag war ein antirevolutionärer Akt, und das im Jahre des Bicentenaire der Französische Revolution! Aber man wird inzwischen schon sagen können: ebenso so unwirksam wie die Kanonade von Valmy[59].

20 Jahre nach dem Fall der Berliner Mauer war diese Reise von François Mitterrand in die DDR immer noch Gesprächsthema in der deutschen und französischen Öffentlichkeit. Gegen den aktuellen Forschungsstand[60] argumentierte Pierre Lellouche, Staats-

---

[56] Sept sur Sept (TF 1), 12.11.1989.
[57] Yves LAVOINNE, Allemagne, Allemagne. La question de l'identité nationale vue dans le miroir, in: Ursula E. KOCH u.a. (Hg.), Deutsch-französische Medienbilder. Images médiatiques franco-allemandes, München 1993, S. 145–170, hier S. 147.
[58] Gilles FREISSINIER, La chute du mur de Berlin à la télévision française. De l'événement à l'histoire 1961–2002, Paris 2005, S. 233; vgl. auch: DERS., L'Europe au pied du Mur. La chute du mur de Berlin à la télévision française, in: Marie-Françoise LÉVY, Marie-Noële SICARD (Hg.), Les lucarnes de l'Europe. Télévisions, cultures, identités, 1945–2005, Paris 2008, S. 295–306.
[59] Veröffentlichung der Vereinigung der deutschen Staatsrechtslehrer 49 (1990), S. 180.
[60] Vgl. Frédéric BOZO, Mitterrand, la fin de la guerre froide et l'unification allemande. De Yalta à Maastricht, Paris 2005; DERS., La France face à l'unification allemande (1989–1990), in:

sekretär für europäische Angelegenheiten und Beauftragter für die deutsch-französische Zusammenarbeit, dass der Besuch François Mitterrands am 20. Dezember 1989 in Ost-Berlin schon damals »gegen die Geschichte gerichtet« gewesen sei, so dass Frankreich und Deutschland 1989 eine wichtige Gelegenheit verpasst hätten[61]. Das sollte 2009 nachgeholt werden, wie Jürg Altwegg konstatiert:

> Wer 1989 etwas verpasst hatte, musste 2009 dabei sein. ›Tout Paris‹ war am Montag in Berlin, und wer zu Hause blieb, blickte nach Deutschland und konnte gar nicht anders [...]. Frankreich fühlt sich im Zentrum der Wiedervereinigung, es hat sie zumindest in sein Weltbild integriert [...]. Der 9. November wird schon fast wie 1789 als Neubegründung einer Gegenwart gefeiert – und jeder will wie Goethe in Valmy dabei gewesen sein. In diesen Tagen fällt eine Mauer zwischen Deutschland und Frankreich, und das zumindest kann niemandem entgehen[62].

RÉSUMÉ FRANÇAIS

À la fin des années 1980, les festivités liées au bicentenaire de la Révolution française furent largement occultées par les événements politiques de l'année 1989, qui vit les peuples d'Europe de l'Est se libérer de la dictature communiste et les habitants de la RDA abattre le mur de Berlin. Rapidement, la polémique se développa sur l'usage du terme »révolution« pour désigner les bouleversements intervenus dans les pays d'Europe de l'Est. Dans la première partie de cet article, l'auteur se demande si l'expression »révolution pacifique«, aujourd'hui courante, reflète réellement les événements survenus en 1989 et 1990 en RDA. Ensuite, il envisage la possibilité que la Révolution française et son bicentenaire aient pu inspirer ou précipiter ces bouleversements. Sur la base de manuels d'histoire est-allemands, il se penche sur le rôle de la Révolution française dans l'appareil idéologique de la RDA et sur la façon dont le SED entendait utiliser le bicentenaire. Enfin, il analyse la réaction de la France à la chute du Mur et l'impact de cet événement sur les relations franco-allemandes. Une comparaison des deux révolutions met en évidence leurs différences. Certes, elles provoquèrent toutes deux l'effondrement du régime en place mais, contrairement à 1789, la »révolution pacifique« de la RDA s'inscrit dans l'histoire de la désobéissance civile non-violente du XXe siècle. Les défilés aux chandelles et le slogan »non à la violence« furent les seules armes révolutionnaires employées par les manifestants est-allemands contre la dictature du SED. Le fait que la »révolution pacifique« ne contienne guère de références à la Révolution française ou au bicentenaire s'explique par le déterminisme de l'historiographie est-allemande, qui avait »anesthésié le message démocratique de la Révolution«. Deux siècles plus tard, les idéaux de 1789 avaient donc perdu de leur pertinence pour les citoyens d'Allemagne de l'Est. Ce ne fut pas le bicentenaire qui inspira la »révolution pacifique« en RDA, mais bien les révolutions de l'Est qui revivifièrent les festivités organisées en France. La chute du Mur, le 9 novembre 1989, fut chaleureusement accueillie en France et les Français se saisirent de l'événement. Cependant, l'enthousiasme soulevé par la »révolution pacifique« fut bientôt rattrapé, dans les médias, par la crainte d'une Allemagne unifiée. De vieux démons que l'on croyait enterrés depuis longtemps refirent surface, exprimant la peur de voir l'histoire se répéter un jour.

Jean-Paul CAHN, Ulrich PFEIL (Hg.), Allemagne 1974–1990. De l'Ostpolitik à l'unification, Villeneuve d'Ascq 2009, S. 285–301.

[61] Pierre LELLOUCHE, Le couple franco-allemand, uni au service de l'Europe, in: Le Monde, 6.10.2009.

[62] Jürg ALTWEGG, Dabei sein war alles. Frankreichs Mauerfall, in: Frankfurter Allgemeine Zeitung, 10.9.2009.

HÉLÈNE MIARD-DELACROIX

Entre agacement, inquiétude et compréhension
Les dirigeants français et l'unification allemande

Le 20ᵉ anniversaire de la révolution pacifique en RDA et de l'ouverture du mur de Berlin le 9 novembre 1989 a été l'occasion de commémorations qui dépassèrent largement la seule Allemagne. Elle fêtait, elle, le début d'un processus qui allait conduire, le 3 octobre 1990, à son unité par l'adhésion des cinq länder de la RDA à la République fédérale d'Allemagne. Avec d'innombrables manifestations publiques et productions médiatiques mises en scène dans le monde entier pour fêter ce 20ᵉ anniversaire, on a assisté à l'automne 2009 à une appropriation de l'événement et de son interprétation collective par des pays voisins qui avaient été, à l'époque, très diversement touchés par les bouleversements. Plus que la chute d'un des symboles du système répressif des démocraties populaires, c'est l'autodétermination des petites gens et l'émotion brute de scènes de retrouvailles qui furent au centre du propos. La France a donné un exemple particulièrement net de ce phénomène: pendant plusieurs semaines, au rythme des chroniques de marchands d'histoire et de cérémonies bien orchestrées volant aisément la vedette aux colloques scientifiques, la France a vécu à l'heure de la réunification.

Entre le recours aux témoignages de préférence larmoyants, les protestations d'attachement à la liberté et l'héroïsme par procuration, on a assisté à la résurgence de la thèse selon laquelle la France officielle de l'époque, en l'occurrence le président François Mitterrand, aurait été hostile à la réunification et aurait tenté d'en empêcher la réalisation. Ce motif s'est imposé à la faveur de trois actualités.

La première est d'ordre technique pour la pratique historienne, mais revêt une importance politique dans ses effets publics: elle repose sur l'ouverture anticipée d'archives du Foreign office concernant la période 1989/1990 et la publication de certains documents[1]. Rapportant des déclarations et petites phrases du président français, ils offrent un éclairage plus renouvelé que nouveau sur ses prises de position, actions ou abstentions. Telles qu'elles sont reflétées dans ses entretiens avec la grande adversaire de la réunification Margaret Thatcher, ce sont des paroles hostiles à l'Allemagne et tranchant avec l'amitié affichée depuis de longues années avec le chancelier Kohl.

La deuxième actualité est politique. Le 20ᵉ anniversaire du délitement de la RDA, de l'ouverture du Mur et du processus conduisant à la réunification a été l'occasion de réaffuter les arêtes des profils partisans en exploitant un certain récit de l'histoire. Ainsi, le ministre des affaires européennes Pierre Lellouche (UMP) justifia la grande

---

[1] Patrick SALMON, Keith HAMILTON, Stephen Robert TWIGGE (dir.), German Unification 1989–90. Documents on British Policy Overseas, ser. III, vol. VII, Londres 2009.

commémoration du 9 novembre 2009 par la volonté de »réparer« des manquements condamnables de la France sous présidence socialiste, vingt ans plus tôt.

La troisième actualité, enfin, est médiatique. Dans la débauche de publications de nature journalistique et d'émissions exploitant le filon de la commémoration fonctionnent deux grands ressorts: l'émotion et l'indignation. L'émotion est le moteur de tous les témoignages et de la relation des événements vécus, auxquels s'ajoutent les reconstructions complotistes et fort rentables[2]. Dans la réécriture manichéenne du passé, l'indignation face aux agissements des ennemis institutionnels du peuple dans la rue s'étend à tous les acteurs jugés distants ou froids face à des événements aussi heureux. Ainsi en alla-t-il dans la dénonciation de l'attitude de l'Élysée, attitude résolument hostile et politiquement non correcte à l'égard du partenaire privilégié de la France. Fin 1989, ce fut en quelque sorte la trahison d'un faux frère.

Ce contexte rappelle à l'historien le précepte que Tacite s'imposa dans les »Annales« pour écrire l'histoire *sine ira et studio*, sans colère ni faveur, avec le souci d'objectiver, de reprendre les sources, d'interroger équitablement et de distinguer pour proposer au jugement. Sans aucun doute le traitement de la période mitterrandienne peut-il être rapproché de ce que Tacite constatait déjà en son temps: »L'histoire de Tibère, de Caius, de Claude et de Néron, falsifiée par la crainte aux jours de leur grandeur, fut écrite, après leur mort, sous l'influence de haines trop récentes«[3].

Au moment des recherches menées pour rédiger cette communication, le fonds du Quai d'Orsay n'était pas encore ouvert – il l'a été précisément au moment des commémorations de novembre 2009, éliminant le décalage entre la France, qui continuait à appliquer la règle des trente ans à la période 1989/1990, et la Grande Bretagne, qui avait ouvert ses fonds. L'Allemagne avait été l'un des précurseurs avec la publication des documents de la chancellerie en 1998[4]. Aussi n'a-t-il pas été possible d'intégrer à l'analyse les positions et recommandations de la diplomatie française, c'est-à-dire la sous-direction Europe centrale et le Centre d'analyse et de prévision (CAP) au Quai d'Orsay en plus des télégrammes des ambassades dirigées à Bonn par Serge Boidevaix et à Berlin-Est par Joëlle Timsit. Ainsi a-t-il fallu s'en remettre aux travaux des historiens qui ont eu accès aux archives de l'Élysée par l'institut François-Mitterrand pour se concentrer sur les réactions des dirigeants français face à des faits qui s'accélérèrent à l'automne 1989. Cela s'imposa d'autant plus qu'il est frappant de constater à quel point les questions touchant à l'Allemagne et à la révolution pacifique ont été cantonnées à l'Élysée, apparaissant comme étant du ressort unique du président et de son ministre des Affaires étrangères Roland Dumas. Le Premier ministre Michel Rocard fut très discret sur les questions touchant à l'unification, de même que les personnalités

---

[2] P.ex.: Michel MEYER, Histoire secrète de la chute du mur de Berlin, Paris 2009.
[3] »Tiberii Gaique et Claudii ac Neronis res florentibus ipsis ob metum falsae, postquam occiderant recentibus odiis compositae sunt«.
[4] Deutsche Einheit. Sonderedition aus den Akten des Bundeskanzleramtes 1989/90, bearb. von Hanns Jürgen KÜSTERS und Daniel HOFMANN, Munich 1998.

du parti socialiste. Tous semblent s'être abstenus de vouloir influencer le président, respectant le domaine réservé du chef de l'État dans la Ve République[5]. Sur le fond de la donnée à plus long terme, la prévisibilité d'une réunification allemande, qui fut constitutive de l'analyse française, les trois termes choisis pour présenter les résultats – »agacement«, »inquiétude« et »compréhension« – reflètent la diversité des réactions des dirigeants français telles qu'elles dominèrent successivement pendant l'automne et l'hiver 1989/1990. S'y ajoute le terme de »scepticisme«, qui s'applique plus généralement aux différentes questions soulevées par les événements en RDA: à quel rythme le chemin vers la réunification devait-il être suivi? Quelles étaient les chances de réussite de l'opportunité que représentait Mikhaïl Gorbatchev? Quelle était la pertinence de l'abandon des droits des alliés? Quelle était la pertinence d'une réunification allemande par rapport au projet de construction européenne? L'extrême rapidité des changements entre l'été 1989 et le printemps 1990 conduit à mettre l'accent sur la réception d'un phénomène, sur les réactions et sur l'adaptation à un défi. Toutefois, cela ne saurait exclure une interrogation sur l'accompagnement du processus par la France, sur une base d'empathie, de compréhension et de soutien. De même, on se doit d'évaluer la dimension proactive de la politique française, à quel moment et sous quelle forme elle se manifesta.

SURPRISE OU IMPRÉPARATION?

Le moindre des reproches faits à la Présidence française fut celui de l'impréparation qui aurait marqué la réaction de Paris, aurait motivé des tentatives de freiner les choses et aurait été l'explication alternative à celle plus sévère d'une réelle hostilité de principe à la réunification de l'Allemagne. Or il faut distinguer entre l'impréparation et la surprise. Le président français, comme l'opinion en France, a été incontestablement surpris par l'ampleur des accélérations observables entre fin septembre et décembre 1989. La dynamique des événements déclenchant le processus mit rapidement en évidence son caractère irréversible et rapprocha la perspective, envisagée depuis plusieurs années, d'une transformation radicale de la situation en Europe. Il est aisé de reconstruire a posteriori des logiques en apparence évidentes, telles que la nécessité de la disparition immédiate de la construction RDA à partir du moment où les gens osaient manifester et que l'Europe centrale se libéralisait à l'instar de l'Union soviétique. Dans la perspective de l'époque, ce n'est pas l'analyse qui fut faite, y compris en Allemagne fédérale. La proximité de la possibilité d'une réunification n'apparut avec évidence au chancelier Kohl qu'à la mi-décembre 1989, lorsque, en visite à Dresde, il ressentit l'attente extrême et comprit la demande expresse de la foule rassemblée. Quelques mois auparavant encore, son prédécesseur Helmut Schmidt déclarait que la réunification arriverait nécessairement un jour, mais pas avant la fin du siècle, qu'elle n'aurait en tout cas pas lieu de son vivant. Huit ans plus tôt, Schmidt avait été peu

---

[5] Jérôme VAILLANT, François Mitterrand face à l'unité allemande, dans: Jean MONDOT, Nicole PELLETIER (dir.), La chute du mur de Berlin, Bordeaux 2004, p. 111–128, ici p. 112.

convaincu par la prédiction que lui fit François Mitterrand lors de sa visite dans la propriété privée du président français à Latche le 8 octobre 1981[6]. Fin octobre 1989, au moment du plan en dix points, le chancelier Kohl lui-même envisageait encore un processus se déroulant sur plusieurs années. Cette analyse correspondait aux convictions de la majorité des Allemands, politiques, experts et universitaires, qui avaient intégré l'idée de la stabilité de la division et considéraient, avant le bouleversement de fin 1989, que les conditions n'étaient pas réalisées pour envisager une réunification. Du côté de l'opposition sociale-démocrate un ouvrage du spécialiste des relations interallemandes à la fondation Friedrich Ebert, Wilhelm Bruns, publié en 1989, était très représentatif de cette lecture. Il affirmait:

On constate qu'aucune de toutes les conditions d'une réunification de l'Allemagne n'est actuellement réalisée. Les conditions essentielles seraient une conception claire de l'objectif à atteindre, une politique travaillant en ce sens, une constellation internationale permettant une modification du statu quo en Europe centrale, le soutien actif des voisins des deux États allemands, l'accord des quatre puissances responsables de l'Allemagne (États-Unis, Union soviétique, Grande-Bretagne et France) et la volonté de la population en République fédérale et en RDA[7].

Si, du côté français, il y a incontestablement eu une surprise, le reproche de l'impréparation est moins pertinent. Les archives de l'Élysée montrent que dès le début des années 1980 on se souciait dans l'entourage du président de possibles mutations de la situation allemande, et l'on évoquait, non sans crainte, la perspective d'une victoire de la pensée neutraliste sous la pression du mouvement pacifiste, lequel était jugé comme symptomatique d'une fragilité[8]. À partir de l'arrivée de Mikhaïl Gorbatchev à la tête de l'Union soviétique en 1985 se multiplièrent à l'Élysée les réflexions sur les modalités d'une sortie de la guerre froide et sur les moyens les plus appropriés pour encadrer

---

[6] Helmut SCHMIDT, Die Deutschen und ihre Nachbarn, Berlin 1990, p. 255–257. Schmidt rapporte les propos de Mitterrand:»Sicherlich wird zur Vereinigung noch einige Zeit verstreichen. Aber sie liegt in der Logik der Geschichte, und mich schockiert das keineswegs. Die objektiven und die subjektiven Tatsachen, die einer Wiedervereinigung der Deutschen entgegenstehen – vor allem die Existenz des sowjetischen Imperiums – könnten sich immerhin eines Tages schneller verändern, als man heute denkt«; L'échange est aussi cité par: Hubert VÉDRINE, Les mondes de François Mitterrand. À l'Élysée 1981–1995, Paris 1996, p. 289.

[7] Wilhelm BRUNS, Von der Deutschlandpolitik zur DDR-Politik? Prämissen, Probleme, Perspektiven, Opladen 1989, p. 208. »Es fehlt an allen Voraussetzungen für eine Wiedervereinigung Deutschlands. Wichtige Voraussetzungen wären: Eine klare Vorstellung von dem, was man erreichen will (Zielvorstellung), eine Politik, die auf dieses Ziel gerichtet ist, eine internationale Konstellation, die eine Status-quo-Änderung in Zentraleuropa zulässt, die Mitwirkung der Nachbarn beider deutscher Staaten, das Einverständnis der für Deutschland als Ganzes verantwortlichen vier Mächte: USA, UdSSR, Großbritannien und Frankreich, der Wille der Bevölkerung in der Bundesrepublik wie in der DDR«.

[8] Frédéric BOZO, Mitterrand, la fin de la guerre froide et l'unification allemande. De Yalta à Maastricht, Paris 2005, p. 34; Hélène MIARD-DELACROIX, Ungebrochene Kontinuität – François Mitterrand und die deutschen Kanzler Helmut Schmidt und Helmut Kohl, 1981–1984, dans: Vierteljahrshefte für Zeitgeschichte 44 (1999) 1, p. 539–558; EAD., Les relations franco-allemandes, dans: Serge BERSTEIN, Pierre MILZA, Jean-Louis BIANCO (dir.), François Mitterrand, les années du changement, 1981–1984, Paris 2001, p. 295–311.

des transformations potentiellement dramatiques. François Mitterrand avait fixé tôt les principes selon lesquels il conviendrait d'aborder, le cas échéant, une évolution dont il ne mesurait pas encore la portée. Que les mutations fussent souhaitables du point de vue français était un autre problème. Selon le président français, il convenait d'agir au mieux des intérêts de son pays et de l'équilibre du continent européen, ce qui était avec certitude un gage de paix.

Dans le processus de réunification qui va de l'été 1989 à l'automne 1990, la phase la plus intéressante dans la perspective de savoir si Mitterrand aurait freiné les évolutions parce qu'il y aurait été hostile est celle des quelques semaines de part et d'autre du changement d'année 1989/1990, c'est-à-dire des manifestations de Leipzig en septembre/octobre 1989 jusqu'au printemps 1990, où débutèrent les conférences entre les quatre alliés et les deux États allemands, appelées »2 + 4« et où la question des frontières fut évacuée. C'est la période la plus délicate, celle de la circonspection et des froissements avec Helmut Kohl. Elle porte surtout l'ombre de deux voyages de Mitterrand: le premier le conduisit à Kiev, le 6 décembre 1989, où il rencontra Gorbatchev en semblant ne manifester aucun égard pour l'Allemagne, traitée une nouvelle fois comme l'objet des décisions des »puissances tutélaires«, les quatre Grands. Le second est la visite officielle du président en RDA, du 20 au 22 décembre 1989, où il sembla vouloir stabiliser un régime honni et à l'agonie et prendre le contrepied de la marche de l'Histoire. C'est la première des deux phases identifiées par Jérôme Vaillant: »F. Mitterrand dit oui à l'unité allemande, mais estime que l'unification n'est pas à l'ordre du jour; dans un second temps, l'épreuve des faits l'amène à dire oui à l'unification de l'Allemagne, mais sous conditions«[9].

LES DÉTERMINANTS, À COURT ET À LONG TERME, DES RÉACTIONS FRANÇAISES

La position adoptée par le président français ne peut être comprise qu'en considération d'un ensemble de données où s'inscrivent des craintes de nature diverse. Dans ces craintes, il faut distinguer ce qui relève d'une lecture du monde héritée de l'histoire et de l'expérience vécue de ce qui se rattache à une analyse se voulant rationnelle de la situation, et enfin ce qui relève du jeu des relations entre les Alliés responsables du sort de l'Allemagne.

Un déterminant majeur est la complexité de François Mitterrand. Il fut sans aucun doute l'ami personnel d'Helmut Kohl, dans une relation de confiance facilitée par une alchimie particulière entre deux hommes très différents. Dans ce couple-là, c'est le partenaire allemand qui fut le plus émotif et le partenaire français le plus froid. Malgré le geste de Verdun en 1984, devenu un symbole du rapprochement franco-allemand,

---

[9] VAILLANT, François Mitterrand face à l'unité allemande (voir n. 5), p. 112. Sur les perceptions des voyages en Allemagne, Valérie GUÉRIN-SENDELBACH, Frankreich und das vereinigte Deutschland. Interessen und Perzeptionen im Spannungsfeld, Opladen 1999.

malgré les actes communs et les écrits très clairs du président[10], ce dernier a conservé une ambivalence face à l'Allemagne[11]. Sa socialisation dans l'entre-deux-guerres, son expérience personnelle de la captivité en Allemagne, son parcours compliqué d'un maréchaliste passé de l'administration de Vichy à la Résistance, qui étaient l'une et l'autre autant marquées par un sentiment antiallemand, toutes ces expériences ne sont certainement pas étrangères à cette ambivalence. Jusqu'aux désaccords des années 1970 avec les sociaux-démocrates allemands, tant sur l'abord des questions économiques (le terme »social-démocrate« tenait alors de l'insulte au Parti socialiste) que sur le traitement des libertés publiques.

Sur le long terme, la longue histoire commune est une donnée structurelle. Malgré les décennies de coopération après 1945, les relents d'une menace allemande ont peine à s'effacer, et les associations douloureuses ressurgissent inopinément. Dans la France du second XXe siècle, on a eu par trois fois des morts dans sa famille à cause d'une guerre vécue comme une attaque allemande sur le territoire français. La dernière fut associée, par la double honte de l'occupation et de la collaboration, à l'abaissement de la France. Et après la guerre a dominé la notion que cette rupture avait été décisive dans la perte de la position de grande puissance. En 1989, malgré le chemin parcouru depuis plus de quarante ans et le succès de l'entreprise européenne commune consistant notamment à démonter les peurs et à rendre matériellement impossible un nouveau conflit, le réflexe du besoin de sécurité est resté constitutif de l'»appréhension« de l'Allemagne, dans les deux sens du terme en français. François Mitterrand appartient, comme son ministre des Affaires étrangères Roland Dumas, un peu plus jeune, à une génération particulièrement marquée par cette expérience de l'Allemagne vécue comme une menace. Il a intégré les représentations, héritées, de l'Allemagne éternelle qui aurait été à la fois marquée par le génie allemand et par la Prusse qui elle-même donna naissance au militarisme et aux Lumières. Telle était la représentation des »deux Allemagnes« longtemps transmise par l'école de la République. Chez Mitterrand, c'est également une Allemagne mettant en évidence, par effet de miroir, les faiblesses et les hésitations de la France: »La France toujours tentée par le repli sur soi et l'illusion épique de la gloire dans la solitude. L'Allemagne toujours hésitant entre ses vocations, soit nation arrimée à l'union de l'Europe, soit héritière, sans le dire, d'ambitions impériales, celles des Hohenzollern et celles des Habsbourg«[12]. Cette vision épique est le substrat de la crainte d'une Allemagne trop grande et trop puissante, telle qu'elle va reparaître avec la perspective d'une solution du »problème allemand« sous la forme d'une Allemagne réunifiée – l'Allemagne étant toujours, ou à nouveau, un problème.

---

[10] François MITTERRAND, De l'Allemagne, de la France, Paris 1996.
[11] Andreas RÖDDER, Deutschland einig Vaterland. Die Geschichte der Wiedervereinigung, Munich 2009, p. 160.
[12] Sur l'image de l'Allemagne chez Mitterrand, voir Elke BRUCK, François Mitterrands Deutschlandbild. Perzeption und Politik im Spannungsfeld deutschland-, europa- und sicherheitspolitischer Entscheidungen, Francfort/M. 2003.

La permanence d'une perception très géographique des réalités politiques et donc de la pensée géopolitique en France est une autre donnée fondamentale[13]. Elle s'exprimait à la fin des années 1980 dans la conviction que la paix était assurée par le cadre d'organisation du continent européen, la construction européenne constituant au sein du camp occidental l'espace de réalisation des valeurs communes. Cet ordre européen était depuis les années 1950 la garantie d'une position française et d'une innocuité allemande. Dans cette perspective la division de l'Allemagne, après avoir été un foyer de conflit, était paradoxalement devenue un facteur de stabilité depuis la détente en Europe. Indépendamment donc de son caractère violent et contre-nature, indépendamment de toute conviction qu'elle était vouée à disparaître comme la construction soviétique, la division allemande était, vue de France, une donnée – au fond assez satisfaisante. Par ailleurs, la construction européenne, qui avait été un instrument majeur de la politique de sécurité de la France dans l'après-guerre et avait progressé grâce au rôle d'initiateur et de moteur du binôme franco-allemand, était devenue pour les dirigeants français un bien à préserver à tout prix.

Le souhait de préserver et de conserver l'essentiel des facteurs de stabilité et de sécurité induisait l'attachement à la responsabilité quadripartite. Pour l'Élysée (mais c'était un point de consensus national), elle était la preuve d'un statut spécifique de la France trouvant son expression dans le siège permanent au Conseil de sécurité des Nations unies; elle donnait aussi l'assurance de conserver une position particulière par rapport à l'Allemagne. La coresponsabilité française à Berlin avait été rappelée, après l'accord quadripartite qui renouvela en 1971 les engagements et obligations des Quatre, par un voyage officiel du prédécesseur de Mitterrand, Valéry Giscard d'Estaing. En tant que président de la Ve République et extrêmement soucieux de la grandeur de la France, Mitterrand était attaché aux droits quadripartites. Leur respect était une condition absolue dans l'appréhension des transformations en Europe[14]. L'application de ce principe fut interprétée comme la preuve que le souci majeur de la France aurait été de conserver son statut de grande puissance et que la perspective de la réunification était avant tout perçue comme une menace pour l'un de ses attributs.

En 1989, un déterminant majeur des positions françaises était le contexte politique de détente et de démocratisation à l'Est. Il s'agissait pour Paris de les soutenir tout en participant au maintien d'anciennes ou à l'établissement de nouvelles structures d'ordre en Europe. Aussi, depuis 1988, l'Élysée avait organisé pour le président toute une série de voyages dans les pays du bloc de l'Est, afin d'y prendre le pouls, de montrer la présence de la France et d'établir des liens avec les nouvelles forces politiques. Au moment où les choses commençaient à bouger en RDA, la Pologne était déjà démocratisée; son nouveau gouvernement dirigé par Tadeusz Mazowiecki donnait la preuve que pouvait s'imposer la volonté populaire qui s'était fait entendre depuis les

---

[13] Rainer HUDEMANN, Von alten Stereotypen zum neuen Europa. Frankreich und die deutsche Vereinigung, dans: Klaus-Dietmar HENKE (Hg.), Revolution und Vereinigung 1989/90. Als in Deutschland die Realität die Phantasie überholte, Munich 2009, p. 497–508 et p. 667–670 (notes).
[14] François MITTERRAND, De l'Allemagne (voir n. 10), p. 33; VÉDRINE, Les mondes de François Mitterrand (voir n. 6), p. 423.

débuts de Solidarnosc. À Paris, on estimait que l'Europe de l'Ouest, et en particulier la France, devait y porter sa voix. La crainte de manquer cette occasion et le spectre d'un nouveau partage du monde sans cette voix et avec une prédominance américaine nourrit d'ailleurs dès l'automne 1989 la perception que la relation bilatérale Bonn-Washington avait regagné en vigueur et que même semblait s'établir une relation triangulaire des deux avec Moscou. Le fait que François Mitterrand n'ait pas été informé par Helmut Kohl du plan en dix points le 28 novembre alors que Bush l'avait été confirma cette crainte qui n'était d'ailleurs qu'en partie erronée[15]. Il était logique que Bonn misât sur Washington: pour des raisons structurelles d'abord, au regard du statut de protecteur principal qu'avaient les États-Unis pour la République fédérale depuis 1945, et pour des causes conjoncturelles ensuite, George Bush senior ayant donné dès le printemps 1989 le signal qu'il se réjouissait des évolutions en cours, qualifiées de »chance historique«. En outre, les partenaires américains de l'Allemagne fédérale étaient les seuls en position de poser la question décisive sur laquelle Gorbatchev cédera finalement: la question de l'appartenance de l'Allemagne réunifiée à l'Alliance atlantique. Cette question fut bien, en fin de compte, et malgré le dispositif 2 + 4 qui donna voix au chapitre aux deux autres alliés européens, France et Royaume-Uni, le résultat de négociations et de compromis avec Washington et Moscou. En 1990 les Soviétiques cédèrent sur la question de l'appartenance à l'OTAN à la condition que les troupes soviétiques ne partiraient que progressivement des anciens länder de RDA et aux frais de l'Allemagne, et qu'il n'y aurait, après ce retrait, pas de troupes OTAN stationnées dans les nouveaux länder de l'Allemagne réunifiée.

Dans la perspective de l'année 1989, il était plus qu'incertain que l'on parviendrait à conserver dans l'OTAN une Allemagne réunifiée. Il y avait alors un relatif consensus sur l'idée que le rétablissement de l'unité allemande, sous quelque forme que ce fût, était incompatible avec la poursuite de l'intégration de la RFA à l'Ouest. C'était alors le schéma dominant, malgré les affirmations des gouvernements successifs sur le lien entre liberté, paix et unité tel qu'il est formulé dans le préambule de la Loi fondamentale. Pas d'unité sans liberté et pas d'unité au prix de la guerre, tel était le programme fixé en 1949. Dans l'incertitude, autant en rester au schéma des années 1950: préférer la liberté pour une partie des Allemands intégrés dans le camp occidental à l'unité de tous les Allemands mais au prix de la neutralité. En Allemagne fédérale, c'était la lecture dominante, qui sous-tendait même l'analyse des sociaux-démocrates convertis à la pérennité de deux États allemands. Bruns mettait en vis-à-vis l'intégration très avancée de la RFA dans les structures collectives de l'Ouest et son objectif déclaré de rechercher la réunification: »l'une n'est pas compatible avec l'autre. L'une est réelle, l'autre est irréelle«[16]. L'argument devait nourrir la thèse de la nécessité d'abandonner la perspective d'une réunification et de préférer celle de la normalisation:

---

[15] Helmut Kohl dit avoir informé George Bush: Helmut KOHL, Erinnerungen, vol. 2: 1982–1990, p. 989.
[16] »Das eine ist mit dem anderen nicht vereinbar. Das eine ist real [Integration], das andere ist irreal«. BRUNS, Von der Deutschlandpolitik zur DDR-Politik? (voir n. 7), p. 203–204.

Soit les deux [parties de l'Allemagne] sortent du système où elles sont intégrées et se réunissent, soit elles restent intégrées (et contrôlées) et peuvent continuer à développer leurs relations, pour obtenir non pas l'unification, mais la normalisation de leurs relations[17].

Il n'est pas surprenant qu'on ait pu, en France aussi, voir là un conflit d'objectifs et aborder avec réticence le choix de l'unification des deux parties de l'Allemagne. Vues sous cet éclairage, la rapidité des propositions ouest-allemandes en octobre et l'omission de la part de Kohl d'en informer Mitterrand pouvaient donner à croire que le choix était fait à Bonn: il impliquait une ›libération‹ par rapport aux contraintes antérieures, statutaires puis devenues fonctionnelles et de courtoisie. C'est toutefois une autre logique qui présida à cette absence d'information, on le verra plus loin.

Enfin, le déterminant à moyen terme de la position française était la conviction que les Soviets n'accepteraient jamais la réunification, une conviction fonctionnant aussi en sens inverse, c'est-à-dire qu'on pensait au Kremlin que la France ne lâcherait pas ses droits quadripartites[18]. Il était en 1989/1990 très difficile de comprendre et de maîtriser, dans l'Ouest de l'Europe, la réalité des positions soviétiques. On ne savait pas à Paris que le plan en dix points avait été élaboré après la visite d'un proche de Valentin Falin, Nikolai Portugalow, à la chancellerie. Portugalow avait présenté à l'équipe de Kohl l'approche d'un petit groupe à Moscou favorable à des structures confédérales en Allemagne[19]. Pour sa part, Mitterrand rapporte que lors de sa rencontre avec Gorbatchev à Kiev le 6 décembre, ce dernier lui aurait confié que le plan en dix points était inacceptable et que le point 3, évoquant la transformation économique et constitutionnelle de la RDA, avait l'allure d'un diktat[20]. Impressionné par l'alarmisme de Gorbatchev, il semble ainsi que jusqu'au début de l'année 1990 le président français se trouvât conforté dans l'idée que deux États allemands subsisteraient encore pendant un certain temps, que la transformation démocratique de la RDA l'emporterait sur l'aspiration à l'unité. Cela se couplait avec son réalisme sur les capacités d'action, ou de blocage, de la France. Au Conseil des ministres du 18 octobre 1989, il avait déclaré:»La réunification de l'Allemagne est possible si les populations intéressées l'exigent. Il serait vain de penser que la France pourrait s'y opposer«[21].

---

[17] »Entweder beide treten aus ihren Integrationssystemen und vereinen sich, oder sie bleiben integriert (und kontrolliert) und können dann ihre Beziehungen weiterentwickeln, aber nicht orientiert am Ziel der Vereinigung, sondern am Ziel der Normalisierung ihrer Beziehungen«.
[18] Jacques ATTALI, Verbatim III, Paris 1995, p. 394; RÖDDER, Deutschland einig Vaterland (voir n. 11), p. 162.
[19] Hans-Dietrich GENSCHER, Die Chance der Deutschen. Hans-Dietrich Genscher im Gespräch mit Guido Knopp, Munich 2008, p. 165.
[20] VÉDRINE, Les mondes de François Mitterrand (voir n. 6), p. 442.
[21] Cité par: Tilo SCHABERT, Wie Weltgeschichte gemacht wird. Frankreich und die deutsche Einheit, Stuttgart 2002, p. 392.

INQUIÉTUDE ET AGACEMENT
DEUX RÉACTIONS DISTINCTES ET LIÉES

L'inquiétude face à l'Allemagne est un vieux réflexe en France et réapparut à l'arrivée de Mitterrand à l'Élysée en 1981: plusieurs notes du CAP témoignent que l'Allemagne y était perçue comme le pays de tous les dangers[22], que l'on s'inquiétait pour le voisin où le mouvement pacifiste prenait un tour dramatique; celui-ci était interprété comme l'expression d'un grand romantisme allemand teinté d'un désespoir causé par la situation nationale[23]. Les conseillers du président mettaient aussi en avant l'idée que l'Allemagne de l'Ouest ne pouvait se contenter des États-Unis et qu'eux aussi avaient besoin de la France[24]. Cette conviction se couplait d'une perplexité face à certaines attitudes en Allemagne.

La perspective d'une réunification, encore toute théorique, nourrissait en outre une inquiétude particulière: Édouard Balladur, qui avait été ministre de l'Économie et des Finances de 1986 à 1988, écrivit en novembre 1989 dans »Le Figaro« que si l'Allemagne devait être réunifiée, alors la France perdrait toute perspective d'être un jour aussi forte qu'elle économiquement[25]. La crainte d'un décalage franco-allemand en matière économique dominait depuis plusieurs décennies et s'était imposée clairement depuis la fin des années 1960 avec le choc de la dévaluation française après Mai 68. Ce dépassement de la France par les performances économiques allemandes conduisait à l'ébranlement de l'équilibre patiemment établi entre deux formes de puissance. La crainte de »l'abaissement de la France« telle qu'elle avait été formulée par le gaulliste Jacques Chirac dans son appel de Cochin en 1976 avait été dépassée. Mais on pouvait craindre en 1989 pour le maintien d'un équilibre entre les deux voisins par échange de puissance, qui était le fondement d'une relation franco-allemande efficace et constructive en Europe.

Il est ainsi frappant de constater que la perspective d'une possible réunification faisait ressurgir de vieilles hantises en les mâtinant avec des craintes nouvelles: c'était le schéma ancien de l'Allemagne colosse, de l'Allemagne qui dicte sa loi en Europe. Imaginer un retour du refoulé conduisait à envisager la révélation soudaine de ce que serait vraiment l'Allemagne après des décennies où elle avait dû se comporter de manière civile. Ce fond d'inquiétude était prompt à se cristalliser tant sur des Allemands, dont on n'excluait pas qu'ils seraient tentés de faire cavalier seul, que sur les faibles chances de succès de l'entreprise de Gorbatchev. Le conseiller diplomatique de Mitterrand à l'Élysée, Hubert Védrine, rapportait dans une note au président, le 13 septembre 1989, avoir ressenti dans tous ses entretiens avec des diplomates, des journalistes et des gens de l'économie un pessimisme dominant, et reprenait la formule d'une »balkanisation de l'Europe de l'Est« qui deviendrait dangereuse en retombant

---

[22] Ibid., p. 37–42; MIARD-DELACROIX, Les relations franco-allemandes (voir n. 8).
[23] EAD., Ungebrochene Kontinuität (voir n. 8), p. 551.
[24] Au Conseil des ministres du 18 décembre 1985, cité par: SCHABERT, Wie Weltgeschichte gemacht wird (voir n. 21), p. 42.
[25] Cité par le Frankfurter Allgemeine Zeitung, 17/11/1989.

dans les vieux modèles du passé, nationalisme et antisémitisme compris[26]. Il ne fallait qu'un pas pour se représenter des conflits à venir – ainsi que le montrera un peu plus tard l'évolution en Yougoslavie. L'ancien Premier ministre Jacques Chirac ne le formulera pas autrement dans une interview au »Quotidien de Paris« le 13 décembre 1989: »Il ne s'agit pas de sortir de l'Europe de Yalta pour retourner à l'Europe de Sarajevo«[27].

Aussi la combinaison de ces différents éléments est-elle propre à donner un fondement aux propos de François Mitterrand, pour lesquels il n'y a pas toutefois de preuve, mais dont Helmut Kohl dit qu'ils lui ont été rapportés: après la chute du Mur, qui dramatisa soudain le cours des évolutions, le président aurait dit en privé »ces gens ne se rendent pas compte qu'ils jouent avec une guerre mondiale«[28].

La méfiance n'était pas le fait des seuls Français. Le chancelier en voulut d'autant plus au partenaire privilégié qu'il la ressentit aussi fortement chez ses différents interlocuteurs européens lors du dîner au sommet extraordinaire organisé par Mitterrand à Paris le 18 novembre 1989[29]. Il était navrant que les Français ne se distinguent pas des autres participants très hostiles: Hollandais, Anglais et Italiens[30]. Dans ses mémoires, le ministre des Affaires étrangères Hans-Dietrich Genscher évoque en particulier l'éclat de Margaret Thatcher et en général »un climat glacial«[31] qui domina encore lors du Conseil européen les 8 et 9 décembre à Strasbourg. Le chancelier et son gouvernement étaient soudain confrontés à des critiques très dures – notamment de la part du Premier ministre israélien Shamir, complètement hostile à toute idée de réunification – et à l'expression de ressentiments inattendus par leur ampleur du côté des gouvernements néerlandais et italien.

À l'Élysée, l'inquiétude laissa la place à l'agacement lors de l'annonce par Helmut Kohl du plan en dix points, le 28 novembre 1989 au Bundestag. Ce programme esquissant une voie »qui conduirait d'une communauté contractuelle à une confédération, puis enfin à une fédération« avait été élaboré par un groupe extrêmement réduit de collaborateurs au cours du week-end des 25 et 26 novembre au domicile de Kohl à Ludwigshafen. En dehors du chef de la chancellerie Horst Teltschik, du député chrétien-démocrate et professeur de droit Rupert Scholz, consulté sur les aspects juridiques, et du chauffeur de Kohl, auquel le chancelier en avait parlé, personne n'était au courant, pas même Genscher. Qu'il ait omis d'en informer son ami Mitterrand par voie téléphonique reste sujet de conjectures mais aussi d'accusations réciproques. Chez Kohl, la dimension émotionnelle a joué un rôle important, après la »mise en garde« qu'aurait été ce sommet exceptionnel à Paris le 18 novembre et dont il a reconstruit a posteriori la conclusion: »il semblait que je ne pouvais même pas m'appuyer sur mon

---

[26] SCHABERT, Wie Weltgeschichte gemacht wird (voir n. 21), p. 385.
[27] Mitterrand le cite à l'appui de sa propre analyse dans: MITTERRAND, De l'Allemagne (voir n. 10), p. 55.
[28] »Diese Leute spielen mit einem Weltkrieg, ohne es zu bemerken«, KOHL, Erinnerungen (voir n. 15), p. 984.
[29] ID., Ich wollte Deutschlands Einheit, Berlin 1996, p. 150.
[30] ID., Erinnerungen (voir n. 15), p. 985.
[31] Hans-Dietrich GENSCHER, Erinnerungen, Berlin 1995, p. 663.

ami François Mitterrand«[32]. L'appui trouvé auprès de George Bush, comme en consolation de la froideur des Européens, est peut-être aussi surévalué[33]. Bien que les conseillers de Kohl comme Joachim Bitterlich affirment vingt ans plus tard que l'on n'avait rien contre le fait que Mitterrand puisse voir par lui-même dans quel état se trouvait la RDA[34], le récit que fait le chancelier montre qu'il a été froissé par le projet du président français de faire une visite en RDA à la fin du mois de décembre, lui qui prévoyait déjà une rencontre avec Gorbatchev à Kiev le 6 décembre. L'annonce du voyage prochain de Mitterrand en RDA aurait accéléré les démarches, le moment était venu de prendre l'initiative et de »le devancer«[35].

Vu de Paris, que Kohl ait omis de prévenir Mitterrand de l'annonce de son plan en dix points constituait une rupture brutale avec la pratique installée de longue date dans les relations franco-allemandes, avec l'habitude bien éprouvée de s'informer mutuellement des projets, problèmes et difficultés en interne afin de permettre au partenaire d'intégrer ces données dans l'élaboration de sa propre politique. Cet oubli ne pouvait être qu'arrogance, un désir soudain de jouer une carte dans un contexte donnant des ailes aux dirigeants allemands. C'est le ministre des Affaires étrangères Roland Dumas qui dit tout haut ce que l'on pensait tout bas lorsqu'il proposa devant l'Assemblée nationale, le 12 décembre 1989, d'imposer des limites au droit à l'autodétermination quand on en arrive au point où la volonté des uns bute sur celles des autres…

Il s'agissait bien d'agacement et de malentendus, car, sur le fond, Paris et Bonn étaient grosso modo sur la même longueur d'ondes. En effet, le chemin que propose de suivre le plan en dix points de Kohl ressemble parfaitement aux notes élaborées à Paris depuis l'été 1989 et envisageant une évolution progressive avec des étapes intermédiaires avant la réunification[36]. Cela correspondait à l'approche de Mitterrand: très rationnelle, très organisante sur le moyen terme et posant des conditions. C'est sur la forme que l'on s'accrocha. Pour Bonn, on en était encore à une affaire strictement intérieure, comme le nota Horst Teltschik dans son journal, s'indignant lui-même que Mitterrand s'offusquât: »en outre il ne viendrait jamais à l'idée de Mitterrand de consulter le

---

[32] »Selbst auf meinen Freund François Mitterrand schien kein Verlass zu sein«. KOHL, Erinnerungen (voir n. 15), p. 988.

[33] C'est ce qu'indiqueraient des propos de G. Bush à F. Mitterrand le 16 décembre 1989 à Saint-Martin, disant qu'à court terme il se trouvait »très inquiet d'une évolution des choses en RDA qui accélérerait les événements, entraînerait l'usage de la force et ferait pression sur Gorbatchev«, pour conclure: »Nous ne sommes pas contre la réunification, mais nous restons très prudents«, cité dans: VÉDRINE, Les mondes de François Mitterrand (voir n. 6), p. 443.

[34] Joachim Bitterlich à une table ronde à la maison Heinrich Heine Paris, 5/11/2009. L'état de décrépitude de la RDA est toutefois resté sous-estimé du côté français, voir Bertrand DUFOURCQ, 2 + 4 ou la négociation atypique, dans: Études internationales 31 (2000), p. 467–484.

[35] »Die Ankündigung des Élysée-Palastes, dass der französische Staatspräsident Ende Dezember zu einem offiziellen Besuch in die DDR reisen wolle. Wir entschlossen uns, ihm zuvorzukommen«, KOHL, Erinnerungen (voir n. 15), p. 987. Sur le voyage de Mitterrand en RDA, Ulrich PFEIL, La portée du voyage de François Mitterrand en RDA (20–22 décembre 1989) – Éclairages multiples, dans: Anne SAINT-SAUVEUR-HENN, Gérard SCHNEILIN (dir.), La mise en œuvre de l'unification allemande 1989–1990, Asnières 1998, p. 325–340.

[36] Note de Jacques Blot »Réflexions sur la question allemande«, classée 30 octobre 1989, rédigée pendant l'été 1989, MAE, Direction d'Europe, sous série-Allemagne, 6119, ALL 1.1.

gouvernement d'un pays partenaire avant de faire une déclaration concernant une question nationale«[37]. Pour Paris, au contraire, ce n'était pas une question intérieure, et les Allemands auraient dû y voir une question de politique étrangère et touchant au statut particulier de l'Allemagne. Ils ne rompaient donc plus seulement avec la tradition de la courtoisie franco-allemande, mais même avec le traité de l'Élysée du 22 janvier 1963, où les deux gouvernements s'étaient engagés à se consulter avant toute décision de politique étrangère[38].

COMPRÉHENSION ET CONDITIONS

Il fut ensuite reproché au président français d'avoir posé des conditions à l'accord de la France à la réunification, ce qui aurait été une tactique pour refuser son soutien à une aspiration pour laquelle il n'aurait pas eu de compréhension.

Les assurances de soutien à la réunification furent données à plusieurs reprises par la France depuis l'après-guerre, conformément à l'article 7 du traité sur l'Allemagne du 24 octobre 1954. Tant par la fonction occupée que par une vision très gaullienne de la France, de l'histoire et de la vie des peuples, Mitterrand fit sienne la position formulée par de Gaulle dans une conférence de presse du 25 mars 1959; le général qualifia la réunification de »destin naturel du peuple allemand«, tout en y adjoignant des conditions: »La réunification est le destin normal du peuple allemand, à la condition qu'il ne remette pas en question ses frontières actuelles à l'ouest, à l'est, au nord et au sud et qu'il s'intègre un jour dans une organisation européenne pour la coopération, la liberté et la paix«[39]. Dès le début des années 1980 Mitterrand annonça à Schmidt incrédule que la réunification aurait lieu bientôt[40] et le 30 octobre 1984 il déclarait à Helmut Kohl tout aussi incrédule: »Vous ne pouvez pas décréter la réunification, mais il faut partir du principe que ce qui n'est pas impossible est possible«[41].

En 1989, on se trouva soudain confronté à la possibilité de voir se réaliser un objectif répété dans des formules établies depuis longtemps et tournant en quelque sorte à vide, qui conservent certes une valeur d'engagement, mais semblent avoir perdu de leur actualité. Ainsi la recherche d'un »état de paix en Europe dans lequel le peuple allemand peut retrouver son unité par des élections libres«[42]. Mitterrand en est resté longtemps à la théorie, son schéma d'analyse était que l'aspiration légitime des Allemands allait dans le sens de l'Histoire, mais que les réalités du moment s'opposaient

---

[37] »Außerdem käme auch Mitterrand niemals auf die Idee, die Regierung eines Partnerstaates zu konsultieren, bevor er sich in einer nationalen Grundsatzfrage öffentlich äußert«. Horst TELTSCHIK, 329 Tage. Innenansichten der Einigung, Berlin 1991, p. 76.
[38] HUDEMANN, Von alten Stereotypen zum neuen Europa (voir n. 13), p. 507.
[39] Charles DE GAULLE, Discours et messages, vol. 3, Paris 1970, p. 82–94, ici p. 84.
[40] SCHMIDT, Die Deutschen (voir n. 6).
[41] Entretien Kohl-Mitterrand à Bad Kreuznach, 30/10/1984, cité dans: BOZO, Mitterrand, la fin de la guerre froide (voir n. 8), p. 33.
[42] »Ein Zustand des Friedens in Europa, in dem das deutsche Volk seine Einheit durch freie Selbstbestimmung wiedergewinnt«, Brief zur deutschen Einheit, 21/12/1972.

pour l'heure à sa réalisation. Il resta attaché le plus longtemps possible à son analyse du 7 juillet: »[...] l'aspiration des Allemands à la réunification est légitime [...], mais la réalité, c'est deux États allemands qui obéissent à des systèmes à tous égards opposés, tant sur le plan économique, politique et social que sur le plan des alliances«. Lorsque les choses se précisèrent, Mitterrand se positionna sur le registre du réalisme froid au nom de la raison supérieure des États. Ainsi déclara-t-il le 3 novembre 1989, à Bonn: »Je n'ai pas peur de la réunification. Je prends l'histoire comme elle est«[43].

Comme de Gaulle, Mitterrand resta attaché à un ensemble de conditions, parmi lesquelles la question de la frontière orientale de l'Allemagne allait devenir centrale. D'abord, c'est-à-dire dès l'été 1989, il insista sur le nécessaire caractère pacifique et démocratique d'une évolution mettant un terme à la division de l'Allemagne. Dans un entretien accordé au complément européen du »Nouvel Observateur«, de »The Independent«, d'»El Pais«, de »La Republicca« et de la »Süddeutsche Zeitung«, dans leur édition du 27 juillet 1989, il déclarait fin juillet: »Réunifier l'Allemagne est la préoccupation de tous les Allemands. C'est assez compréhensible. Ce problème posé depuis quarante-cinq ans gagne en importance à mesure que l'Allemagne prend du poids: dans la vie économique c'est fait, dans la vie politique, c'est en train de se faire. [...] L'aspiration des Allemands à l'unité me paraît légitime. Mais elle ne peut se réaliser que pacifiquement et démocratiquement«. Or il a une compréhension large des deux concepts:

Pacifiquement et démocratiquement, cela veut dire non seulement sans conflit et par libre autodétermination des populations concernées, mais également dans le respect des droits réservés des quatre anciennes puissances d'occupation qui restaient solidairement responsables de l'Allemagne dans son ensemble et de Berlin[44]. Cela signifie aussi le respect des traités passés depuis 1945 pour fonder un nouvel ordre européen, qui a été entre temps conforté par la charte d'Helsinki de 1975, avec la garantie explicite des frontières existantes. Il voit une priorité bien plus urgente qui est celle de soutenir le processus de réforme dans les pays de l'Est, en même temps que l'on cherchera le renforcement de la communauté européenne conçue par lui comme »le point d'attraction essentiel des peuples d'Europe attirés irrésistiblement [...] par la liberté et la démocratie«[45]. Sur le fond, c'est dans ce sens que Mitterrand et ses conseillers travaillent. Et à la surface le président va se concentrer sur le point d'achoppement du processus: la frontière orientale de l'Allemagne.

La question du respect des frontières passe en effet ensuite au premier plan des soucis présidentiels et détermine ses prises de position à partir du plan en dix points. L'idée de modifier, à l'occasion de la réunification, les frontières de l'équilibre acquis en 1945 lui apparaît comme la plus grande menace pour cet ordre de paix, construit patiemment dans les décennies de la guerre froide. Aussi Mitterrand n'a-t-il de cesse de demander la confirmation de la frontière orientale de l'Allemagne par Bonn et les Allemands en général, avant l'unification. C'est le point majeur d'opposition à Helmut

---

[43] Cité par: VAILLANT, François Mitterrand face à l'unité allemande (voir n. 5), p. 120.
[44] Pour une analyse de la terminologie chez Mitterrand, ibid.
[45] Conférence de presse du 18 octobre 1989.

Kohl, qui ne voulait pas en faire un préliminaire[46], par crainte de perdre le soutien de l'électorat issu des rapatriés de 1945 et de le voir glisser vers une extrême droite qu'on avait jusqu'alors réussi à empêcher de s'implanter sérieusement. Genscher en revanche partagea dès le début la position de Mitterrand: regrettant lui aussi l'absence de toute promesse concernant la frontière dans le plan en dix points du chancelier, Genscher déclara dans un discours devant l'académie évangélique de Tutzing, le 31 janvier 1990: »Qu'est-ce qui doit être réunifié? La réponse est claire: les deux États allemands y compris Berlin. Ni plus, ni moins«[47]. Mais le chancelier Kohl tenta d'éluder la question, notamment en évitant la présence de son ministre et de toute personne issue du Auswärtiges Amt lors de rencontres avec le président américain. La question de la frontière germano-polonaise devint l'objet de dissensions, non seulement entre responsables de l'Est et de l'Ouest, mais aussi au sein même du gouvernement fédéral. Le 6 mars, Genscher aurait accusé le chancelier d'adopter une attitude incompréhensible et très néfaste[48] et il aurait confié à Dumas et Védrine à Paris que Kohl l'inquiétait[49].

Dans quelle mesure cet impératif catégorique de la reconnaissance de l'intangibilité des frontières en est-il devenu un parce que la France pouvait ainsi maximiser les gains? C'est-à-dire apparaître à la fois comme grande puissance responsable soucieuse de la paix, comme puissance de tutelle soucieuse de mettre en avant ses prérogatives fixées à Potsdam et réitérées dans les droits et devoirs des alliés dans le traité de Paris d'octobre 1954, et comme amie et protectrice du peuple polonais? On déplora en tout cas à Paris que le plan en dix points de Kohl n'abordât pas les trois points majeurs des frontières, des alliances et des droits des puissances garantes du statut de l'Allemagne. Juridiquement les décisions portant sur le territoire de »l'Allemagne dans son ensemble y compris la réunification« étaient de la compétence des alliés, mais Paris attendait qu'Helmut Kohl allât au moins aussi loin que l'avait fait Willy Brandt dans les traités à l'Est, c'est-à-dire aussi loin que le permettait la répartition des compétences: renoncement à la violence et renoncement à des revendications territoriales. Un geste politique comme manifestation de bonnes intentions. Cette question d'un engagement du gouvernement fédéral sur la frontière avant la réunification continua à empoisonner les relations bilatérales franco-allemandes même après la grande explication qui eut lieu à Latche le 4 janvier 1990, au domicile privé de Mitterrand, où les deux dirigeants constatèrent finalement la grande similitude de leurs positions. Début mars, Dumas enfonçait encore le clou à Berlin-Ouest en disant qu'il y a »des moments où le silence est lourd d'ambiguïtés. […] Rien n'empêche les parlements des deux Allemagnes de dire aujourd'hui leur résolution«. Les choses se clarifièrent en effet dès que le Bundestag fit

---

[46] Helmut KOHL, Erinnerungen, vol. 3: 1990–1994, Munich 2007, p. 34.
[47] »Fest steht: Wir Deutschen wollen, wie alle Europäer, dass mehr und nicht weniger Sicherheit und Stabilität geschaffen werden. Wir wollen die Einheit nicht zu Lasten Dritter. Die Frage, die wir Deutschen zu beantworten haben ist: Was soll vereinigt werden? Die Antwort ist eindeutig: die beiden deutschen Staaten einschließlich Berlin. Nicht mehr, aber auch nicht weniger«.
[48] Hélène MIARD-DELACROIX, Le règlement des aspects extérieurs de l'unité allemande, dans: Anne SAINT-SAUVEUR-HENN, Gérard SCHNEILIN (dir.), La mise en œuvre de l'unification allemande 1989–1990, Asnières 1998, p. 341–358, ici p. 351.
[49] Entretien d'Hubert Védrine avec l'auteur, 15/9/2009.

une déclaration solennelle sur l'intangibilité de la frontière occidentale de la Pologne le 8 mars 1990. Kohl relate dans ses mémoires qu'il retrouva à Paris, lors du sommet des 25 et 26 avril, un François Mitterrand »complètement derrière nous et qui trouva des mots très chaleureux«. Après la déclaration du Bundestag, »aucun doute que plus aucune menace ne venait de Paris. L'exceptionnelle intensité et amitié dans les relations entre Mitterrand et moi était revenue«[50].

L'idée de canaliser l'Allemagne et son potentiel de puissance demeura toutefois en parallèle de la canalisation des processus démocratiques en Europe centrale. Mi-septembre 1989, Hubert Védrine soulignait déjà pour le président que l'intérêt de la France était que les bouleversements à l'Est se déroulent de façon contrôlée. La stabilité du continent était l'objectif principal, l'équilibre du continent européen était en jeu[51]. Le »contrôle« resta le maître-mot, celui que l'on retrouve dans les archives du Foreign office. Mais il est aussi peu neuf que l'idée d'un nécessaire encadrement de l'Allemagne, pour son bien, et en particulier avec les outils européens. Cela avait été le message présidentiel dans le discours de Mitterrand au Bundestag en janvier 1983, alors dans le contexte du mouvement pacifiste et du déploiement des euromissiles. C'était le même message dans celui de la perestroïka et des bouleversements à l'Est. Le 11 février 1987 Mitterrand insistait déjà en Conseil des ministres sur l'idée que la France devait être inventive pour participer à l'avenir de l'Allemagne et lui proposer la solution de la construction européenne.

Comment expliquer enfin les propos très hostiles à l'Allemagne rapportés dans les archives britanniques? Vu de Bonn, le voyage à Kiev montrait que la France conservait ouverte l'option des vieilles alliances: c'est précisément sur cette corde que le président joua auprès de Margaret Thatcher, en pleine connaissance que cela correspondait exactement à ce qu'elle souhaitait entendre. Ne confiait-elle pas au président son exaspération face à un chancelier qu'elle jugeait extrêmement inconscient des susceptibilités de ses voisins et qui, à ses yeux, »semblait avoir oublié que la division allemande est la conséquence de la guerre que les Allemands ont déclenchée«. Mitterrand forçait même le trait en suggérant dans un entretien du 20 janvier 1990 que l'Allemagne réunifiée pourrait reprendre les territoires perdus; elle peut même être plus étendue que sous Hitler[52]. Se laissait-il contaminer par les peurs anglaises? Mettait-il de l'huile sur le feu pour obtenir de Margaret Thatcher qu'elle fît pression et compensât la magnanimité des autres?

---

[50] »Mit all dem traf ich auf einen völlig hinter unserer deutschen Sache stehenden François Mitterrand, der sehr herzliche Worte für mich fand. In noch nie dagewesener Weise stimmten wir bei unserer tour d'horizon durch die politische Landschaft überein. Kein Zweifel, nachdem der Bundestag am 8. März 1990 einen Antrag zur Unverletzlichkeit der deutsch-polnischen Grenze verabschiedet hatte, drohte aus Paris keinerlei Gefahr mehr; die außergewöhnliche Intensität und Freundschaft in den Beziehungen zwischen Mitterrand und mir war wieder zurückgekehrt«. KOHL, Erinnerungen (voir n. 46), p. 94.

[51] VÉDRINE, Les mondes de François Mitterrand (voir n. 6), p. 425; BOZO, Mitterrand, la fin de la guerre froide (voir n. 8), p. 104.

[52] Cité dans: Le Figaro, 12–13/9/2009, p. 5.

Mitterrand était aussi animé par la crainte de l'affaiblissement de Gorbatchev et par le souci de protéger l'Europe des conséquences de la désagrégation de l'empire soviétique; il voulait aussi aider le chef de l'Union soviétique à se prémunir contre de possibles évolutions dramatiques au Kremlin. Le 20 juillet 1988, il déclarait lors d'un Conseil de défense: »on peut souhaiter la désagrégation de l'empire et ça ne devrait pas durer, mais on peut craindre les conséquences de cette désagrégation«[53]. Aussi fallait-il accompagner la transition douce qu'incarnait Gorbatchev. Or, Mitterrand et Kohl avaient une lecture diamétralement opposée de l'exploitation possible de la donnée russe, de la chance que représentait la présence de Gorbatchev au Kremlin. Tandis que le chancelier voulait exploiter au maximum l'occasion inespérée pour mettre en quelque sorte le pied dans la porte et avancer vite dans un processus qui serait sans retour, le président craignait que si l'on brusquait trop les Soviétiques, jugés fondamentalement hostiles à l'idée de tout lâcher sur les acquis de 1945, Gorbatchev serait renversé et remplacé par une dictature militaire qui mettrait un terme à la perestroïka si bénéfique à l'ensemble de l'Est. Pour l'Élysée, il ne fallait pas tout gâcher par la précipitation.

Aussi le processus devait-il être encadré par les Grands et accompagné par une accélération de la construction européenne. Ce qui a été interprété comme un marché soudainement proposé aux Allemands, comme le prix à payer quand l'unification apparut inévitable, a constitué en réalité une ligne envisagée sérieusement à l'Élysée dans la seconde partie des années 1980, c'est-à-dire dès les premiers signes d'une probable fin de Yalta.

L'approfondissement de l'intégration européenne fut considéré comme le seul moyen pour l'Europe occidentale de digérer la nouvelle réalité d'une Allemagne agrandie et débarrassée des entraves issues du règlement de 1945. Il s'agissait au fond de perpétuer le modèle qui avait fonctionné dès les années 1950, celui de l'encadrement européen de l'Allemagne en croissance. Jacques Delors déclara ainsi à Bonn dès le 5 octobre 1989 qu'il fallait se dépêcher de construire une Europe communautaire car c'était le moyen le plus sûr de réaliser les espoirs des Allemands. Genscher dit exactement la même chose dans une interview au »Spiegel« la même semaine: les intérêts nationaux allemands devaient se fondre dans les intérêts européens[54]. Ce fut l'intensification d'un projet déjà présent qui conduisit à Maastricht, une occasion saisie et non pas un nouveau moyen inventé pour brider l'Allemagne.

Un regard apaisé et nuancé permet de relativiser l'hostilité du président français, qui, au fond, a pu se réjouir comme ses compatriotes des événements heureux à l'Est, Allemagne comprise[55]. Dans sa position de chef de l'État, il a pour ainsi dire fait son travail, avec sa circonspection et sa maîtrise d'usage, et l'on peut se demander si un autre président français aurait réagi autrement sur le fond. La question la plus impor-

---

[53] Cité dans: BOZO, Mitterrand, la fin de la guerre froide (voir n. 8), p. 64.
[54] »Die deutschen nationalen Interessen müssen sich in die europäischen Interessen einfügen«, cité par: SCHABERT, Wie Weltgeschichte gemacht wird (voir n. 21), p. 388.
[55] Marie-Noëlle BRAND-CRÉMIEUX, Les Français face à la réunification allemande, automne 1989–automne 1990, Paris 2004.

tante concerne le fondement des perceptions qui provoquèrent une déception chez de nombreux Allemands. Trois déterminants de ces perceptions peuvent être facilement isolés. Ce sont d'abord les stéréotypes qui continuent à fonctionner dans une économie bilatérale particulière, leur survivance en France au sujet de l'Allemagne, mais aussi le retard avec lequel leur affaiblissement en France est perçu et compris en Allemagne[56]. Autrement dit: le stéréotype sur les stéréotypes du voisin conduit à des lectures biaisées. On privilégia ainsi volontiers les confirmations de l'image d'une France préférant l'existence de deux Allemagnes. Un déterminant important est ensuite le rôle des témoins; leurs présentations partielles et partiales dans les premières années ont d'autant mieux pris qu'elles correspondaient aux stéréotypes et simplifiaient, pour les médias, des processus très complexes. Enfin, on en revient à l'influence des schémas de perception américains qui avaient déjà longtemps marqué l'interprétation de la politique d'occupation française en Allemagne. Leur diffusion fut grande, avec une part d'arrogance et de simplisme ignorant la dimension européenne des problèmes[57]. On ajouta ainsi des filtres supplémentaires de la perception, ceux du Royaume-Uni jouèrent encore lors de l'ouverture des archives du Foreign office. Prendre leur contenu pour argent comptant est une tentation aussi grande que l'anachronisme qui consiste à imposer au passé une logique qui n'était pas donnée dans le contexte.

Or, entre l'automne 1989 et le printemps 1990, les événements connurent une dynamique et une accélération inhabituelles. Le malaise franco-allemand a reposé sur la question de la confiance non accordée a priori; car au fond les incertitudes étaient partagées. C'est bien ce qu'a rappelé Kohl dans le chapitre de ses mémoires consacré au 3 octobre 1990:

Lorsqu'à l'automne 1989 nous nous attaquâmes au chemin qui devait conduire vers l'unité allemande, c'était comme la traversée d'un marais: nous avions de l'eau jusqu'aux genoux, il y avait du brouillard qui empêchait de voir et nous savions seulement qu'il devait y avoir quelque part un chemin avec un sol ferme. Nous ne savions pas par où il passait. Nous avançâmes pas à pas et à tâtons; et finalement nous arrivâmes sains et saufs de l'autre côté[58].

Selon Genscher il n'y a pas eu chez Mitterrand de tentative d'empêcher la réunification, ni même d'hésitation. »Ce qui était important pour lui était que Gorbatchev ne soit pas ébranlé, ce qui était d'ailleurs aussi notre objectif«[59]. Mais une chose était

---

[56] HUDEMANN, Von alten Stereotypen zum neuen Europa (voir n. 13), p. 500.
[57] Philip ZELIKOW, Condoleezza RICE, Germany unified and Europe transformed: A Study in Statecraft, Cambridge/Mass. 1995, p.ex. p. 365.
[58] »Als wir uns im Herbst 1989 auf den Weg zur Einheit machten, war es wie vor der Durchquerung eines Hochmoors: Wir standen knietief im Wasser, Nebel behinderte die Sicht, und wir wussten nur, dass es irgendwo einen festen Pfad geben musste. Wo er genau verlief, wussten wir nicht. Schritt für Schritt tasteten wir uns vor und kamen schließlich wohlbehalten auf der anderen Seite an«, KOHL, Erinnerungen (voir n. 46), p. 243.
[59] »Nein, es ging nicht um ein Verhindern. Und auch nicht um ein Verzögern. Für ihn war wichtig, dass Gorbatschow nicht ins Wanken gerät, das war übrigens auch unser Ziel. Deshalb haben wir auch in unseren öffentlichen Erklärungen die größte Zurückhaltung gezeigt und dennoch klargemacht, wo wir stehen und wo das notwendig ist, [...] aber wenn Deutschland die

claire aussi pour Mitterrand, souligne Genscher en citant le président: »Si l'Allemagne reprend ses vieilles orientations, alors nous relancerons les vieilles alliances«.

Il reste surtout que le 6 décembre 1990 Kohl et Mitterrand proposèrent aux partenaires européens un projet sur la base d'un compromis entre les positions et représentant une avancée décisive dans la construction européenne. Ainsi, il est bien vrai que »Mitterrand fut le seul critique de la réunification qui ait eu un objectif concret et constructif, et c'est ce qui fait la différence majeure avec Margaret Thatcher«[60].

DEUTSCHE ZUSAMMENFASSUNG

Zum 20. Jahrestag des Zusammenbruchs der DDR und jenes Prozesses, der zur Vereinigung führte, lebten die damaligen Vorwürfe an den französischen Präsidenten erneut auf: Er habe das Ereignis weder freudig begrüßt noch die Deutschen in diesem großen Abenteuer des ausgehenden 20. Jahrhunderts unterstützt; er soll versucht haben, den die Machtbalance zwischen Frankreich und Deutschland verändernden Prozess zu verlangsamen oder sogar zu verhindern.

Seit Gorbatschows Machtübernahme im Jahr 1985 dachte das Team um François Mitterrand über das mögliche Ende des Kalten Krieges und die Maßnahmen, wie die potenziell dramatischen Veränderungen für den gesamten Kontinent in den Griff zu bekommen wären, nach. Mitterrand hatte frühzeitig die Richtlinien für eine eventuelle Entwicklung festgelegt, deren Ausmaß er jedoch nicht abzuschätzen vermochte.

Der Zeitraum vom Herbst 1989 mit den Leipziger Demonstrationen bis zum Frühjahr 1990 mit dem Beginn der 2 + 4-Gespräche, bei denen die Frage der Grenzen geklärt wurde, war von Misstrauen und Konflikten mit Helmut Kohl geprägt. Diese Periode wurde vor allem von zwei Reisen François Mitterrands überschattet: am 6. Dezember 1989 nach Kiew, wo er Michail Gorbatschow traf und sich über die Deutschen hinwegzusetzen schien, indem er sie als Entscheidungsobjekt der Großen behandelte; und vom 20. bis 22. Dezember 1989 in die DDR, wo er ein agonisierendes Regime zu stabilisieren versuchte und sich dem Gang der Geschichte zu widersetzen schien.

Nach einem grundsätzlichen »ja« zur deutschen Einheit wurde Mitterrand mit der Realität konfrontiert und er entschied sich dazu, die Bewegung in Richtung Vereinigung zu gewissen Bedingungen zu unterstützen. Die Vorgänge sollten demokratisch und friedlich stattfinden und die Grenzen von 1945 nicht in Frage gestellt werden.

Ein nuancierter Blick vermag den Widerstand des französischen Präsidenten, der im Grunde wie seine Landsleute die glücklichen Ereignisse im Osten begrüßte, heute zu relativieren. Die anhaltende Enttäuschung vieler Deutscher ist auf langlebige Stereotypen und auf einseitige, die komplexen Vorgänge vereinfachende Darlegungen von Zeitzeugen, aber auch auf die zusätzlichen Wahrnehmungsfilter der amerikanischen Lesart der Ereignisse zurückzuführen. Ihren Gehalt für bare Münze zu nehmen ist ein ebenso großer Irrtum wie der Anachronismus, der darin besteht, der Vergangenheit eine kontextfremde Logik aufzuerlegen. Die Ereignisse vom Herbst 1989 bis zum Frühjahr 1990 waren von ungewöhnlicher Dynamik. Das deutsch-französische Unbehagen beruhte im Grunde auf mangelndem Vertrauen und Unsicherheiten auf beiden Seiten.

---

alten Wege geht... dann werden wir die alten Allianzen beleben«. GENSCHER, Die Chance der Deutschen (voir n. 19), p. 168.

[60] »Mitterrand war der einzige Kritiker der Wiedervereinigung mit einer konkreten und konstruktiven eigenen Zielperspektive, und dies war auch der entscheidende Unterschied gegenüber Margaret Thatcher«, RÖDDER, Deutschland einig Vaterland (voir n. 11), p. 161.

Ein ›neues‹ Deutschland?

Une ›nouvelle‹ Allemagne?

JACQUES-PIERRE GOUGEON

Entre quête du centre et risque de radicalité ou la nouvelle culture politique allemande

Du fait de l'effondrement du parti social-démocrate, tombé à 23% des suffrages – situation inédite depuis 1949 pour une élection fédérale – et menacé de perdre, pas seulement à l'Est, son statut de »grand parti de rassemblement à vocation majoritaire« (*Volkspartei*) – composante essentielle du système politique allemand qualifiée par l'historien Hans Mommsen dans une contribution sur »La République fédérale d'Allemagne: continuité et nouveau départ« de »médiateurs indispensables«[1] –, les élections fédérales du 27 septembre 2009 ont marqué pour l'Allemagne une césure dans l'évolution de l'histoire et de la culture politiques. Certes, avant même la réélection d'Angela Merkel à la chancellerie, son parcours a contribué à modifier la culture politique allemande: pour la première fois dans l'histoire de l'Allemagne, une femme exerce les fonctions de chancelier; pour la première fois une personnalité issue de l'ex-Allemagne de l'Est a accédé à cette fonction, incarnant mieux que quiconque l'histoire des deux Allemagnes; sa socialisation politique tranche avec le parcours de tous ses prédécesseurs passés par les différents stades de la carrière politique traditionnelle, à commencer par l'engagement au sein des organisations de jeunesse de leur parti respectif; par son mode de gouvernement qui a fait du chancelier moins celui qui »détermine la politique du gouvernement«, selon l'article 65 de la Loi fondamentale[2], qu'un modérateur soucieux de maintenir l'équilibre entre les composantes de son équipe gouvernementale et de sa majorité politique. À en croire le regard que porte Dirk Kurbjuweit dans son ouvrage »Angela Merkel: chancelière pour tous?«, ces spécificités, ajoutées à des qualités personnelles, comme la prudence, »la maîtrise de soi«, la capacité et »la volonté de trouver l'équilibre entre différentes positions« après une analyse rationnelle et quasi scientifique des aspects d'un problème, conféreraient à Angela Merkel un profil »qui convient bien au système politique de la République fédérale«[3] de la postunification de plus en plus marqué par l'effritement impliquant l'obligation pour gouverner de constituer des alliances entre deux, voire trois partis, et donc de disposer d'un sens affirmé du consensus. Ce sens du consensus n'est d'ailleurs pas sans lien avec une autre caractéristique de la mutation du paysage et de la culture politiques en Allemagne: l'accaparement du centre par une seule formation politique, la CDU, à partir d'une nouvelle perception des thèmes de la famille, du rôle de l'État et de la cohésion sociale, ce qui explique en partie la désaffection à l'égard du SPD. Ce

---

[1] Hans MOMMSEN, Die Bundesrepublik Deutschland: Kontinuität und Neubeginn, dans: Eckart CONZE, Gabriele METZLER (dir.), 50 Jahre Bundesrepublik Deutschland, Stuttgart 1999, p. 15.
[2] Grundgesetz für die Bundesrepublik Deutschland, publ. par Bundeszentrale für politische Bildung, Bonn 1998, p. 40.
[3] Dirk KURBJUWEIT, Angela Merkel. Die Kanzlerin für alle?, Munich 2009, p. 113 et 96.

dernier a en effet perdu non seulement son électorat populaire traditionnel, mais aussi ce fameux »Mitte« conquis par Gerhard Schröder en 1998. Le centre, traditionnellement partagé entre les deux grandes formations, CDU/CSU et SPD, a glissé d'un seul côté de l'échiquier. À côté du recentrage de la CDU et de la crise de la socialdémocratie avec pour conséquence un risque de déséquilibre – phénomènes perceptibles sur plusieurs années –, l'installation ou plutôt le retour de la »radicalité« à travers Die Linke constitue une autre mutation majeure de la culture politique allemande.

QUEL RÔLE POUR LE CENTRE?

Pour des raisons propres à l'Allemagne liées à la fois à la dégradation du climat politique sous la république de Weimar, marqué par de nombreuses manifestations violentes assimilées à une polarisation et une confrontation extrêmes des idéologies, au passé national-socialiste et, dans l'après-guerre, au face-à-face direct avec le communisme, la notion de »centre« occupe une place particulière dans la vie politique allemande jusqu'à aujourd'hui. À l'origine de l'identité des deux grands partis après 1945, qu'il s'agisse de la fondation de la CDU ou de la renaissance du SPD, il y a, à un rythme différent, cette quête du centre, avec l'ouverture à un spectre politique le plus large possible. Dès le 22 août 1945, Konrad Adenauer écrit au maire de Munich pour l'inciter à s'éloigner de la conception étroite de l'ancien Centre (Zentrum) catholique, qui plongeait ses racines dans l'histoire politique allemande jusqu'à avoir été, avec le parti social-démocrate, un des premiers »partis de masse« dès la fin du XIXe siècle (régulièrement un quart des sièges au Reichstag à partir de 1874)[4], et à envisager une union plus large: »Je vous demande, à vous et autres personnalités, d'avoir sans cesse à l'esprit que seule l'union envisagée de toutes les formes qui se réfèrent à des principes chrétiens et démocratiques pourra nous protéger des dangers qui nous menacent de l'Est«[5]. Naît un parti mixte, interconfessionnel, regroupant catholiques et protestants et doté d'une aile sociale forte, avec notamment l'ancien secrétaire des syndicats chrétiens, Jakob Kaiser, et une proximité avec le premier président de la confédération des syndicats allemands (DGB), Hans Böckler, qui facilita l'adoption et l'application des grandes lois sociales de l'époque Adenauer, dont celle de 1951 sur la cogestion. Quant au SPD[6], il faut attendre la disparition de Kurt Schumacher en 1952 – qui s'est d'ailleurs trompé sur la nature de la CDU – et surtout la défaite électorale de 1957 pour que les bases de la rénovation du parti social-démocrate soient jetées grâce à la nouvelle génération des Willy Brandt, Helmut Schmidt et Karl Schiller, ce dernier publiant dès 1955 un ouvrage qui a fait date, »Socialisme et concurrence«, dans lequel il annonce le tournant économique de son parti en affirmant la nécessité de »réunir le meil-

---

[4] Cf. Gerhard A. RITTER, Die deutschen Parteien 1830–1914, Göttingen 1985.
[5] Hans-Georg WIECK, Die Entstehung der CDU und die Wiederbegründung des Zentrums im Jahre 1945, Dusseldorf 1953, p. 62.
[6] Cf. Jacques-Pierre GOUGEON, La social-démocratie allemande 1830–1996. De la révolution au réformisme, Paris 1996.

leur des deux mondes, c'est-à-dire du monde de la planification et du monde du mécanisme des prix«[7]. Après de nombreuses et violentes controverses décrites par Kurt Klotzbach dans son étude »La voie vers le parti de gouvernement« comme l'expression de »la faible disposition de la majorité des cadres et fonctionnaires du parti à s'adapter [aux évolutions de la société]« et à promouvoir ce que Fritz Erler appelle »un autre type de parti de masse«[8], l'aboutissement de cette évolution sera le congrès de Bad-Godesberg du 13 au 15 novembre 1959. Le parti social-démocrate qui abandonne la doctrine révolutionnaire de la lutte des classes et l'objectif de l'étatisation des moyens de production, »approuve une économie de marché libre partout où la concurrence s'affirme«, tout en reconnaissant que »l'économie de marché n'assure pas par elle-même une juste répartition des revenus et des fortunes«, se présente dorénavant comme »un parti du peuple, après avoir été un parti de la classe ouvrière«[9]. Cette nouvelle orientation qui implique d'engager un dialogue avec les Églises et de s'ouvrir aux »couches moyennes« signifie d'une part le début, à partir des élections fédérales de 1961, d'une ascension électorale pour le parti social-démocrate et, d'autre part, la constitution d'une référence politique commune à travers la valorisation du »centre«, dont on voit qu'elle est de nature à la fois politique, sociologique et socio-économique par l'acceptation des principes fondamentaux de l'économie sociale de marché. En ce sens, Henrik Uterwedde a raison d'insister sur cette dernière dimension: »La base sociale de ce centrisme est le modèle économique et social allemand qui cherche à concilier concurrence et justice sociale, marché et régulation, liberté du patronat et cogestion des salariés, en misant sur un dialogue conflictuel mais constructif entre le capital et le travail«[10]. Cette forme de consensus n'est pas uniquement liée à l'économie sociale de marché: elle plonge ses racines dans l'histoire politique et économique allemande du XIXe siècle, dont une des caractéristiques est ce que les historiens Hans-Ulrich Wehler et Jürgen Kocka ont appelé le »capitalisme organisé« (*organisierter Kapitalismus*)[11]. Le capitalisme allemand qui s'affirme après la crise boursière de 1873 et surtout dans les années 1880–1890 tisse avec l'État de Bismarck et de ses successeurs des liens étroits qui conduisent à l'élaboration et à la définition de la politique économique par l'État et les associations d'intérêts économiques, telles l'Association centrale des industriels allemands et la Fédération des industriels ou l'Association des sidérurgistes allemands, qui investissent la sphère du débat public et se considèrent comme les représentants de l'opinion publique. Comme l'Allemagne

[7] Karl SCHILLER, Sozialismus und Wettbewerb, Hambourg 1955, p. 31.
[8] Kurt KLOTZBACH, Der Weg zur Staatspartei. Programmatik, praktische Politik und Organisation der deutschen Sozialdemokratie 1945–1965, Bonn 1996, p. 269.
[9] Protokoll der Verhandlungen des Ausserordentlichen Parteitages der Sozialdemokratischen Partei Deutschlands vom 13.–15. November 1959 in Bad-Godesberg, SPD-Parteivorstand, Hannover, Bonn 1959, p. 357, 359 et 369.
[10] Henrik UTERWEDDE, Gauche, droite: quelle politique de modernisation économique?, dans: Claire DEMESMAY, Manuela GLAAB (dir.), L'avenir des partis politiques en France et en Allemagne, Lille 2009, p. 209–226, ici p. 211.
[11] Hans-Ulrich WEHLER, Theorieprobleme der modernen deutschen Wirtschaftsgeschichte, dans: Gerhard A. RITTER (dir.), Entstehung und Wandel der modernen Gesellschaft, Festschrift für Hans Rosenberg zum 65. Geburtstag, Berlin 1970, p. 66–107, ici p. 73.

présente à cette époque la caractéristique d'avoir des partis politiques faibles, ostensiblement méprisés par les autorités – le parti social-démocrate est interdit entre 1878 et 1890, et les libéraux n'ont guère de consistance après le ralliement d'une partie d'entre eux à Bismarck en 1867 –, ces associations deviennent beaucoup plus puissantes que dans d'autres pays, exerçant une véritable emprise sur la société, qui ira même grandissante sous la république de Weimar. S'établit entre l'État et les associations d'intérêts économiques une entente plus ou moins tacite pour »organiser« l'économie nationale. Cette évolution a pour effet de vider le débat économique de tout contenu idéologique puisqu'il ne saurait être l'affaire des partis. L'idée d'une politique économique qui ne soit »ni de droite ni de gauche« trouve donc un terrain particulièrement favorable en Allemagne et explique en partie la référence au consensus dans la culture politique allemande, lui-même élément structurant du »centrisme« en Allemagne.

Les étapes récentes de l'histoire électorale allemande sont marquées par la capacité ou l'incapacité de la CDU ou du SPD à conquérir la majorité de l'électorat du centre, tout en conservant les faveurs de leur électorat traditionnel respectif, »indépendants/professions libérales« pour la première, »ouvriers/milieux populaires« pour le second. Une étude des résultats électoraux sur une longue période montre ainsi que les phases ascendantes et victorieuses de chacun des deux grands partis se caractérisent par la conquête de cet électorat: milieu des années 1960 et années 1970 pour le SPD, années 1980 et 1990 pour la CDU/CSU, à nouveau 1998 pour le SPD et 2009 pour la CDU/CSU (tab. 1).

	1961	1965	1969	1972	1976	1980	1983	1987	1990	1998	2002
CDU/CSU	50	54	45	33	48	43	56	47	43	33	36
SPD	30	34	46	50	41	41	32	32	33	41	39

Tab. 1. *Vote des employés et fonctionnaires aux élections fédérales (en % des voix)*
Source: *Groupe d'analyse du comportement électoral, université de Mannheim, 2002 et 2005.*

Lors de la campagne pour les élections fédérales de 1998, qui allaient ramener les sociaux-démocrates au pouvoir, après seize ans d'opposition, Gerhard Schröder a œuvré en faveur d'une reconquête du centre par son parti en mettant en avant la notion de »nouveau centre« (Neue Mitte), qui est censé regrouper tous les créateurs – au sens large –, de l'ouvrier spécialisé au grand chercheur. Dans un discours au congrès de Hanovre tenu du 2 au 4 décembre 1997, Gerhard Schröder a tenté d'en définir les contours en insistant sur la nécessité d'une coopération entre les différentes catégories professionnelles créatrices de richesses:

Je le sens clairement, des alliances nouvelles existent. Un sentiment d'appartenance commune lie les chefs d'entreprise, les salariés et les ouvriers qui, par leurs performances, gagnent leur vie tout en servant l'intérêt général [...]. Je veux voir parmi nous les individualistes à l'esprit solidaire, les pragmatiques avec des visions, ceux qui agissent, les chefs d'entreprise qui considèrent comme contraire à l'esprit de notre temps le fait de ne pas connaître ni le pays ni les gens avec lesquels ils travaillent, les ouvriers et les artisans fiers de leurs réalisations[12].

---

[12] Reden und Leitanträge vom SPD-Parteitag. Hannover, 2.–4. Dezember 1997, SPD-Parteivorstand, Bonn 1997, p. 105.

Ce nouveau centre à la définition extensible, qui permet de transcender les clivages politiques et sociaux traditionnels, constitue le socle à partir duquel l'action politique peut être menée. Le basculement politique de 1998 en faveur du SPD – 40,9% des suffrages contre 35,1% à la CDU/CSU – est dû à la fois à la mobilisation de l'électorat social-démocrate traditionnel – 48% des ouvriers ont voté pour le SPD, contre 29% pour la CDU – et à la conquête du centre – 41% des employés et fonctionnaires ont voté pour le SPD, contre 33% pour la CDU. L'élection fédérale de 2009, plus que celle de 2005, où les deux grandes formations CDU/CSU et SPD ont réalisé un score assez proche, présente des similitudes avec celle de 1998, principalement par l'effet du basculement politique, avec un écart encore plus grand entre les deux grandes formations, soit 33,8% pour la CDU/CSU contre 23% pour le SPD. Là encore, cette fois-ci de manière inversée, le gagnant de l'élection, la CDU/CSU, dispose d'une nette avance dans l'électorat du centre (employés et fonctionnaires), tout en recueillant de bons résultats dans son électorat traditionnel (indépendants et retraités) (tab. 2). On pourra d'ailleurs noter que le bon résultat du parti libéral – 14,6%, soit son meilleur score depuis 1949 – n'est pas sans lien avec le transfert de voix des employés en provenance du SPD, qui a perdu 16% dans cette catégorie socioprofessionnelle par rapport à 2005, soit la plus lourde perte, devant l'électorat ouvrier (-13%).

	CDU/CSU	SPD	FDP	Die Linke	Verts
Ouvriers	28	24	13	18	17
Employés	32	20	16	11	14
Fonctionnaires	32	25	13	7	19
Indépendants	39	29	13	12	5

Tab. 2. Résultats aux élections fédérales de 2009 (par catégorie socioprofessionnelle, en %)
Source: Groupe d'analyse du comportement électoral, université de Mannheim, 2009.

Même si plusieurs études dont une récente de Pierre Bréchon et Bernd Schlipphak[13] montrent que l'identification partisane est plus forte en Allemagne que dans d'autres pays, notamment par le vote en faveur des partis »conservateurs« et/ou »bourgeois«, il n'en reste pas moins vrai que cette donnée s'effrite au cours du temps. Ainsi, si l'on prend deux catégories identifiées encore très récemment aux deux grands partis, le milieu catholique pratiquant pour la CDU et le milieu ouvrier pour le SPD, on observe certes que deux catholiques pratiquants sur trois continuent à voter fidèlement en faveur de la CDU et que respectivement 48% et 37% des ouvriers ont encore voté pour le SPD en 1998 et en 2005, mais que ces données doivent être relativisées. En effet, d'une part le lien partisan peut se distendre très vite (c'est le cas du milieu ouvrier à l'égard du SPD entre 1998 et 2009), la notion de »milieu« avec ce que cela comporte de culture commune étant d'ailleurs en régression au profit de celle de »situation personnelle«. Par exemple, il est plus juste de dire qu'il existe des milieux ouvriers plutôt qu'un milieu ouvrier. D'autre part, l'importance numérique de ces catégories et donc

---

[13] Pierre BRÉCHON, Bernd SCHLIPPHAK, Les grandes tendances du comportement électoral, dans: DEMESMAY, GLAAB (dir.), L'avenir des partis politiques (voir n. 10), p. 61–81.

leur potentialité électorale reculent au sein de la société allemande: si en 1970 11 millions de catholiques déclaraient fréquenter régulièrement l'église – soit 19% de la population de la République fédérale d'alors –, ils ne sont plus aujourd'hui que 5 millions, soit 6,1% de la population actuelle; si en 1970 les ouvriers représentaient 47% de la population, ils n'en représentent plus aujourd'hui que 29%. Face à l'affaissement du lien partisan traditionnel, la notion de »centre« acquiert une importance accrue dans la réflexion et la culture politiques. Difficile à cerner sociologiquement, mais correspondant à un revenu moyen compris entre 70 et 150% du revenu net moyen, soit 54% de la population, le centre englobe aussi bien l'employé dans sa partie »inférieure« que le cadre dans sa partie »supérieure«, en passant par une très large partie de la fonction publique. Le résultat de la CDU/CSU aux élections fédérales de 2009 doit être mis en relation avec le travail d'ouverture réalisé par Angela Merkel à l'égard de cette partie de la société.

LE RECENTRAGE DE LA CDU

Contrairement à l'autre grand parti à vocation majoritaire, le SPD, la CDU/CSU ne connaît pas dans le paysage actuel d'effondrement, même si au niveau local, par exemple dans le sud de l'Allemagne, elle subit la concurrence des Verts, des libéraux et de l'association des »électeurs libres«. Ces derniers ont d'ailleurs fait une entrée remarquée au parlement régional de Bavière, lors des élections du 28 septembre 2008, recueillant 10,6% des suffrages, contre 4,4% en 2003, succès renforcé par les bons résultats lors des élections municipales du Bade-Wurtemberg du 7 juin 2009. Mais contrairement aux sociaux-démocrates, l'union chrétienne-démocrate n'est jamais descendue en dessous de 30% au niveau national, situation qui ne met pas en cause son rôle de grand parti à vocation majoritaire et donc sa fonction de pivot de la vie politique allemande. Néanmoins, le phénomène d'effritement est palpable depuis le milieu des années 1990 (tab. 3). En Allemagne orientale, la CDU obtient déjà aux élections fédérales des résultats inférieurs à 30%: 27,3% en 1998, 28,3% en 2002, 25,3% en 2005 et 29,8% en 2009.

	1994	1998	2002	2005	2009
CDU/CSU	41,4	35,1	38,5	35,2	33,8
SPD	36,4	40,9	38,5	34,2	23,0

Tab. 3. Résultats aux élections fédérales de la CDU/CSU et du SPD de 1994 à 2009 (en %). Source: Office fédéral de la statistique, 2009.

La dimension de pivot de la vie politique est perçue par l'opinion publique, qui considère majoritairement que l'union chrétienne-démocrate et l'union chrétienne-sociale dominent le débat politique tant au niveau des idées qu'au niveau des personnes. Ce degré d'influence des différents partis est régulièrement mesuré par l'institut Allensbach. Si l'élection fédérale de 2005 et la formation d'une grande coalition sous la direction d'Angela Merkel constituent un nouveau départ pour la CDU/CSU, il faut attendre 2007 pour que l'ascendant sur le débat politique soit consacré (tab. 4). En outre, plusieurs études sur l'évolution des valeurs au sein de la société allemande traduisent un retour des valeurs dites »bourgeoises«, comme la tradition, la famille, l'ordre, l'effort, la droiture, et montrent que 47% des personnes interrogées associent la CDU/CSU à ces valeurs, contre 28% pour le SPD, 28% pour les libéraux, 9% pour les Verts et 5% pour Die Linke (on pouvait associer plusieurs partis, d'où les pourcentages)[14]. À un moment où la crise inquiète, il est imaginable que ces valeurs traditionnelles rassurantes soient confortées. On peut d'ailleurs relever que dans le programme adopté en vue des élections fédérales de 2009 la CDU/CSU rend hommage à la valeur de »l'amour de la terre natale, qui est une des caractéristiques de l'attitude conservatrice et bourgeoise face à la vie, comme la disposition à remplir son devoir et à assumer des responsabilités«[15].

	1996	2001	2008
CDU/CSU	40	23	40
SPD	12	32	9
Verts	10	6	4
FDP	2	3	2
Die Linke	3	2	7

Tab. 4. La domination de la CDU/CSU dans la vie politique. Question posée: quel parti exerce par ses idées la plus grande influence sur la vie politique? (en % des personnes interrogées). Source: institut Allensbach, 2008.

Cette domination de l'union chrétienne-démocrate dans le paysage politique actuel n'est pas sans lien avec le débat lancé en son sein sur ses orientations politiques et philosophiques, alors que l'État a, à l'occasion de la crise financière et économique de 2008/2009, effectué un retour dans la sphère économique, ce qui a d'ailleurs comme conséquence de rendre le parti libéral plus attractif pour une partie de l'électorat traditionnel de la CDU. À cela s'ajoute le fait qu'Angela Merkel a choisi de moderniser le corpus politique de la CDU sur des sujets sensibles, comme la place de la femme et la politique familiale. Arrivée à la tête de la CDU avec l'étiquette de »libérale«, elle a effectivement engagé sa campagne pour les élections fédérales de 2005 sous cet auspice avant de ramener son parti dans une orbite plus sociale et même plus interventionniste. Dans sa volonté de moderniser et d'adapter la CDU à une nouvelle réalité sociale et économique, Angela Merkel n'a pas craint de s'exposer aux critiques des »conservateurs« et de l'aile libérale de son parti. Pour saisir l'ampleur de ces mutations – que certains, comme le ministre-président de Rhénanie-du-Nord-Westphalie, Jürgen Rüttgers, considèrent comme un juste retour aux sources –, il faut avoir à l'esprit le fait

---

[14] Das Bürgerliche – ein verwahrloster Garten, Institut für Demoskopie Allensbach, Allensbach 2007. Cité par le Frankfurter Allgemeine Zeitung, 14/11/2007.
[15] Wir haben die Kraft. Gemeinsam für unser Land, Regierungsprogramm 2009–2013, Berlin 2009, p. 40, http://www.cdu.de/doc/pdfc/090628-beschluss-regierungsprogramm-cducsu.pdf (19/2/2010).

que la CDU a eu, dès son origine, des accents sociaux marqués, voire anticapitalistes, certes corrigés par la suite, mais qui n'en ont pas moins marqué l'identité de l'union chrétienne-démocrate. Ainsi, le programme adopté au congrès d'Ahlen en 1947 stipule:

Le système économique capitaliste n'a pas répondu aux intérêts politiques et sociaux du peuple allemand. Après le terrible effondrement politique, économique et social, seul une refondation totale est possible. Le contenu et l'objectif de cette refondation ne peuvent être fondés sur l'aspiration capitaliste au gain et au pouvoir mais seulement sur le bien-être de notre peuple.

Même s'il ne s'agit pas d'instaurer un »capitalisme d'État«, la nouvelle structure de l'économie allemande doit s'inspirer du fait que »l'époque de la domination illimitée du capitalisme privé appartient au passé«[16]. Les travailleurs chrétiens sont sensibles à une telle analyse. Même si cette option est vite tempérée avec la diffusion de l'économie sociale de marché, notamment par Ludwig Erhard, qui soutient, le 28 août 1948, au congrès de la CDU, qu'il s'agit d'une »économie de marché au fondement social«[17] et avec l'adoption en 1949 des »Principes de Düsseldorf«, qui précisent que »l'économie sociale de marché renonce à la planification et au dirigisme et [prévoit] que l'objectif final de l'économie est d'assurer la prospérité et la couverture des besoins du peuple entier«[18], la CDU conservera toujours un rapport premier à la question sociale, avec des variantes selon les époques. Dans les années 1950, on parlera même d'un »socialisme chrétien«, lorsque, sous Adenauer, la loi sur la cogestion appliquée aux entreprises minières et sidérurgiques est promulguée en 1951, le système des allocations familiales instauré en 1954 et la célèbre loi sur les retraites votée en 1957. Comme le précise Frank Bösch dans son étude »Pouvoir et perte du pouvoir. L'histoire de la CDU«, la CDU de cette époque est tiraillée entre une politique soucieuse de »l'équilibre social«[19] et un sens de la restauration qui lui interdit toute remise en cause de l'ordre social existant et lui fait adopter des positions conservatrices en matière culturelle et éducative[20].

C'est au nom du respect de cette tradition à la fois catholique et sociale que seront formulées les critiques visant Angela Merkel lors de sa campagne »libérale« de 2005; c'est au nom de ces mêmes valeurs qu'Angela Merkel, une fois élue chancelière, va réaliser à la fois un recentrage de la CDU et une ouverture plus large vers la société, notamment les milieux urbains et les femmes salariées. Ce recentrage va s'opérer à travers plusieurs étapes, étalées dans le temps, qui vont à chaque fois exiger des révi-

---

[16] Voir pour les deux dernières citations: Programmatische Erkärung des Zonenausschusses der CDU der britischen Zone, 1.–3. Februar 1947, Ahlen, dans: Deutsche Geschichte 1945–1961. Darstellung und Dokumente, vol. I, Francfort/M. 1983, p. 117.
[17] Grundtexte zur sozialen Marktwirtschaft, publ. par Ludwig-Erhard-Stiftung, Stuttgart, New York 1981, p. 48.
[18] Robert HOFMANN, Geschichte der deutschen Parteien. Von der Kaiserzeit bis zur Gegenwart, Munich 1993, p. 207.
[19] Frank BÖSCH, Macht und Machtverlust. Die Geschichte der CDU, Stuttgart 2002, p. 25.
[20] Cf. Johann Baptist MÜLLER, Der deutsche Sozialkonservativismus, dans: Hans-Gerd SCHUMANN (dir.), Konservativismus, Königstein ²1984, p. 199–221; Walter DIRKS, Der restaurative Charakter der Epoche, dans: SCHUMANN (dir.), Konservativismus (voir ci-dessus), p. 262–275.

sions: la préparation d'un nouveau programme fondamental en 2006/2007; la crise financière et économique de 2008/2009; la préparation des élections fédérales de 2009. À l'occasion de la préparation du nouveau programme fondamental de la CDU, Angela Merkel doit composer avec l'aile droite de la CDU, rassemblée autour des ministres-présidents de Bade-Wurtemberg et de Hesse, Günther Oettinger et Roland Koch; l'aile gauche, représentée par le ministre-président de la Rhénanie-du-Nord-Westphalie, Jürgen Rüttgers, pour qui »la CDU, autant attachée à la protection sociale qu'à la raison économique, n'est pas un parti néolibéral«[21]; et les »conservateurs«, qui se prétendent sociaux et attachés aux valeurs traditionnelles, comme la religion et le patriotisme. L'adoption en 2007 du nouveau programme fondamental marque la fin du tournant libéral qu'avait dessiné le programme gouvernemental de 2005 intitulé »Saisir les chances de l'Allemagne«, qui, sous le slogan »Moins de règles, plus de liberté«, mettait en avant la »dérégulation« et la »déréglementation« dans tous les secteurs de la vie économique, notamment le marché du travail, où un assouplissement de la législation sur la protection contre les licenciements ainsi qu'une remise en cause des conventions collectives – un des piliers du modèle social allemand – étaient envisagés. La philosophie générale d'alors était clairement édictée: »Nous réduirons la place de l'État et renforcerons la liberté individuelle en lieu et place de la foi en l'État«[22]. Les accents du programme fondamental de 2007 sont différents: l'idée de solidarité est mise en avant, sachant que »la réalisation de la liberté nécessite l'existence de la justice sociale« et que »lorsque les forces individuelles ne suffisent pas à faire face à la vie, la communauté et l'État doivent apporter leur aide«. L'économie sociale de marché, qui »suppose l'existence d'un État efficace garantissant le respect des conditions nécessaires à la concurrence«, doit évoluer pour prendre en compte la mondialisation »vécue par beaucoup en Allemagne comme une menace de leur emploi«: »La mondialisation exige une nouvelle dimension de l'économie sociale de marché et offre une chance de fixer au niveau mondial des normes sociales et écologiques«, ce qui doit »déboucher sur l'instauration d'un ordre juste et humain«. S'appuyant sur l'héritage de l'économie sociale de marché, la CDU »rejette toute forme de collectivisme, socialiste ou autre, ainsi que le capitalisme débridé ne misant que sur le marché«. Sur les sujets sociétaux, comme la famille ou l'immigration, la CDU s'engage sur la voie de la modernisation sans rejeter ses idéaux traditionnels, toujours inspirés par »la conception chrétienne de l'homme«. Si le mariage est présenté comme »le meilleur fondement pour la réussite familiale«, cette institution ne définit plus à elle seule l'espace familial: »La famille est partout là où les parents sont responsables à long terme de leurs enfants et les enfants de leurs parents«. Concrètement, la CDU souhaite améliorer l'imposition fiscale des couples non mariés avec enfants sans remettre en cause les avantages fiscaux dont bénéficient les unions légitimes. De même, sans rejeter l'image traditionnelle de la famille, où la femme reste à la maison pour élever les enfants, le texte sou-

---

[21] Der Spiegel, 6/8/2007.
[22] Deutschlands Chancen nutzen. Wachstum, Arbeit, Sicherheit, Regierungsprogramm 2005–2009, Berlin 2005, p. 10, 12, 11, http://www.cdu.de/doc/pdfc/05_07_11_Regierungsprogramm.pdf (19/2/2010).

ligne la nécessité d'un égal partage des tâches et »la responsabilité commune dans l'éducation des enfants«. Autre avancée, la reconnaissance des couples homosexuels: »Nous respectons la décision de personnes qui réalisent leur projet de vie sous d'autres formes de couples«[23]. Toutefois, la CDU récuse le droit à l'adoption pour les couples homosexuels. C'est à partir de ces avancées que sera conçu ultérieurement le programme gouvernemental en vue des élections fédérales de 2009 intitulé »Nous avons la force. Ensemble pour notre pays«, qui marque à la fois la réussite et la poursuite de cette stratégie d'équilibre mise en œuvre par Angela Merkel. Le programme reprend les avancées réalisées dans le domaine des thèmes sociétaux, en premier lieu la famille, en mettant l'accent cette fois-ci sur un autre sujet délicat, la petite enfance, où la méthode du compromis avec l'aile conservatrice de la CDU et l'alliée CSU a permis de progresser, avec l'annonce de la mise en place, d'ici à 2013, d'un accueil éducatif pour les enfants de moins de trois ans et, à partir de 2013, de l'introduction d'une allocation pour les familles ne faisant pas usage de ce droit. Il en va de même »des familles monoparentales qui ont choisi un autre mode de vie«. La préoccupation sociale est présente avec la volonté d'empêcher le »dumping salarial«, d'instaurer »l'interdiction par la loi des salaires immoraux« et de mettre en place un »revenu minimum pour tous«, par l'apport complémentaire de prestations. En matière économique, les paramètres ne changent pas: diminution de l'endettement, soutien aux secteurs porteurs de croissance et d'emplois (notamment ceux de »l'économie verte«), poursuite de l'effort en faveur de la recherche et de l'innovation, avec une mention particulière pour »les professions performantes et dynamiques«, qui doivent voir leur imposition s'alléger. Ce qui distingue ce texte des précédents, c'est ce que l'on pourrait appeler »le retour de l'État et de la régulation«, même tempéré, à la lumière de la crise financière et économique: »En cas de détresse, l'État, garant de l'ordre, doit intervenir [...]. Dans l'économie sociale de marché, l'État garantit le cadre de l'activité libre des citoyens. Il veille à ce qu'une concurrence non faussée crée de l'emploi, récompense la performance, et il soutient les faibles«. Face à la crise imputable à »l'inexistence de règles et à un sens de la responsabilité défaillant«, la CDU/CSU réclame des »règles justes applicables aux marchés financiers internationaux et à l'économie mondiale«, dont une »régulation efficace du système bancaire«[24]. Pour bien signifier que ce »recentrage« n'est pas une orientation temporaire, Angela Merkel a veillé lors des négociations en vue de la constitution de la coalition avec les libéraux, suite au résultat des élections fédérales de 2009, à ne rien céder sur le plan social, provoquant même quelques tensions avec les dirigeants du FDP: le salaire minimum pour certains secteurs reste en place, comme le système de la cogestion; la législation sur la protection contre les licenciements ne sera pas assouplie; les allocations familiales et l'abattement fiscal pour les familles seront augmentés. La CDU/CSU et les libéraux sont même convenus de modifier l'une des réformes les plus emblématiques de l'ère Schröder: la loi sur l'indemnisation des chômeurs de

---

[23] Pour cette citation et les précédentes: Freiheit und Sicherheit. Grundsätze für Deutschland. Das Grundsatzprogramm der CDU. Beschlossen vom 21. Parteitag, Hannover, 3.–4. Dezember 2007, Berlin 2007, p. 3, 5, 7, 8, 16, 25, 27, 46 et 49.
[24] Wir haben die Kraft. Gemeinsam für unser Land (voir n. 15), p. 4, 9, 10, 20, 30 et 32.

longue durée. En effet, le niveau d'épargne auquel les chômeurs ont droit sans que cela réduise leurs indemnités sera triplé et la possibilité de cumuler des revenus annexes accrue. Dans le droit fil de cette évolution, Angela Merkel a, dans son discours tenu le 24 octobre 2009 lors de la présentation du contrat de coalition, insisté sur la vocation du nouveau gouvernement à être »un écran de protection pour les salariés« et exprimé sa volonté de s'inscrire »dans la continuité du droit du travail allemand«[25]. Ce recentrage de la CDU, qui constitue une donnée importante de la vie et de la culture politiques allemandes actuelles, se fait au détriment des sociaux-démocrates. D'ailleurs, Jürgen Rüttgers, a sans équivoque invité son parti à s'intéresser »aux électeurs de Helmut Schmidt«[26], en clair à la gauche modérée.

LA CRISE DU PARTI SOCIAL-DÉMOCRATE OU LE DÉSÉQUILIBRE

Le résultat obtenu par le parti social-démocrate lors des élections fédérales du 27 septembre 2009 – 23% des suffrages – est le plus mauvais réalisé par cette formation depuis 1949. Entre 1998 et 2009, le parti social-démocrate a perdu la moitié de son potentiel électoral, passant de 20,1 millions de »secondes voix« à 9,9 millions. En Allemagne orientale, il ne représente plus à cette élection fédérale que 17,9% des suffrages (24,1% à l'Ouest). Le SPD avait déjà dangereusement frôlé les 20% – 20,8% des voix – lors des élections européennes du 7 juin 2009, là encore son plus mauvais score depuis l'existence de cette élection en 1979. De tels résultats peuvent remettre en cause son statut de »grand parti à vocation majoritaire«, dont les résultats électoraux devraient, dans le paysage politique allemand, plutôt correspondre à 30% dans les mauvais moments et les dépasser largement dans les bonnes périodes. Une des conséquences directes de cet affaissement de la social-démocratie allemande est la perte d'influence du bloc constitué par les deux grandes formations traditionnelles, le parti social-démocrate et l'union chrétienne-démocrate/union chrétienne-sociale, autour desquels s'était structurée la vie politique allemande depuis 1949 et qui constituaient les pivots des coalitions, tant au niveau fédéral, le plus souvent en faisant alliance avec un partenaire junior, les libéraux ou les Verts, ou en formant une grande coalition, qu'au niveau régional pour lequel s'ajoute à la liste des potentiels partenaires Die Linke. Ces deux grands partis réunissaient 82% des suffrages aux élections fédérales de 1957 (majorité absolue de la CDU/CSU), 87% en 1983 (entrée des Verts au parlement fédéral), 77,3% en 1990 (première élection panallemande, entrée des néocommunistes au parlement fédéral), 76,1% en 1998 (élection de Gerhard Schröder à la chancellerie), 69,5% en 2005 (élection d'Angela Merkel à la chancellerie et constitution d'une grande coalition) et 56,8% en 2009 (réélection d'Angela Merkel et constitution d'une coalition CDU/CSU/FDP). Ce dernier chiffre est pour la première fois inférieur à celui qui avait

---

[25] Koalitionsvertrag von Bundeskanzlerin Merkel vorgestellt, 24/10/2009, http://www.cdu.de/archiv/2370_29102.htm (9/2/2010).
[26] Der Spiegel, 12/10/2009.

été recueilli par ces deux grandes formations lors de la première élection fédérale du 14 août 1949, soit 60,2% (31% pour la CDU/CSU et 29,2% pour le SPD), dans un autre contexte, certes, mais alors que 15 partis s'étaient présentés. Ce rapport plus distendu aux grands partis, en premier lieu le parti social-démocrate, remet en cause un des fondements de la culture politique allemande. En effet, comme le notent Jérôme Vaillant et Wolfram Vogel dans leur étude comparative »Le système des partis en France et en Allemagne«, »tout concourt dans le système allemand à promouvoir les partis de masse en nombre limité, à faire émerger ce qu'il est convenu d'appeler des *Volksparteien*, de grands partis de rassemblement qui s'adressent à toutes les couches d'électeurs et tentent d'exprimer dans leurs programmes une synthèse de leurs revendications«[27]. Autre élément de la crise: en 2008, pour la première fois le nombre de membres du SPD, 525 000, est inférieur à celui de la CDU, 531 000, alors que pendant les »grandes années«, sous Willy Brandt et Helmut Schmidt, il pouvait dépasser le million, comme en 1976 et 1977. Cette observation de l'affaissement du parti social-démocrate n'est pas bien sûr liée à l'analyse du seul scrutin des élections fédérales de 2009, mais est corroborée par l'étude plus affinée du recul aux élections européennes du 7 juin 2009 et dans certaines régions d'Allemagne, notamment à l'Est, où il n'arrive plus qu'en troisième position, comme aux élections régionales du 30 août 2009 en Saxe et en Thuringe, après des résultats quasi similaires à ceux de 2004. Les résultats obtenus à de récentes élections régionales à l'Ouest montrent que la tendance du SPD à passer sous la barre des 30%, voire comme en Bavière sous celle des 20%, témoigne d'un mouvement de fond, certes plus marqué à l'Est du fait de l'implantation de Die Linke, mais également notable dans les anciens länder (tab. 5), hypothèse renforcée par l'observation des résultats aux élections municipales, comme celles du Bade-Wurtemberg du 7 juin 2009, où le SPD n'a recueilli que 17% des suffrages, ou celles de Rhénanie-du-Nord-Westphalie du 30 août 2009 où le SPD est pour la première fois depuis 1949 passé en dessous de la barre des 30% pour obtenir 29,4% des voix. Le maillage territorial, essentiel à l'existence de tout parti politique, s'effrite dangereusement dans le cas des sociaux-démocrates.

	Saxe		Thuringe		Bavière		Schleswig-H.	
	2004	2009	2004	2009	2004	2009	2004	2009
CDU/CSU	41,1	40,2	31,2	43,0	59,3	42,5	40,2	31,5
SPD	9,8	10,4	18,5	14,5	20,1	19,1	38,7	25,4
Die Linke	20,6	23,6	27,4	26,1	–	4,4	0,8	6,0
FDP	10,0	5,9	7,6	3,6	2,7	8,1	14,9	6,6
Verts	6,4	5,1	6,2	4,5	7,8	9,1	12,4	6,2

Tab. 5. Résultats aux élections régionales à l'Est, en Saxe et en Thuringe, et à l'Ouest en Bavière et au Schleswig-Holstein (en % des voix).
Source: *Office fédéral de la statistique 2008 et 2009.*

---

[27] Jérôme VAILLANT, Wolfram VOGEL, Le système des partis en France et en Allemagne, dans: DEMESMAY, GLAAB, L'avenir des partis politiques (voir n. 10), p. 32.

L'étude des transferts de voix opérés à l'occasion des élections fédérales de 2009 confirme une tendance constatée lors des élections fédérales de 2005 et des élections européennes de 2009: le parti social-démocrate est écartelé entre sa gauche, où Die Linke récupère une partie de ses électeurs, et sa droite, où les Verts attirent de plus en plus un électorat postmatérialiste aisé et diplômé (tab. 6), accentuant ainsi une difficulté qui se traduit pas l'éloignement de l'électorat populaire – 24% des ouvriers ont voté pour le SPD aux élections fédérales de 2009 (28% pour la CDU/CSU), soit un recul de 13% par rapport à 2005 et de 24% par rapport à 1998 – qui n'est pas compensé par l'adhésion de couches moyennes que se disputent la CDU et les Verts.

Die Linke	780 000
Verts	710 000
CDU/CSU	620 000
FDP	430 000

Tab. 6. Solde net des transferts de voix du SPD vers les autres partis aux élections fédérales de 2009 (en milliers).
Source: institut Infratest, 2009.

Pour le parti social-démocrate, le dilemme est redoutable: un gauchissement à même de ramener certains électeurs détournés par Die Linke pourrait accentuer le départ de l'électorat modéré vers les Verts. En effet, le SPD doit également faire face à l'évolution de son ancien partenaire gouvernemental, qui tend à quitter la gauche du spectre politique vers le centre, ce qui pour certains dirigeants des Verts (plus que pour la base) permettrait d'ailleurs de ne pas exclure une future alliance avec la CDU, qui existe déjà au niveau régional à Hambourg depuis 2008. Il n'est d'ailleurs pas insignifiant que ce soit l'ancien ministre Jürgen Trittin, longtemps représentant de l'aile gauche et pacifiste des Verts, qui ait lancé: »En ce qui concerne une alliance noire-verte, je fais partie de ceux qui considèrent que ce n'est pas un problème et que c'est une option possible«[28]. Ce glissement de l'électorat vert est un élément nouveau du paysage et de la culture politiques en Allemagne, lié en partie aux mutations sociologiques: alors qu'en 1987 les Verts recueillaient 1% des suffrages des électeurs issus des professions libérales, ce chiffre atteint 14% aux élections fédérales de 2009 (19% chez les fonctionnaires). L'électorat vert s'est déplacé des marges de la société vers son centre. Dans leur étude intitulée »La longue marche des Verts«, Markus Klein et Jürgen Falter observent que depuis le début des années 2000 »la seconde génération« des Verts, après celle socialisée en 1968, a pris les rênes en adoptant »un positionnement pragmatique«, en intégrant »l'héritage intellectuel du libéralisme responsable« et en développant des idées économiques plus proches du centre droit que du SPD, ce qui les rend »acceptables«[29] par des électeurs modérés en rupture de parti, notamment à gauche. Une figure comme le nouveau coprésident des Verts, Cem Özdemir, premier Allemand issu de l'immigration à devenir chef de parti, peut incarner cette demande diverse de tolérance, de liberté, voire de libéralisme au sens large. Les Verts assument d'ailleurs plus

[28] Frankfurter Allgemeine Sonntagszeitung, 2/9/2007.
[29] Markus KLEIN, Jürgen FALTER, Der lange Weg der Grünen, Munich 2003, p. 64–65.

que les sociaux-démocrates la politique de réformes de l'État providence conduite sous l'autorité de Gerhard Schröder entre 2003 et 2005.

Les difficultés du parti social-démocrate sont justement liées – en partie du moins, car il faudrait ajouter le phénomène d'usure pour un parti représenté au gouvernement fédéral depuis 1998 et la question du leadership – à son incapacité à assumer – ou à rejeter – clairement les réformes conduites par Gerhard Schröder, tant elles touchaient, il est vrai, à son fondement identitaire. En effet, l'objectif de ces réformes était de repenser le concept de justice sociale en rompant avec la tradition sociale-démocrate trop tournée vers la redistribution et l'assistance. Ce tournant réformiste est associé à un ensemble de réformes de la protection sociale et du marché du travail – notamment la loi Hartz IV instaurant un nouveau mode d'indemnisation du chômage basé sur une simplification et une réduction du montant des allocations chômage – connues sous le nom d'»Agenda 2010«, dont le but était d'abaisser le coût du travail et de responsabiliser l'individu. L'esprit de cette rupture décrite par Gerhard Schröder lors de son discours fondateur du 14 mars 2003, où il annonçait sa volonté d'engager »la réforme de l'État providence« et de »réduire les prestations distribuées par l'État, favoriser la responsabilité individuelle et exiger davantage de chaque individu« remontait en réalité à 1999 et au document Blair/Schröder qui se proposait de révolutionner la pensée sociale-démocrate en Europe. Ce texte intitulé »La voie en avant pour les sociaux-démocrates européens« souhaitait tirer les leçons du passé, où »l'effort et le sens des responsabilités n'étaient pas suffisamment récompensés, et [où] la social-démocratie était associée au conformisme et à la médiocrité au lieu d'incarner l'exaltation de la créativité, de la diversité et de l'excellence«, misant trop sur un État tentaculaire:

> L'idée que l'État devrait remédier aux carences du marché et aux dommages qui en résultent a trop souvent conduit à un élargissement démesuré de ses attributions [...]. L'équilibre entre l'individuel et le collectif était faussé. Les valeurs chères aux citoyens, comme la réussite personnelle, l'esprit d'entreprise, la responsabilité individuelle et le sens de l'appartenance à une communauté, étaient trop souvent considérées comme secondaires par rapport aux mesures sociales concernant l'ensemble de la population, [sachant que...] l'on a parfois confondu justice sociale et égalité des revenus.

Dans ce souci de rééquilibrage, la social-démocratie se devait de développer une politique de l'offre, »créer les conditions qui permettront aux entreprises de prospérer et de s'adapter«, notamment en favorisant la flexibilité. Il fallait alléger la fiscalité sur les entreprises, en particulier grâce à une réforme de l'État providence qui devrait viser à »transformer le filet de sécurité des acquis sociaux en un tremplin vers la responsabilité individuelle«, sachant que »les régimes de sécurité sociale doivent être adaptés pour tenir compte de l'évolution de l'espérance de vie, des structures familiales et du rôle des femmes« et qu'»un travail à temps partiel ou un emploi faiblement rémunéré valent mieux que pas de travail du tout«[30]. Dans ce sillon, les sociaux-démocrates allemands alors au pouvoir conçoivent ce que Bodo Hombach, le plus proche collabora-

---

[30] Tony BLAIR, Gerhard SCHRÖDER, La voie en avant pour les sociaux-démocrates européens, 8 juin 1999, Londres, dans: Les Notes de la Fondation Jean-Jaurès 13 (1999), p. 17, 18 et 34.

teur du chancelier d'alors, a décrit dans son ouvrage »L'élan. La politique du nouveau centre« comme »la rencontre entre le vrai libéralisme et la social-démocratie«, avec pour objectif »la rénovation du modèle politique social-démocrate au-delà des catégories droite-gauche«[31]. Bien que critiqué par une partie des sociaux-démocrates[32], cet esprit inspirera les réformes Schröder et imprégnera durablement l'identité du SPD jusqu'à aujourd'hui. À l'été 2003, Olaf Scholz, à l'époque secrétaire général du SPD, publie une contribution intitulée »13 thèses en faveur de la transformation de l'État providence et d'une politique sociale-démocrate d'avenir«, dans laquelle il considère que »la justice telle qu'elle a été définie dans l'Allemagne occidentale de l'après-guerre, c'est-à-dire essentiellement comme une juste répartition de l'accroissement de la prospérité et des revenus, n'est pas une perspective permettant de répondre aux défis actuels«, pas plus qu'une justice »qui privilégie la gestion et l'attribution d'acquis matériels«. Dans un nouveau contexte marqué par la mondialisation, l'affirmation de la société du savoir et la crise des finances publiques, il faut promouvoir une conception de la justice qui fasse une plus grande place aux notions de liberté et de participation: »Est juste ce qui place les individus en situation d'organiser leur vie comme ils le souhaiteraient«. Cela signifie que la social-démocratie doit privilégier l'éducation et le travail, sources d'émancipation et de dignité, et faire de l'État providence un »État social préventif«[33] capable de donner aux individus les outils pour réussir, donc de garantir l'égalité des chances sans se contenter de remplir la fonction d'un simple État redistributeur. Lors de la préparation du congrès de Hambourg, tenu du 26 au 28 octobre 2007, un débat interne fut lancé autour de l'élaboration du nouveau programme fondamental »Démocratie sociale au XXIe siècle«, au cours duquel réapparut clairement le clivage entre les défenseurs de l'héritage Schröder et ses adversaires. Les premiers, comme Peer Steinbrück et Matthias Platzeck, dénoncent les lacunes de »l'État providence« traditionnel qui n'intervient qu'a posteriori« et n'est plus ressenti comme un modèle efficace par »les couches moyennes qui le financent« et exhortent les sociaux-démocrates à ne pas être »des conservateurs en matière sociale«; les seconds, comme Andrea Nahles, devenue secrétaire générale du SPD en 2009, promeuvent une politique sociale clairement »ancrée à gauche« et mettent l'accent sur l'idée de »nouvelle sécurité«[34]. La tentative de trouver un compromis entre la tradition sociale-démocrate et la vision moderniste de l'État providence a jusqu'ici échoué. Le retour de la première fut proclamé avec la réhabilitation, dans le nouveau programme fondamental, du concept de »socialisme démocratique«, l'affirmation de la nécessité de »promouvoir plus d'égalité dans la répartition des revenus, du patrimoine et du

---

[31] Bodo HOMBACH, Der Aufbruch. Die Politik der neuen Mitte, Dusseldorf 1998, p. 10–11.
[32] Voir sur ce sujet l'ouvrage d'un parlementaire: Hans-Peter BARTELS, Victory-Kapitalismus, Cologne 2005.
[33] Olaf SCHOLZ, 13 Thesen für die Umgestaltung des Sozialstaates und die Zukunft sozialdemokratischer Politik, dans: Frankfurter Rundschau, 7/8/2003.
[34] L'ensemble des contributions à ce débat est réuni dans: Soziale Demokratie im 21. Jahrhundert. Lesebuch zur Programmdebatte der SPD, Berlin 2007, ici p. 228, 230 et 233.

pouvoir«[35] et l'adoption d'un programme de gouvernement pour les élections fédérales de 2009 intitulé »Social et démocratique« aux accents plus sociaux (»État efficace financé par la solidarité«, généralisation du salaire minimun, »répartition juste des revenus et de la propriété«[36], réforme fiscale allégeant les bas revenus et imposant les plus hauts, introduction d'une taxe sur les profits boursiers...). La prise en compte de la seconde tendance, héritée de l'ère Schröder, consista à ne pas remettre en cause publiquement et officiellement la philosophie qui avait prévalu à la mise en place des réformes à partir de 2003. Ce jeu d'équilibriste tel qu'il s'est manifesté lors de l'adoption par le SPD de »Neuf points en faveur d'une Allemagne sociale« qui remettaient en cause certains aspects de l'héritage Schröder, en premier lieu la durée de versement de l'allocation chômage pour les chômeurs les plus âgés, sans pour autant contester le revirement idéologique ayant prévalu à ces mêmes réformes, n'a pas convaincu l'opinion publique: 67% des personnes interrogées estimaient à l'occasion des élections fédérales de 2009 que »le SPD avait abandonné ses principes sociaux-démocrates«[37]. D'ailleurs, au lendemain de l'élection fédérale de 2009, le débat a repris entre l'aile gauche et l'aile droite du SPD, la première estimant par la bouche du maire de Berlin, Klaus Wowereit, que »le SPD devait entendre les critiques élémentaires formulées contre l'Agenda 2010«, en annonçant par exemple son intention de supprimer la retraite à 67 ans (qui en fait a été instaurée sous Angela Merkel, mais relevait de la logique du réformisme de Schröder), et de briser »le tabou d'une alliance avec Die Linke au niveau fédéral«[38]; le nouveau président du groupe parlementaire Frank-Walter Steinmeier considère quant à lui que »le SPD doit allier politique sociale et raison économique«, »assumer son bilan après onze ans de gouvernement«, ne pas oublier qu'il a perdu 1,4 millions d'électeurs au profit de la CDU et du FDP et veiller à ne pas »se gauchir« de manière irréversible, sauf à vouloir »ne représenter que les intérêts d'une partie de la société« et à risquer de mettre ainsi en danger sa vocation de »grand parti de rassemblement à vocation majoritaire«[39]. Dans ce cas, il libérerait durablement tout un segment de la partie gauche de l'échiquier politique, dont pourrait s'emparer une force plus radicale.

LE RISQUE DE RADICALITÉ

La crise identitaire profonde du SPD a pour corollaire immédiat la persistance depuis plusieurs années d'une radicalité incarnée par Die Linke, qui n'est plus seulement un phénomène de l'Est. L'espace libéré à gauche par le SPD est maintenant occupé par Die Linke, qui d'ailleurs n'hésite pas à revendiquer l'héritage du mouvement ouvrier,

---

[35] Soziale Demokratie im 21. Jahrhundert. Grundsatzprogramm der Sozialdemokratischen Partei Deutschlands, Friedrich-Ebert-Stiftung, 2007, p. 8 et 28.
[36] Sozial und demokratisch. Anpacken für Deutschland, http://www.spd.de/de/pdf/parteiprogramme/ Regierungsprogramm2009_LF_navi.pdf, (21/6/2010), p. 32 et 6.
[37] Infratest Dimap dans: Frankfurter Allgemeine Zeitung, 29/9/2009.
[38] Der Tagesspiegel, 4/10/2009.
[39] Welt am Sonntag, 4/10/2009

que les sociaux-démocrates auraient délaissé, et évoque régulièrement la mémoire de Willy Brandt à propos de son engagement pacifiste[40]. Dans son programme pour les élections fédérales de 2009 intitulé »Social jusqu'au bout. Pour la démocratie et la paix«, le parti souligne qu'il »se situe dans la tradition des Lumières, de la Déclaration des droits de l'homme et de la Révolution française« et défend »la liberté, l'égalité, la solidarité, l'émancipation sociale et démocratique pour lesquelles se battent depuis plus de deux cents ans le mouvement ouvrier et d'autres forces sociales«[41]. Le résultat des élections fédérales de 2009 confirme – avec 11,9% des suffrages – l'implantation de Die Linke, dont l'influence dépasse largement la base de départ des néo-communistes du PDS d'Allemagne de l'Est ainsi que les cercles des mécontents et/ou perdants de l'unification (tab. 7). Ce parti représente la première force chez les chômeurs, dont il recueille 25% des suffrages (en augmentation de 2% par rapport aux élections fédérales de 2009) et obtient 18% des voix chez les ouvriers (en augmentation de 6% par rapport aux élections fédérales de 2005).

	2005	2009
Est	25,4	28,5
Ouest	4,9	8,3
Total	8,7	11,9

Tab. 7. Résultats de Die Linke aux élections fédérales (en % des voix).
Source: Office fédéral de la statistique, 2009.

Plusieurs études conduites par le Groupe d'analyse du comportement électoral de l'université de Mannheim et l'institut TNS Infratest sur la composition des électorats des partis politiques montrent que Die Linke est parvenue à capter l'électorat le plus fragilisé qui s'étend des »salariés de la classe moyenne menacée« aux »déclassés précarisés« qui ne se reconnaissent pas (plus) dans le parti social-démocrate. Ainsi, l'électorat de Die Linke, étudié sur plusieurs années et à l'occasion de plusieurs scrutins, se compose à 23% de »déclassés précarisés«, contre 5% pour le SPD, et à 23% de salariés de la couche moyenne menacée, soit 46% pour ces seules catégories touchées par le sentiment d'insécurité économique et la peur du déclassement (tab. 8). Ces deux groupes, sensibles au discours sur le rejet de la politique de réformes Schröder/Merkel, constituent un réservoir électoral.

	CDU/CSU	SPD	Verts	Die Linke
Salariés de la couche moyenne fragilisés/menacés	14	17	8	23
Déclarés précarisés	4	5	4	23

Tab. 8. Éléments de la composition des électorats des partis politiques (en % de l'électorat)
Source: institut Infratest, 2008.

---

[40] Der Spiegel, 25/8/2008: entretien avec Oskar Lafontaine.
[41] Bundestagswahlprogramm der Partei Die Linke. Konsequent sozial. Für Demokratie und Frieden, Die Linke, Wahlparteitag 2009 am 20./21. Juni in Berlin, p. 12.

Cette gauche se veut elle-même radicale, revendiquant une politique de nationalisation des secteurs clés de l'économie et des services d'intérêt général (santé, culture, eau, électricité); la suppression des réformes Schröder; la création de 500 000 emplois publics dans les domaines de l'éducation, de la santé et de la culture; le retour du départ à la retraite à 60 ans, sans pénalité, particulièrement pour les métiers pénibles; le retrait de l'Allemagne de l'OTAN... Dans le programme adopté en vue des élections fédérales de 2009, le parti souhaite »un nouvel ordre économique et social«[42] fondé notamment sur une imposition plus grande du patrimoine et des hauts revenus (avec un taux supérieur d'imposition de 53%); la nationalisation des banques; l'interdiction des fonds spéculatifs; l'interdiction des licenciements dans les entreprises qui ne sont pas menacées de faillite. Die Linke reproche autant aux sociaux-démocrates qu'à la CDU d'avoir »pendant des années banni l'État et vu dans le marché le seul salut possible«[43]. Le désir de se démarquer des autres partis représentés au parlement fédéral (»les autres forces politiques«) est particulièrement manifeste, tout comme la volonté de stigmatiser »le passage des classes dirigeantes d'une politique de capitalisme régulé par l'État à une politique néolibérale fondée sur une idéologie du marché radicale«[44].

Face à cette donne, il est bon de rappeler que pour la première fois depuis 1946/1947 un parti situé à la gauche du parti social-démocrate, Die Linke, est entré en 2008 quasi simultanément dans plusieurs parlements régionaux ouest-allemands, en Hesse, en Basse-Saxe et à Hambourg, vague suivie en 2009 en Sarre et au Schleswig-Holstein. Curieux retour de l'histoire: en effet, si à la suite des élections régionales de 1946/1947 dans la partie occidentale de l'Allemagne, où il obtint en moyenne 9,6% des suffrages (dépassant même 10% en Bade-Wurtemberg, à Hambourg et en Rhénanie-du-Nord-Westphalie), le Parti communiste d'Allemagne (KPD) avait pu occuper une place sur l'échiquier politique, confirmé par son score de 5,7% aux élections fédérales de 1949, il s'éclipsa très vite de la vie politique (2,2% aux élections fédérales de 1953), bien avant son interdiction par la cour constitutionnelle en 1956. Réapparu en 1969 sous l'appellation de Parti communiste allemand (DKP), ses succès électoraux ne furent pas meilleurs. De même, une autre forme de gauche radicale tenta de se structurer dans les années 1966/1967, notamment sous la forme de la »gauche démocratique« et de l'opposition extra-parlementaire, pour lesquelles les succès électoraux ne furent pas non plus au rendez-vous, exception faite dans quelques grandes villes industrielles et/ou universitaires. Après la fin du terrorisme des années 1970, le débat sur la gauche radicale disparut du paysage politique allemand. Il y revient aujourd'hui, sous une autre forme bien sûr. Ce retour de la radicalité est une évolution majeure de la culture politique allemande de ces dernières années.

---

[42] Ibid., p. 8.
[43] Ibid., p. 23.
[44] Programmatische Eckpunkte. Beschluss des Parteitages von WASG und Linkspartei.PDS am 24. und 25. März 2007 in Dortmund, http://die-linke.de/fileadmin/download/dokumente/programmatisch_eckpunkte_broschuere.pdf (21/6/2010), p. 3.

DEUTSCHE ZUSAMMENFASSUNG

Die Entwicklungen der letzten Jahre in der deutschen politischen Landschaft und Kultur lassen mehrere große Grundzüge erkennen: die Neuorientierung der CDU unter Führung von Angela Merkel, der es gelungen ist, ihre Partei durch eine programmatische Neuorientierung sowohl in gesellschaftspolitischen (hier sei die Familien- und Bildungspolitik genannt) als auch in wirtschaftspolitischen Themen (zum Beispiel die Rolle des Staates in der Finanzkrise) für eine neue Wählerschaft zu öffnen; die Krise der SPD, die es u.a. nicht verstanden hat, sich klar gegenüber dem Erbe Schröders, das von umstrittenen Reformen des Wohlfahrtsstaates (insbesondere der Sozialversicherung und des Arbeitsmarktes) geprägt war, zu positionieren, und seither auch die von Schröder 1998 gewonnenen Wähler der Mitte verloren hat; die soziologische Verschiebung der grünen Wählerschaft zur Mitte hin, mit wachsender Zustimmung von Freiberuflern und Intellektuellen; die Rückkehr des politischen Radikalismus mit der Etablierung der Linken, die zu einem bedeutenden Teil der politischen Landschaft über die neuen Bundesländer hinaus geworden ist, auf welche die Politologen sie (damals noch Partei des demokratischen Sozialismus, PDS) nach der Vereinigung zu oft beschränkt haben.

All diese Entwicklungen verändern in unterschiedlichem Ausmaß die politische Kultur in Deutschland. So läuft die SPD Gefahr, ihren Status als eine alle Wählerschichten ansprechende »große Volkspartei« – Schlüsselelement der deutschen politischen Kultur seit 1949 – zu verlieren. Der Versuch der SPD, einen Kompromiss zwischen der sozialdemokratischen Tradition und dem modernen Wohlfahrtstaat zu finden, ist bisher fehlgeschlagen.

Das veränderte Wahlverhaltens auf Kosten der großen Parteien hat zur Folge, dass die deutsche politische Landschaft vielfältiger wird: Vom einstigen Gleichgewicht zwischen drei Parteien (Dreiparteiensystem), mit einer Regierung, die entweder aus einer großen Koalition oder aus dem Bündnis einer großen Partei mit einem Juniorpartner – FDP oder Grüne – besteht, ist man heute zu einer Reihe politischer Parteien gelangt, die zwar diversifizierter, aber deren Bündnisse weniger vorhersehbar sind. Ebenso vermag die Rückkehr der Radikalen die politische Kultur in Deutschland zu verändern, waren doch die Diskussionen zu diesem Thema seit den später 1970er-Jahren aus der Öffentlichkeit verschwunden – eine Situation, die, zusätzlich zum Schrumpfen der SPD, die Gefahr eines Ungleichgewichts birgt.

STEPHAN MARTENS

L'Allemagne face aux nouveaux défis de la politique étrangère

À la fin de la Seconde Guerre mondiale, c'est sous l'autorité des puissances occupantes que sont prises les décisions qui déterminent l'évolution de la République fédérale d'Allemagne (RFA) de 1949 à nos jours: l'ancrage occidental et la »culture de la retenue« (*Kultur der Zurückhaltung*). Depuis 1990, l'Allemagne est pleinement souveraine et, parce que l'environnement international a évolué, la »république de Berlin« ne peut que prendre acte du changement des paradigmes internationaux et en tirer des conclusions pratiques pour affirmer ses intérêts comme les autres pays tout en assumant davantage de responsabilités dans un monde qui doit faire face non seulement à des crises, mais aussi à de véritables révolutions – révolution économique avec la fin du cycle néolibéral de la mondialisation, révolution géopolitique avec le bouleversement de la hiérarchie des nations et des continents et révolution politico-idéologique avec le défi d'imaginer des institutions et des règles pour la mondialisation sur fond d'exacerbation des nationalismes et des fondamentalismes religieux. Il n'y a cependant pas de véritable rupture dans la politique étrangère allemande depuis la chute du mur de Berlin et l'unification: si l'Allemagne unifiée se présente désormais sur l'échiquier européen comme un »État-nation démocratique postclassique comme les autres« – selon la formule de l'historien Heinrich August Winkler[1] –, elle reste fidèle à ses engagements primaires et, tout en s'adaptant à la nouvelle constellation internationale, ne remet pas en cause les fondements de sa politique.

LES FONDEMENTS DE LA POLITIQUE ALLEMANDE ANCRAGE OCCIDENTAL, ENTENTE AVEC L'EST ET MULTILATÉRALISME

La tradition démocratique incertaine, la question nationale en suspens et la formation de deux États allemands dans le contexte de la guerre froide sont les facteurs essentiels qui expliquent les formes spécifiques du développement politique de l'Allemagne de l'Ouest après la Seconde Guerre mondiale et l'orientation de sa politique extérieure, tournée vers des objectifs de sécurité et de détente[2]. La RFA, sous l'impulsion du chancelier chrétien-démocrate (CDU) Konrad Adenauer, donne ainsi la priorité à une

---

[1] Voir Heinrich August WINKLER, Der lange Weg nach Westen, vol. 2: Deutsche Geschichte vom Dritten Reich bis zur Wiedervereinigung, Munich 2000.
[2] Voir, en ce sens, Edgar WOLFRUM, Die geglückte Demokratie. Geschichte der Bundesrepublik Deutschland von ihren Anfängen bis zur Gegenwart, Stuttgart 2006; Eckart CONZE, Die Suche nach Sicherheit. Eine Geschichte der Bundesrepublik Deutschland von 1949 bis in die Gegenwart, Berlin 2009.

alliance étroite avec l'Occident par le rejet de toute idée de neutralisation, même au prix de son unification[3]. Adenauer se prononce fermement à la fois pour la voie de l'intégration européenne et pour celle de la solidarité atlantique, les deux étant tout à fait indissociables dans son esprit, l'ancrage dans le camp occidental se traduisant par l'adhésion de la RFA aux principales organisations européennes et internationales[4]. L'ancrage à l'Ouest de la partie occidentale de l'Allemagne l'arrache à une évolution historique ›déviante‹ et la rattache à une certaine ›normalité‹ occidentale. Ainsi, le seul avenir possible pour la RFA après la Seconde Guerre mondiale résidait dans son appartenance à la communauté de valeurs occidentale[5]. On ne compte plus le nombre de fois où cet attachement vital au monde occidental a été mis en évidence par tous les chanceliers fédéraux, notamment par Helmut Kohl, qui, dans sa déclaration gouvernementale du 13 octobre 1982, définissait la communauté euro-atlantique comme le »noyau de la raison d'État allemande«.

À partir de la fin des années 1950 l'objectif de la réunification s'éloigne cependant toujours plus, et la politique allemande à l'égard de l'Est se trouve, face à l'intérêt croissant de l'Ouest de voir se détendre le conflit, placée de plus en plus dans une situation défensive. Après la construction du Mur en 1961 et la crise de Cuba en 1962, les deux Grands étaient désormais convaincus qu'ils avaient atteint un seuil dans l'équilibre des armes stratégiques. Une coopération devait s'ouvrir, succédant à la confrontation. On ne pouvait donc concevoir la (ré)union des deux États allemands que dans le cadre d'un processus d'apaisement du conflit Est-Ouest en Europe. Le chancelier social-démocrate (SPD) Willy Brandt, arrivé au pouvoir en 1969 – bourgmestre de Berlin-Ouest alors que le Mur était construit en août 1961 –, conscient que la politique adenauerienne était arrivée au bout de ses ressources, considérait qu'il fallait mettre en œuvre une nouvelle politique de l'Est (Ostpolitik), comprise comme politique d'ouverture à l'Est, de normalisation avec les pays de l'Est et de reconnaissance du statu quo. L'Ostpolitik offrait aux Allemands une chance de créer les conditions d'une paix solide dans le cadre de laquelle l'unité allemande pourrait être concevable. L'Ostpolitik permettait aussi à l'Allemagne d'accroître sa marge de manœuvre en politique extérieure – entre 1970 et 1973, Bonn signe d'ailleurs des traités de coopération avec toutes les capitales des pays du bloc de l'Est, notamment le traité fondamental avec la République démocratique allemande (RDA), le 21 décembre 1972.

---

[3] L'objectif suprême stipulé par la Loi fondamentale s'inscrivait dans une perspective à long terme. Dans son préambule, elle stipule que le »peuple allemand dans son ensemble disposant librement de lui-même reste convié à parachever l'unité et la liberté de l'Allemagne«.
[4] Organisation européenne de coopération économique (OECE) en 1949, Conseil de l'Europe en 1950, Union de l'Europe occidentale (UEO) en 1954, Organisation du traité de l'Atlantique Nord (OTAN) en 1955 – après l'échec de la Communauté européenne de défense (CED) en 1954 –, Communauté européenne du charbon et de l'acier (CECA) en 1951, Communauté économique européenne (CEE) et Euratom en 1957.
[5] Voir Konrad ADENAUER, Mémoires. 1945–1953, t. 1, Paris 1965.

Suite à l'unification de 1990, l'Ostpolitik se transforme en Europapolitik: l'Allemagne signe avec tous les pays d'Europe centrale et orientale (PECO) des traités de coopération et d'amitié, elle devient leur premier partenaire commercial et y occupe longtemps le premier rang des investisseurs étrangers. Après l'effondrement de l'empire soviétique en 1991, la priorité de la politique allemande est, de manière plus globale, la diffusion de la stabilité dans la grande Europe en devenir – les dirigeants allemands plaident ainsi en faveur de l'élargissement de l'Union européenne (UE) vers l'Est, puis (après l'entrée dans l'Union des PECO) de la mise en place de la Politique européenne de voisinage (PEV), incluant le Caucase, tout en poursuivant une coopération privilégiée avec l'incontournable Russie – ce n'est d'ailleurs pas un pur hasard si le traité 2 + 4 portant règlement définitif des aspects externes de l'unification allemande est signé le 12 septembre 1990 à Moscou – et en élaborant des stratégies de voisinage spécifiques allant jusqu'en Asie centrale. Mais toute démarche en direction de l'Est n'avait et n'a d'avenir qu'à partir d'une position forte dans le camp occidental, cet ancrage étant fondamental pour la RFA non seulement pour lui éviter un isolement – elle devait être un partenaire fiable et crédible auprès de ses alliés et partenaires, en commençant par les États-Unis, qui dans le cas contraire ne l'auraient pas soutenue dans le processus d'unification –, mais aussi pour lui permettre de négocier avec l'Est à l'abri de tout chantage et, dans la mesure du possible, de rassurer ses partenaires occidentaux[6].

La politique étrangère allemande se comprend ainsi comme une tentative visant à trouver un accord entre les réalités et les états d'âme, une politique du »non seulement, mais aussi« (*sowohl als auch*) ou du »ni oui ni non«. Depuis les années 1950, les dirigeants allemands ont dû apprendre à concilier les aspirations de leurs partenaires et alliés, les craintes de leurs voisins et leur propre quête vers la prospérité et la sécurité. La diplomatie allemande reste ainsi fondée sur le principe de la prudence et de la modestie. Il n'y a pas pour autant de profond refoulement: ce pays, par nécessité historique d'abord, par sincère conviction ensuite, mène sa diplomatie et construit son identité (inter)nationale avec le souci de coopérer et d'évoluer dans les réseaux et maillages de partenariats multiples et divers ainsi qu'au sein des organisations européennes et internationales. L'Allemagne préfère s'intégrer à un système plutôt que de rester dans de simples rapports de force. Révélant une constante aspiration à défendre des valeurs universelles de paix, de stabilité et de prospérité, l'objectif des responsables allemands consiste à rechercher des compromis constructifs et, si possible, des consensus au terme de négociations. Certes, la quête de la paix confine parfois à la naïveté ou, inversement, donne l'impression d'une Allemagne agaçante, donneuse de leçons, lorsque ses dirigeants proclament que la politique étrangère allemande est une politique de paix[7]. Il n'empêche que cette politique est marquée par une culture de la retenue qui imprègne les esprits bien au-delà de l'unification de 1990. Pour la politique

---

[6] Voir Timothy GARTON ASH, Au nom de l'Europe. L'Allemagne dans un continent divisé, Paris 1995; Stephan MARTENS, La politique à l'Est de la République fédérale d'Allemagne de 1949 à nos jours. Entre mythe et réalité, Paris 1998.
[7] Voir, p.ex., Gernot ERLER, Mission Weltfrieden. Deutschlands Rolle in der Weltpolitik, Fribourg-en-Brisgau 2009.

allemande, il existe un »impératif multilatéral«[8]: quels que soient les nouveaux paramètres dans les relations internationales, la RFA se caractérise, depuis 1949, par une disposition constante à la renonciation d'autonomie et plaide en faveur de la coopération organisée entre les États. En ce sens, la reconnaissance précipitée de l'indépendance des Républiques croate et slovène par le gouvernement fédéral, en décembre 1991, a été un échec et a montré les limites d'une stratégie autonome[9]. La chancelière Angela Merkel rappelait, le 8 septembre 2009 devant le Bundestag, que l'Allemagne »est fermement intégrée dans les alliances et les partenariats, qu'en ce sens les voies particulières ne seront jamais une alternative pour la politique étrangère allemande«. Lors du colloque sur des »murs qui tombent«, à Berlin, le 9 novembre 2009, à l'occasion du 20ᵉ anniversaire de la chute du Mur, Angela Merkel plaidait en faveur d'un nouvel ordre mondial capable de résoudre les défis globaux. Elle appelait notamment les États-Unis à plus de multilatéralisme et à accepter de confier certaines missions à des organisations internationales: »Nous, Européens, avons l'habitude, nous avons donné volontairement beaucoup de nos compétences à l'Union, mais notre partenaire américain a bien sûr beaucoup plus de mal à céder des compétences au FMI ou à toute autre organisation internationale«.

Enfin, la responsabilité collective est ouvertement assumée et engage toutes les générations. Jusqu'à la fin des années 1990, l'idée même de »patrie« ou de »nation« était suspecte, et l'on affichait un patriotisme constitutionnel (*Verfassungspatriotismus*), le concept d'»État-nation« s'appliquant mal à la RFA, qui voulait se définir par des bases éthiques plus que sur des fondements nationaux[10]. À intervalles réguliers resurgissent chez les voisins, et notamment les Français, les craintes du »démon allemand«[11], et Jacques Attali, ancien conseiller du président François Mitterrand, dans un éditorial de »L'Express« du 30 juillet 2009, agite à nouveau le spectre de la »question allemande«.

---

[8] Joschka FISCHER, Multilateralismus als Aufgabe deutscher Außenpolitik, dans: Europäische Sicherheit 49 (2000) 11, p. 7–9, ici p. 9.
[9] Alors que les Douze s'entendent à Maastricht sur le traité d'Union européenne (10 décembre 1991) et qu'ils projettent d'établir une Politique extérieure et de sécurité commune (PESC), ils sont divisés à propos du conflit yougoslave et se mettent difficilement d'accord – le 16 décembre 1991 – sur les modalités de reconnaissance des Républiques croate et slovène. Alors que l'ensemble de la Communauté européenne doit reconnaître leurs indépendances le 15 janvier 1992, la RFA reconnaît officiellement les deux Républiques dès le 23 décembre 1991. Si cette politique de reconnaissance est moins à percevoir comme une volonté délibérée d'instaurer une zone d'influence allemande dans les Balkans que comme une résultante d'exigences contradictoires, il n'en reste pas moins que l'attitude du gouvernement fédéral montrait un mépris des engagements convenus; cf. notamment, Arthur HEINRICH, Neue deutsche Außenpolitik. Selbstversuche zwischen Zagreb und Brüssel, dans: Blätter für deutsche und internationale Politik 36 (1991) 12, p. 1446–1458; Sonia LUCARELLI, Germany's Recognition of Slovenia and Croatia: An Institutionalist Perspective, dans: The International Spectator 32 (1997) 2, p. 65–91.
[10] Voir, pour un état des lieux du débat sur le patriotisme en Allemagne, Volker KRONENBERG, Patriotismus in Deutschland. Perspektiven für eine weltoffene Nation, Wiesbaden 2005.
[11] Voir, notamment, Yvonne BOLLMANN, La tentation allemande, Paris 1998; Philippe DELMAS, De la prochaine guerre avec l'Allemagne, Paris 1999; Michel MEYER, Le démon est-il allemand?, Paris 2000.

Il n'empêche que la volonté de tirer au clair ce »passé qui ne veut pas passer«, à la fois pour l'assumer et l'exorciser, n'a cessé de se renforcer depuis deux décennies, comme si, loin de contribuer à relativiser les choses, l'éloignement progressif dans le temps des années 1933–1945 avait au contraire contribué à les rendre plus présentes et à aiguiser la conscience de leur singularité. Portée par une inlassable exigence politique éthique, favorisée par la relève des générations, mais aussi par l'intériorisation par la société allemande des valeurs démocratiques et libérales, la discussion en Allemagne autour du passé continue de se dérouler dans un climat d'ouverture et de débat critique, l'effondrement du bloc oriental et de la RDA n'a pas entraîné une relativisation du nazisme et de ses crimes. La normalisation des relations entre l'Allemagne unifiée et ses voisins orientaux, à commencer par la Pologne, rend possible non seulement une prise en compte des dimensions orientales de l'histoire allemande, mais plus encore un traitement en commun par les historiens allemands et leurs collègues des pays voisins – à l'abri des interférences politiques et des contestations territoriales – d'une histoire aussi ancienne et entremêlée que tragique et sensible[12]. Sur le plan international, la construction européenne apparaît ainsi comme la dimension d'action privilégiée d'une Allemagne en quête de rédemption et de respectabilité. Vis-à-vis du reste du monde, l'Holocauste pousse le pays à s'imposer le principe d'une »autolimitation« (*Selbstbeschränkung*) de sa capacité d'action et d'initiative[13]. Ainsi, quarante ans après Konrad Adenauer, lors d'un discours solennel prononcé devant le Congrès américain, le 3 novembre 2009, la chancelière Merkel, qualifiant le Troisième Reich et le nazisme de »rupture de civilisation«, a d'abord voulu rendre hommage aux victimes de l'Holocauste et des persécutions nazies.

Loin d'être un masque qui pourrait cacher d'autres ambitions, cette retenue assurée et rassurante renvoie, en termes d'action, à la modération[14]: celle-ci se révèle la pratique la plus pertinente pour une puissance moyenne qui entend être responsable sur la scène internationale.

LA NORMALISATION DE LA POLITIQUE ÉTRANGÈRE ET L'AFFIRMATION DES INTÉRÊTS NATIONAUX

Comparé à celui de 1871, le processus d'unification de 1990 a été un événement positif pour l'Europe dans son ensemble. Son aboutissement a mis fin à la division artificielle du continent. Le traité 2 + 4 ne résulte pas seulement de la contrainte des circonstances, mais aussi de la volonté de l'Allemagne d'organiser sa politique en accord avec ses

---

[12] Voir Stephan MARTENS, La mémoire de la Seconde Guerre mondiale: le débat allemand, dans: ID. (dir.), La France, l'Allemagne et la Seconde Guerre mondiale. Quelles mémoires?, Pessac 2007, p. 45–74.
[13] Voir Martin et Sylvia GREIFFENHAGEN, Hypothek der Vergangenheit, Belastungen der außenpolitischen Handlungsfähigkeit, dans: Internationale Politik 50 (1995) 8, p. 21–25; Anika LEITHNER, Shaping German Foreign Policy: History, Memory and National Interest, Boulder 2009.
[14] Voir Annelise GARZUEL, L'Allemagne aux Nations unies: une diplomatie modeste, Paris 2009.

voisins de l'Est et en étroite coopération avec ses partenaires de l'Ouest. Suite à la signature du traité 2 + 4, Hans-Dietrich Genscher, alors ministre des Affaires étrangères, déclare au Bundestag, le 20 septembre 1990, que l'Allemagne a mené jusqu'à l'unification une politique du »bon exemple« et qu'elle continuera de le faire, car »il ne s'agit pas de posséder plus de puissance, mais d'être conscient de la plus grande responsabilité qui lui échoit avec l'unification«. Mais la population et le potentiel économique accrus, la centralité (*Mittellage*) de l'Allemagne en Europe, ainsi que le retour d'un sentiment national favorisent le regain de la puissance allemande – ne serait-ce que d'un point de vue politico-psychologique. Berlin est redevenue la capitale des gouvernement et parlements en 1999/2000. Déjà première puissance économique en Europe et véritable puissance commerciale (*Handelsmacht*) depuis les années 1950, l'Allemagne doit désormais assumer un statut diplomatique lié à sa nouvelle situation géopolitique, mais aussi aux attentes formulées par certains de ses alliés, notamment les États-Unis. Des historiens et politologues qualifient l'Allemagne unifiée de »puissance centrale en Europe« (*Zentralmacht Europas*) et estiment qu'elle a progressivement monté les marches qui l'ont conduite sur la scène mondiale[15]. Depuis l'unification, l'idée postnationale connaît ses limites, et un patriotisme constitutionnel ne suffit pas à fonder la solidarité nationale qui s'impose à l'Allemagne unifiée. L'État-nation reste encore l'acteur politique le plus important, même si sa forme politique est confrontée à un certain épuisement historique.

Pour les dirigeants allemands une formulation raisonnée des intérêts devient même une condition essentielle pour mener une politique multilatérale. En 1995, Roman Herzog, alors président fédéral, estime qu'il s'agit pour l'Allemagne de mener une politique étrangère »sans crispations«, c'est-à-dire une politique qui »au nom de son intégration à l'Ouest et de son attachement à une concertation multilatérale, sache accepter le prix de sa nouvelle responsabilité internationale«[16]. La Deutsche Gesellschaft für Auswärtige Politik (DGAP) a publié entre 1994 et 1998 quatre volumes portant sur la nouvelle politique étrangère de l'Allemagne. Dans le troisième volume, centré sur les intérêts et les stratégies, les auteurs invitent les dirigeants allemands à définir les intérêts nationaux sans complexe. Selon eux, »participer à la vie internationale et vouloir y exercer une influence suppose une conscience claire des intérêts nationaux«[17]. Si l'Allemagne unifiée se trouve confrontée à deux dynamiques a priori contraires – la prise en compte, avec le recouvrement d'une souveraineté pleine, d'intérêts nationaux (comme référent classique de grande puissance) et la poursuite d'une projection postnationale (c'est-à-dire en dehors des revendications nationalistes) de l'identité allemande –, la normalisation de la politique (inter)nationale de l'Allemagne se reflète depuis la fin des années 1990 dans l'adaptation graduelle par ses

---

[15] Hans-Peter SCHWARZ, Die Zentralmacht Europas. Deutschlands Rückkehr auf die Weltbühne, Berlin 1994; Gregor SCHÖLLGEN, Der Auftritt. Deutschlands Rückkehr auf die Weltbühne, Berlin 2005.
[16] Roman HERZOG, Die Grundkoordinaten deutscher Außenpolitik, dans: Internationale Politik 50 (1995) 4, p. 9.
[17] Karl KAISER, Joachim KRAUSE (dir.), Deutschlands neue Außenpolitik, vol. 3: Interessen und Strategien, DGAP, Munich 1996, p. XVIII (introduction).

responsables d'une ligne de conduite politique et diplomatique ›ordinaire‹ conforme à l'attitude de ses partenaires et alliés[18]. Si le multilatéralisme reste la source principale de légitimation pour la diplomatie allemande, il s'articule différemment[19]. Tout d'abord, le principe d'une Europe au service des intérêts nationaux et non d'une cause supérieure s'est désormais répandu dans toute l'Union. Ainsi, vue de Berlin, la politique européenne devient un moyen de défendre des positions politiques et économiques allemandes. Considérant qu'elle n'a pas d'alternative pour assurer sa prospérité – le marché intérieur étant trop faible compte tenu du vieillissement et de la diminution de la population – Berlin continue à miser sur ses exportations, alors que les autres capitales européennes l'accusent d'égoïsme – parce qu'elle lamine les salaires et la consommation en Europe en faisant la course à la compétitivité[20]. La construction du gazoduc NEGP sous la Baltique, contournant la Pologne et les pays baltes, a donné l'impression d'une Allemagne défendant egoïstement ses intérêts gaziers, sans souci de ses partenaires européens, et poursuivant sa coopération privilégiée avec la Russie[21]. La vision de l'Europe évolue aussi. Après les appels lancés solennellement par des députés CDU/CSU, le 1er septembre 1994, dans un document portant sur l'avenir de l'Europe autour d'une union politique à six ou à sept, et le discours de Joschka Fischer, à l'époque ministre des Affaires étrangères, le 12 mai 2000 à l'université Humboldt de Berlin, sur la vocation à terme fédéraliste de l'UE, les conceptions allemandes d'une Europe supranationale s'estompent. Des observateurs français estiment même que

---

[18] Voir Philip H. GORDON, La normalisation de la politique étrangère de l'Allemagne, dans: Politique étrangère 59 (1994) 2, p. 497–516.
[19] Voir Rainer BAUMANN, Der Wandel des deutschen Multilateralismus. Eine diskursanalytische Untersuchung deutscher Außenpolitik, Baden-Baden 2006.
[20] Même entre la France et l'Allemagne, les deux pays au monde les plus étroitement imbriqués aux plans économique et commercial, le moteur de la coopération est grippé. Face à la crise financière de 2008, Berlin et Paris ont longtemps été en désaccord sur la réponse à apporter, tributaires de leurs cultures politiques et de leurs choix collectifs respectifs: intervention publique pour la France, vouée aux gémonies de l'autre côté du Rhin en vertu des fondements ordolibéraux de l'économie allemande qui assignent à l'État un rôle d'ordonnateur et de régulateur de marché. Même si au bout du compte Berlin a fini par se résoudre à engager des fonds publics pour soutenir un secteur bancaire largement fragilisé, elle reste convaincue de disposer du meilleur modèle économique pour surmonter la crise. Avec un recul proche de 6% du PIB en 2009 elle se voit confrontée à l'ambivalence d'un modèle de production et d'insertion dans l'économie mondiale qui la rend fortement vulnérable aux chocs externes. Elle entend cependant poursuivre la stratégie de champion mondial d'exportation, qui a prouvé son efficacité (désendettement, modération salariale, gains de productivité), approche jugée – à l'extérieur – non coopérative: la baisse des coûts permet de gagner des parts de marché au détriment d'autres pays européens; cf., p.ex., Heike GOBEL, Die Leiden des Exportweltmeisters, dans: Frankfurter Allgemeine Zeitung, 26/6/2009; Marc BROST, Von wegen Export. Plötzlich wird den Deutschen vorgeworfen, sie seien Ausfuhrweltmeister. Dabei geht es um unser Allerheiligstes, dans: Die Zeit, 20/8/2009.
[21] Voir Stephan MARTENS, La politique russe de l'Allemagne: entre attentisme et pragmatisme, dans: La Revue internationale et stratégique 74 (2009), p. 61–73; Bertrand BENOIT, Daniel SCHÄFER, Charles CLOVER, The New Ostpolitik, dans: Financial Times, 26/10/2009.

l'Allemagne se résout désormais à »enterrer le rêve européen«, son but avoué étant d'assurer sa place dans l'économie globalisée[22].

L'Allemagne a certes développé, tout au long des décennies de la division, des mécanismes et des comportements adaptés à un monde »postsouverain«[23], mais la souveraineté recouvrée s'accompagne d'un infléchissement sensible dans le style, dans le vocabulaire et les discours officiels, surtout avec l'arrivée au pouvoir, en 1998, de la première génération de dirigeants politiques n'ayant pas connu personnellement la Seconde Guerre mondiale. En janvier 1999, un sondage montrait que 82% des personnes interrogées approuvaient la nouvelle assurance du chancelier SPD Gerhard Schröder sur la scène européenne[24], celui-ci définissant, le 2 septembre 1999 à Berlin, devant la DGAP, la ligne directrice en matière de politique étrangère de la manière suivante: il évoquait une Allemagne qui veut assumer ses responsabilités en menant une »politique de défense éclairée de ses propres intérêts«. Dans ce contexte, l'Allemagne du chancelier Schröder n'hésite pas, en 2003, à s'opposer ouvertement à Washington, lorsque l'administration du président George W. Bush décide d'envahir l'Irak: pour la première fois depuis la fin de la Seconde Guerre mondiale, la RFA s'émancipe de la tutelle américaine en rejetant la politique unilatérale des États-Unis[25]. Le 13 septembre 2003, au Bundestag, Schröder déclare que les »questions essentielles de la nation allemande sont décidées à Berlin et nulle part ailleurs«. Angela Merkel, qui arrive au pouvoir en 2005, s'inscrit dans la ligne d'évolution que Gerhard Schröder avait amorcée. Elle incarne à son tour une Allemagne plus sûre d'elle-même. Lors de sa première visite officielle à Paris, le 23 novembre 2005, elle déclare »être d'abord dans le rôle de quel-

---

[22] On critique surtout deux décisions récentes qui limitent la marge de manœuvre de tout gouvernement fédéral présent et futur au sein de l'UE: la première limite constitutionnellement l'endettement futur de la fédération allemande, hypothéquant ainsi toute coordination économique européenne; la seconde, fondée sur l'interprétation que le Tribunal constitutionnel fédéral fait du traité de Lisbonne, met un frein à tout transfert futur de souveraineté dans un nombre précis de domaines; voir Arnaud LEPARMENTIER, L'Allemagne apaisée enterre le rêve européen, dans: Le Monde, 17/7/2009; Anne-Marie LE GLOANNEC, Berlin, un leadership par défaut. Réunifiée et prospère mais vieillissante, l'Allemagne enterre le rêve européen, dans: Le Monde, 10/11/2009. Or, par jugement rendu le 30 juin 2009, les juges du tribunal constitutionnel fédéral ont estimé que la Loi fondamentale est bien favorable à l'intégration européenne, mais que la loi d'accompagnement votée en avril 2008 par les députés allemands ne satisfait pas aux exigences de la Loi fondamentale. Alors que l'extension du champ d'action de l'UE ne cesse de s'accroître, les pouvoirs que s'attribuent les deux Chambres parlementaires allemandes dans la définition et dans la mise en œuvre de la politique européenne sont trop restreints. Ils limitent ainsi les droits des électeurs, du peuple souverain que seules les Chambres sont à même de représenter pleinement. La responsabilité exclusive du Parlement allemand est ainsi engagée dans les domaines du fédéralisme, du recours à la force, de l'intervention militaire de la Bundeswehr ou encore de la fiscalité; voir Anne-Lise BARRIÈRE, Benoît ROUSSEL, Le traité de Lisbonne, étape ultime de l'intégration européenne? Le jugement du 30 juin 2009 de la Cour constitutionnelle allemande, dans: Note du Cerfa 66 (2009), http://www.ifri.org/?page=detail-contribution&id=5446 (10/2/2010).

[23] Voir Scott ERB, German Foreign Policy: Navigating a New Era, Londres 2003.
[24] Infratest dimap de janvier 1999 pour l'émission »Sabine Christiansen«.
[25] Voir Egon BAHR, Der deutsche Weg. Selbstverständlich und normal, Munich 2003.

qu'un qui défend les intérêts allemands«[26]. Dans sa première déclaration gouvernementale, le 30 novembre 2005, elle affirme que la politique étrangère et européenne de l'Allemagne est en premier lieu une »politique des intérêts allemands«. Comme dans d'autres pays européens, la fin du cycle de l'après-guerre affaiblit la dimension sacralisée de la construction européenne. Si l'Allemagne défend l'Europe, c'est d'abord parce que l'Europe est la meilleure expression des intérêts allemands. Finalement, l'Allemagne agit comme ses autres partenaires. Devant la conférence des Ambassadeurs à Paris, le 27 août 1998, Hubert Védrine, alors ministre des Affaires étrangères, expliquait de manière pertinente que »l'Allemagne réunifiée défend ses positions sans complexes«, non pas parce qu'elle »est devenue moins européenne, mais elle l'est comme l'est la France: elle n'en rajoute plus«[27].

Dans ce contexte, depuis le début des années 1990, les responsables allemands multiplient les occasions d'affirmer leur souhait d'entrer au Conseil de sécurité de l'ONU, et cette quête avait même été inscrite dans le programme de la grande coalition CDU/CSU et SPD du 11 septembre 2005: »L'Allemagne est prête à endosser davantage de responsabilités avec l'obtention d'un siège permanent au Conseil de sécurité de l'ONU«. Si l'Allemagne, troisième prestataire financier de l'ONU, doit assumer plus de responsabilités, dès lors il est normal qu'elle puisse participer au processus de prise de décision au Conseil de sécurité[28]. Mais la question principale reste posée: l'Allemagne a-t-elle vraiment l'ambition de jouer dans la cour des grands?

L'ALLEMAGNE, PUISSANCE CIVILE DE MÉDIATION

Ce n'est pas parce qu'elle s'affirme de manière plus nette que l'Allemagne est devenue une grande puissance. Intrinsèquement, l'Allemagne est, comme l'a définie le politologue Hanns W. Maull, une puissance civile (*Zivilmacht*), parce que ses efforts portent sur des moyens non militaires, que pour atteindre ses objectifs elle recourt à la coopération et passe prioritairement par le canal d'institutions multilatérales[29]. Le débat sur

[26] Cité par: Johannes LEITHÄUSER, Ebenbürtig und selbstsicher, dans: Frankfurter Allgemeine Zeitung, 24/11/2005.
[27] De manière plus brutale, le philosophe Peter Sloterdijk déclare: »Après un demi-siècle de modestie voulue, les Allemands retrouvent une certaine normalité et rejoignent le club des peuples narcissiques et médiocres. Par conséquent, pour la première fois depuis très longtemps, ils ont parlé des intérêts allemands, formule longtemps bannie du vocabulaire. L'Allemagne a cessé d'être l'idiot de la famille européenne«; voir Interview avec Peter SLOTERDIJK, dans: Le Point, 16/10/2008.
[28] Voir Karl KAISER, Der Sitz im Sicherheitsrat. Ein richtiges Ziel deutscher Außenpolitik, dans: Internationale Politik 59 (2004) 8, p. 61–69. Cette requête avait été formulée pour la première fois par Klaus Kinkel, alors ministre des Affaires étrangères, le 23 septembre 1992 devant l'Assemblée générale de l'ONU, puis par le chancelier Schröder, le 25 mars 2004 devant le Bundestag, par la chancelière Merkel, le 25 septembre 2007 devant l'Assemblée générale de l'ONU.
[29] Hanns W. MAULL, Germany and Japan: The New Civilian Powers, dans: Foreign Affairs 69 (1990/1991) 5, p. 91–106. Le chercheur Alfred Mechtersheimer écrit qu'»avec 82 millions d'habitants et sa force économique l'Allemagne est au centre de l'Europe la plus grande puis-

la notion de »puissance« appliquée à l'Allemagne est, il est vrai, alambiqué[30]. La culture politique allemande après 1945 intègre cependant l'idée d'un contrat de civilisation d'où la notion de »puissance« – en tant que telle – serait éliminée. Le titre d'un ouvrage de l'historien Hans-Peter Schwarz, publié en 1985, est révélateur à cet égard: »Die gezähmten Deutschen: von der Machtbesessenheit zur Machtvergessenheit« (Les Allemands domptés. De l'obsession de puissance à l'oubli de puissance)[31]. Sur la base de paramètres historico-politico-juridiques, la RFA a pratiqué une culture d'abstention militaire, et l'opinion publique reste jusqu'à aujourd'hui allergique à toute stratégie reposant sur l'usage de la force. Au début des années 1970, François Duchêne avançait l'idée de »puissance civile« (*civilian power*) européenne, considérant que la force de la Communauté européenne se mesurait à travers sa capacité à contractualiser les rapports mondiaux, à les insérer dans un tissu relationnel sur la base de traités et de conventions[32]. Cette notion a été reprise par les Allemands pour décrire leur volonté de travailler avec les organisations internationales, leur aspiration de trouver des règlements diplomatiques avant toute chose et leur désir de privilégier la prévention plutôt que la préemption. Si les Français ou les Britanniques perçoivent l'armée comme l'assurance vie de la nation, les Allemands aspirent à une armée ›démilitarisée‹, occupée à l'aide, à la reconstruction et au maintien de la paix. Ainsi, les acteurs institutionnels adhèrent à une conception pacifiste de la politique étrangère allemande, la force militaire n'étant qu'un instrument ultime employé au nom d'intérêts internationaux et sûrement pas nationaux[33]. De fait, seul un discours humaniste, moral ou éthique permet que soient acceptés des engagements autrement jugés dangereux et critiquables.

Le refus de la puissance en tant que telle s'accompagne de ce que le politologue Zaki Laïdi désigne comme une »préférence pour la norme«. Pour l'Allemagne, qui a renoncé à la politique de puissance, il s'agit de domestiquer les rapports étatiques mondiaux à travers la mise en place de règles normatives[34]. Ce qui crée la sécurité, ce

---

sance civile«; voir Alfred MECHTERSHEIMER, Deutschland – Friedensmacht in Europas Mitte, Kyffhäuser-Rede, 3/10/1995, Friedenskomitee 2000, Starnberg, Argumentationspapier 3 (1995), p. 9. C'est au début des années 1970 que François Duchêne avance l'idée de »puissance civile européenne«.

[30] Voir Hans STARK, La politique étrangère de l'Allemagne. Entre vocation globale et contraintes européennes, dans: Politique étrangère 4 (2007), p. 789–801; Stephan MARTENS, Les paradoxes de la puissance allemande, dans: Francia. Forschungen zur westeuropäischen Geschichte 34/3 (2007), p. 128–147.

[31] Hans-Peter SCHWARZ, Die gezähmten Deutschen: von der Machtbesessenheit zur Machtvergessenheit, Stuttgart 1985.

[32] François DUCHÊNE, The European Community and the Uncertainties of Interdependence, dans: Max KOHNSTAMM, Wolfgang HAGER (dir.), A Nation Writ large? Foreign Policy Problems before the European Community, New York 1973, p. 1–22.

[33] Voir, notamment, Regina KARP, The New German Foreign Policy Consensus, dans: The Washington Quarterly 29 (2005/2006) 1, p. 61–82; Kerry LONGHURST, Germany and the Use of Force, Manchester 2004.

[34] Comme l'explique Zaki Laïdi, la puissance normative (qu'il applique à l'Europe) est une »puissance qui n'a fondamentalement que la norme comme instrument privilégié, voire exclusif, d'action internationale. La puissance normative exprime ainsi un rapport au monde particu-

n'est pas le droit de la force, mais la force du droit. En ce sens, l'Allemagne, aujourd'hui comme hier, renonce à la poursuite de ses intérêts exclusifs au bénéfice d'intérêts communs – étant entendu qu'un État coopératif n'agit cependant de la sorte que parce qu'il considère qu'il en va de son propre intérêt. La nouvelle assurance de Berlin reflète donc plutôt un intérêt national allemand qui se définit plus comme la capacité à équilibrer les intérêts de ses différents partenaires que comme l'affirmation d'ambitions propres. L'Allemagne n'a d'ailleurs jamais donné suite à l'offre américaine d'un »leadership in partnership«, évoquée par les présidents George H. Bush, en 1989 à Mayence, et Bill Clinton, en 1994 à Berlin. L'Allemagne est désormais partagée entre une voie ›nationale‹ sur le chemin de la normalisation et une voie ›européenne‹ traditionnelle, en se faisant également l'avocate des petits pays qui ont intérêt à cette européanisation. À ce titre, elle démontre surtout une capacité à jouer le rôle de médiateur à l'échelle européenne, voire internationale[35]. Dès sa nomination, la chancelière Merkel a ainsi contribué avec doigté au succès des négociations sur le budget européen 2007–2013, un sujet particulièrement sensible. Président du Conseil européen au premier semestre 2007, elle a contribué à sortir l'UE de la crise née du rejet par la France et les Pays-Bas du traité constitutionnel européen en jouant un rôle premier dans l'élaboration du compromis qui a abouti au traité de Lisbonne. En 1999, le chancelier Schröder donne les impulsions pour réintégrer la Russie dans le jeu diplomatique visant à mettre fin à la guerre du Kosovo et, au sein de l'UE, pour l'adoption de la Stratégie commune de l'UE pour la Russie et du pacte de Stabilité pour l'Europe du Sud-Est. En 2001, l'Allemagne accueille au Petersberg, près de Bonn, la conférence internationale sur l'avenir de l'Afghanistan, jouant le rôle de »l'honnête courtier«[36]. Berlin se veut partie prenante d'un monde de plus en plus interdépendant et, lors du G8 en 2007, la chancelière Merkel insiste sur la capacité de l'action politique à façonner le monde globalisé en donnant les impulsions clés en vue de faire avancer les dossiers en matière de protection du climat et d'aide au développement des pays d'Afrique. Adoptant une approche a priori civile et multilatérale des problématiques mondiales,

---

lier qui traduit une forte aversion au risque et dont le souci permanent est de réduire le jeu régalien des relations internationales à travers des disciplines qu'elle impose à l'intérieur de l'Europe et des rapports de l'Europe avec le reste du monde«. Ainsi, une puissance normative cherche à produire et à mettre en place à l'échelle du monde un dispositif aussi large que possible de normes capables d'organiser le monde, de discipliner le jeu des acteurs, de développer chez eux le sens de la responsabilité collective et, enfin, d'offrir à ceux qui s'engagent sur cette voie la possibilité de rendre ces normes opposables à tous, y compris les plus puissants du monde; voir Zaki LAÏDI, La norme sans la force, l'énigme de la puissance européenne, Paris 2005, p. 13 et 63.

[35] Pour certains observateurs, Berlin doit justement miser sur une politique de la médiation et tourner le dos à une politique de prestige qui consiste à demander un siège permanent au Conseil de sécurité de l'ONU; voir Gunther HELLMANN, Der Mythos eines selbstbewussten Deutschland. Um Außenpolitik wieder erfolgreich zu machen, muss sich Deutschland auf seine Stärke als Vermittler besinnen, dans: Süddeutsche Zeitung, 8/9/2005.

[36] Wolfgang-Günter LERCH, Die Deutschen als Makler, dans: Frankfurter Allgemeine Zeitung, 22/11/2001.

l'Allemagne optimalise cette approche par la recherche constante du consensus et du compromis, même lors des crises les plus aiguës, et ce avec succès. Certes, les dirigeants allemands ont compris aussi que leur attachement aux valeurs occidentales n'est crédible que si la RFA, souveraine, n'exclut pas a priori la défense de ces valeurs par ses forces armées. Mais l'Allemagne reste confortée dans son attitude de retenue par le fait que les politiques de puissance entre États membres ont été délégitimées par les pères fondateurs de l'Europe suite à l'expérience sanglante de la Seconde Guerre mondiale et que cette culture continue à influer sur l'action extérieure de l'UE[37]. L'extraordinaire succès de l'Europe a été la neutralisation de la dimension de puissance à l'échelle d'un continent qui s'est forgé dans la guerre. Aucun petit pays n'a le sentiment d'être spolié dans un jeu de puissance commandé par les grands. Le problème aujourd'hui est que l'intégration intellectuelle de cette neutralisation de la puissance, dans un contexte de mondialisation, se transforme en handicap. Les Européens sont en porte-à-faux par rapport à la réalité du jeu mondial. Dans un ouvrage de référence, l'ambassadeur et politologue singapourien Kishore Mahbubani analyse le déclin occidental – recul démographique, récession économique, perte de ses propres valeurs – et la montée de l'Orient: il observe les signes d'un basculement du centre du monde de l'Occident vers l'Orient[38]. Alors que la chute du mur de Berlin avait donné naissance à l'espoir d'un »nouvel ordre international« (George H. Bush) et à la théorisation d'une »fin de l'Histoire« (Francis Fukuyama) dans lesquels la victoire définitive du modèle démocratique et libéral assurerait la paix mondiale, le politologue américain Robert Kagan pense au contraire, dans son dernier essai sur le retour de l'Histoire, que les relations internationales n'ont jamais autant ressemblé à celles d'hier – avec notamment le retour en force des politiques de puissance des États et des nationalismes sur la scène internationale[39]. Mais la précipitation des événements, depuis le 11 septembre 2001, a impliqué une nette évolution de la posture traditionnelle de l'Allemagne dans les relations internationales. L'histoire enseigne qu'une telle maturation résulte le plus souvent des défis extérieurs.

L'ALLEMAGNE, PUISSANCE EUROPÉENE INDÉCISE

Face au nouvel agencement de la politique internationale, une nouvelle conscience des réalités est apparue chez la plupart des dirigeants allemands, celle de la prise de responsabilité avec implication militaire: c'est d'autant plus fondamental que l'impulsion en la matière a été donnée par le SPD et les Verts, chez qui, traditionnellement, on retrouve un pacifisme de principe et une attitude sceptique vis-à-vis de l'instrument militaire. Un long processus a été engagé à la fin de la guerre froide, qui a permis de

---

[37] Álvaro de VASCONCELOS (dir.), Building on Common Interests. The European Security Strategy 2003–2008, dans: ISS Report 65 (2009), p. 17.
[38] Kishore MAHBUBANI, The New Asian Hemisphere. The Irresistible Shift of Global Power to the East, New York 2008.
[39] Robert KAGAN, The Return of History and the End of Dreams, New York 2008.

supprimer, ou du moins d'affaiblir, tout un ensemble de barrières philosophiques et juridiques limitant la capacité d'intervention allemande: les freins constitutionnels, un appareil de défense centré sur la protection du territoire, voire la méfiance à l'égard d'un retour du militarisme allemand. L'obstacle que représentait la mémoire historique est tombé le 12 juillet 1994: la décision du tribunal constitutionnel fédéral fixe le cadre de référence en ce qui concerne les missions de la Bundeswehr hors de la zone couverte par l'OTAN. La participation de l'Allemagne aux côtés de ses alliés de l'OTAN à la guerre du Kosovo en 1999 représente un tournant dans la politique étrangère, permettant de détabouiser l'instrument militaire. La »diplomatie du chéquier« consistant à se donner bonne conscience en finançant les actions internationales sans intervenir militairement n'est plus à l'ordre du jour. Aujourd'hui, près de huit mille soldats allemands servent en opérations extérieures (Bosnie-Herzégovine, Macédoine, Kosovo, Somalie, Congo, Afghanistan). En 2007, la marine allemande croise au large des côtes libanaises, sous mandat de l'ONU, pour veiller au contrôle du trafic maritime. Même si les opérations militaires au sol sont exclues, c'est la première fois depuis la fin de la Seconde Guerre mondiale que des forces allemandes participent à une mission armée au Moyen-Orient. Après la publication, en 1994, par le ministère fédéral de la Défense du premier livre blanc sur la politique de sécurité de la RFA et l'avenir de la Bundeswehr, le second, en 2006, précise que la défense du territoire national n'est plus au centre de la politique de sécurité, ce sont plutôt les crises et les conflits dans le monde qui sont à même d'affecter les intérêts de sécurité de l'Allemagne. En ce sens, ses dirigeants considèrent qu'il ne suffit plus d'agir à l'échelle régionale: en 2005, Peter Struck, alors ministre de la Défense (SPD), n'hésitait pas à déclarer que la défense de l'Allemagne se joue aussi sur les bords de l'Hindou-Kouch en Afghanistan[40]. Il n'existe plus de menace directe contre l'Allemagne, mais de nombreuses menaces diffuses, externalités négatives résultant des conflits violents hors de la zone géographique de l'OTAN. Ces menaces peuvent nécessiter un recours à la force, impliquant la possession et la mise en œuvre de réelles capacités de projection.

Mais ces mêmes dirigeants refusent d'en tirer les conséquences et donnent l'impression d'être bridés par les réticences d'une opinion publique allemande de plus en plus hostile à la participation de Berlin à la guerre en Afghanistan[41]. Alors qu'un soutien purement civil et technique a très rapidement été accepté comme légitime, le recours à la coercition reste un élément très sensible, encore difficilement accepté par l'opinion publique allemande. Du coup, la crise du recrutement au sein de la Bundeswehr s'accompagne d'une frustration réelle chez des soldats en proie à un questionne-

---

[40] Interview avec Peter Struck, dans: Berliner Zeitung, 18/4/2005.
[41] Voir Stefan KORNELIUS, Der unerklärte Krieg. Deutschlands Selbstbetrug in Afghanistan, Hambourg 2009. En septembre 2009, dans la province de Kunduz, les troupes allemandes avaient bombardé un convoi de camions-citernes où se trouvaient des chefs talibans. L'attaque avait entraîné la mort de près de 140 civils, que les autorités allemandes avaient essayé de cacher pendant un temps. Ce drame avait coûté son poste de ministre de la Défense à Franz-Josef Jung. Depuis cette bavure, une énorme polémique a été lancée en Allemagne sur l'envoi de soldats dans des zones en guerre.

ment sur le sens de leurs missions, au cours desquelles leurs vies sont logiquement mises en péril[42].

L'Allemagne présente aujourd'hui une insuffisance flagrante dans le domaine militaire, qui se traduit par un désintéressement et donc un déficit de volonté à faire évoluer son outil de défense. Conçue pour la défense de l'avant, l'armée allemande doit être à même de projeter forces et puissance au loin. Pour autant, l'indispensable réforme de la Bundeswehr peine à suivre la normalisation diplomatique. S'il existe des handicaps organisationnels et institutionnels – les luttes bureaucratiques au sein de la Bundeswehr ou le maintien de la conscription peu compatible avec une armée de projection – le principal handicap à la réalisation des engagements allemands est d'ordre financier, le budget de la Défense continuant à décroître, en proportion du PIB, depuis la fin de la guerre froide, se stabilisant à un niveau de 1,3% pour 2008[43]. De plus, la puissance civile devient inadaptée, voire synonyme de faiblesse, lorsqu'elle est confrontée à un ennemi décidé à recourir à la force, ce qui est le cas aujourd'hui lorsqu'il s'agit de lutter contre le terrorisme international, comme en Afghanistan: la culture de la prudence est en décalage par rapport aux réalités. Des observateurs rappellent ainsi que depuis le 11 septembre 2001 le monde libre demeure désarmé face au radicalisme islamique, qui poursuit sa guerre contre l'Occident et qui menace, actuellement, de s'emparer de l'arsenal nucléaire pakistanais. Le déni de la réalité qu'observent ces experts dans le pacifisme des Européens est une aubaine pour les extrémistes[44]. Les interventions extérieures menées aujourd'hui par les pays occidentaux, dont l'Allemagne, ressemblent peu, en effet, aux opérations de maintien de la

---

[42] Voir, notamment, Klaus NAUMANN, Einsatz ohne Ziel? Die Politikbedürftigkeit des Militärischen, Hambourg 2008; Bruno SCHOCH et al., Friedensgutachten 2007, Münster 2007; Heike GROOS, Ein schöner Tag zum Sterben. Als Bundeswehrärztin in Afghanistan, Francfort/M. 2009; Achim WOHLGETHAN, Operation Kundus. Mein zweiter Einsatz in Afghanistan, Berlin 2009; Alexander WEINLEIN, Leidende Patchwork-Armee, dans: Das Parlament, 30/3/2009.

[43] Les forces armées allemandes ont subi d'importantes réformes depuis la fin de la guerre froide, qui visent à mieux préparer l'armée au nouveau défi des opérations extérieures. La grande réforme décidée en 2004 en vue d'un nouveau modèle organisationnel s'est cependant heurtée à des difficultés financières, organisationnelles et opérationnelles. Les effectifs sont passés de 510 000 hommes en 1990 à 285 000 en 2004 pour atteindre un chiffre de 240 000 en 2010. Cette baisse des effectifs – ainsi que la fermeture d'une centaine de sites militaires (sur 600) – aurait dû, en dégageant de nouvelles ressources, permettre d'améliorer les capacités militaires allemandes de gestion des crises. Le modèle prévoit la mise en place de 35 000 forces d'intervention mobilisables en quelques semaines pour des opérations de haute intensité (*Eingreifkräfte*), 70 000 forces de stabilisation déployables en quelques semaines pour des opérations de moyenne intensité (*Stabilisierungskräfte*) et 145 000 forces de soutien (*Unterstützungskräfte*) pour la logistique, la gestion quotidienne, la formation et le commandement. Or, l'Allemagne s'avère incapable de déployer plus de 10 000 hommes, alors même qu'elle s'est engagée à contribuer à la NATO Response Force (NRF) à hauteur de 15 000 hommes et à la PESD avec 18 000 hommes; voir, notamment, Jean-Sylvestre MONGRENIER, La refondation de la Bundeswehr, affirmation nationale et »culture de la retenue«, dans: Hérodote 116 (2005), p. 101–110; Franz-Josef MEIERS, La politique allemande de sécurité et de défense: équilibrer durablement les attentes extérieures et les contraintes intérieures, dans: Note du Cerfa 41 (2007), http://www.ifri.org/?page=detail-contribution&id=241&id_provenance=97 (13/2/2010).

[44] Voir ENYO, Anatomie d'un désastre. L'Occident, l'islam et la guerre au XXᵉ siècle, Paris 2009.

paix des années 1980 et 1990, où des Casques bleus tentaient de départager les parties en conflit suite à la conclusion d'un cessez-le-feu, confiant à l'ONU un rôle de médiateur neutre. Le recours à la coercition et la mise en place d'opérations de contre-insurrection – hier encore inconcevables – sont désormais le quotidien des armées occidentales. À l'avenir, toute intervention sera pensée en envisageant une évolution à l'irakienne ou à l'afghane. Face à ces transformations, les dispositifs d'intervention occidentaux, déjà soumis à de fortes contraintes pour s'adapter à l'après guerre froide, sont à nouveau obligés de trouver des solutions pour mieux gérer ces situations délicates, qui vont de l'intervention à la stabilisation et à la reconstruction. La coopération et donc le partage des rôles entre intervenants civils et militaires deviennent ainsi cruciaux, d'autant plus qu'est reconnue la nécessaire complémentarité des différents types d'action – diplomatique, militaire, de développement – pour le succès des interventions. Parmi les pays intervenants, l'Allemagne vit de façon extrême ces contraintes et difficultés nouvelles. L'approche »sécurité et développement« est aujourd'hui en crise. En effet, sa transposition dans un cadre d'intervention nettement plus exigeant et coercitif, plus dangereux aussi, à la fois pour le dispositif d'intervention, mais aussi pour le pouvoir politique décidant de l'engagement, agit comme un révélateur de ses contradictions et limites. Bien que Berlin reconnaisse l'importance de la »sécurité« pour le »développement«, elle hésite à recourir à des modes d'action coercitifs pour garantir la paix. Elle privilégie des modes d'action civils, qui s'avèrent inadaptés aux nouveaux cadres d'intervention. Ces derniers exigent une adaptation rapide, efficace, impossible à mettre en œuvre sans une volonté politique forte[45]. Certes, Karl-Theodor zu Guttenberg, ministre de la Défense (CSU), est l'un des premiers dirigeants à oser franchir une étape supplémentaire en tenant un discours réaliste. Ainsi, devant le Bundestag, lors de la déclaration gouvernementale du 10 novembre 2009, il affirme: »Je préfère dire ce qu'il en est, tout simplement. Nos citoyens sont tout à fait aptes à entendre certaines vérités [...]. Étant donné la situation au Hindou-Kouch, où se déroule un conflit armé, je comprends bien que nos soldats puissent parler de guerre«. Profondément marqués par l'histoire récente, les dirigeants allemands peinent cependant à élaborer une nouvelle ›culture stratégique‹, alors que le »théorème de la puissance civile n'est plus adapté comme ligne directrice de la politique de sécurité allemande«[46].

---

[45] Voir Aline LEBŒUF, Entre développement et sécurité: les interventions allemandes en crise, dans: Focus stratégique. Laboratoire de recherche sur la défense 13 (2009); Klaus NAUMANN, Wie strategiefähig ist die deutsche Sicherheitspolitik?, dans: Aus Politik und Zeitgeschichte 59 (2009) 48, p. 10–17.
[46] Dieter DETTKE, Deutschland als europäische Macht und Bündnispartner, dans: Aus Politik und Zeitgeschichte 59 (2009) 15/16, p. 41–46, ici p. 45.

CONCLUSION

Entre 1949 et 1989, la RFA était un »géant économique mais un nain politique«[47]. Avec l'unification, l'Allemagne retrouve une place centrale en Europe. Elle ne bénéficie cependant pas des mêmes atouts que la France, la Grande-Bretagne ou encore la Russie (notamment le statut de puissance nucléaire, le siège permanent au Conseil de sécurité de l'ONU et une réelle capacité de projection militaire) qui leur permettent de mener une politique d'influence mondiale, voire une politique de puissance à proprement parler. Difficile d'imaginer Berlin, à l'instar de Paris en mai 2009, ouvrir une base militaire à Abu Dhabi, dans les Émirats arabes unis, face à l'Iran, sur les rives du détroit d'Ormuz, une région par laquelle transitent 40% du pétrole mondial – premier site de défense installé de manière permanente hors des frontières depuis les indépendances africaines[48]. Même le rôle de médiateur connaît des limites. En raison de la dimension historique des relations germano-israéliennes, les marges de manœuvre de la politique allemande au Proche-Orient demeurent relativement étroites. Le droit d'existence d'Israël relève en effet pour l'Allemagne de l'intérêt national, et même de la raison d'État. Tout en maintenant des relations privilégiées et spécifiques avec Israël, Berlin a intensifié ses relations avec les pays arabes au cours des dernières années, en insistant même sur le droit des Palestiniens à l'autodétermination, y compris sur la possibilité de créer un État palestinien. Les déterminants traditionnels de la politique de l'Allemagne au Proche-Orient – relations privilégiées avec Israël, multilatéralisme et intérêts sécuritaires et énergétiques dans la région – ont néanmoins peu évolué[49]. En ce sens, l'action des acteurs politiques allemands ne peut que continuer à s'inscrire dans le cadre d'une politique évoluant, selon les termes de la politologue Helga Haftendorn, entre »retenue et affirmation«[50]. Sur fond de crise du capitalisme rhénan et de déclin démographique, les Allemands souhaitent avant tout préserver un multilatéralisme européen et atlantique qui les sécurise et au sein duquel ils peuvent peser. Autrement dit, ils se positionnent sur la scène internationale dans une gangue multilatéraliste de manière prudente mais moins timorée.

---

[47] Michael MERTES, Les questions allemandes au XXᵉ siècle: identité, démocratie, équilibre européen, dans: Politique étrangère 65 (2000) 3/4, p. 799–813, ici p. 808.

[48] Cette base, inaugurée par le président Nicolas Sarkozy le 26 mai 2009, illustre le basculement stratégique de la France, dont les intérêts se déplacent vers l'est, le long d'un arc de crise allant de l'Atlantique à l'océan Indien, devenu depuis la fin de la guerre froide centre de toutes les tensions. La création de cette base est le signe que la France sait s'adapter aux nouveaux enjeux et aux nouveaux défis, qu'elle est prête à prendre ses responsabilités et à jouer tout son rôle dans les affaires du monde, car c'est dans cette zone que se joue une partie de sa sécurité et que les risques terroristes sont les plus grands; voir Isabelle LASSERRE, Abu Dhabi, nouvelle base avancée de la France en face de l'Iran, dans: Le Figaro, 26/5/2009.

[49] Voir Isabel SCHÄFER, La politique proche-orientale de la grande coalition, dans: Note du Cerfa 51 (2008), p. 2, http://www.ifri.org/?page=detail-contribution&id=208&id_provenance=103&provenance_context_id=21 (13/2/2010); Volker PERTHES (dir.), Deutsche Nahostpolitik. Interessen und Optionen, Schwalbach/Ts. 2001.

[50] Helga HAFTENDORN, Deutsche Außenpolitik zwischen Selbstbeschränkung und Selbstbehauptung, Stuttgart 2001.

La présence de l'Allemagne comme acteur politique et économique dans le système international est indéniable. En même temps, l'objectif n'est pas de défendre des positions exprimant à tout prix l'intérêt national ou obéissant à des considérations de prestige, voire de grandeur. L'Allemagne aspire plutôt à une présence globale au sein des structures multilatérales. Ce volontarisme est louable – l'Allemagne ne se comporte pas comme une grande Suisse –, mais il se heurte à des obstacles encore considérables, d'ordre financier, militaire et politico-historique. Ainsi, vu de Berlin, le vaste monde – au plan géostratégique – reste une *terra incognita*, c'est une réalité parfaitement rendue par les hésitations des dirigeants allemands à propos de la présence de la Bundeswehr en Afghanistan et de l'impasse stratégique dans laquelle ils se trouvent[51]. La mise en place d'une réelle Politique européenne de défense et de sécurité (PESD), voire l'attribution d'un siège permanent au Conseil de sécurité de l'ONU, mettrait fin, en principe, à la diplomatie économique comme expression quasi exclusive de la politique étrangère allemande. La place de l'Allemagne dans le monde prendrait alors une nouvelle dimension. Il reste que le coût de l'unification intérieure plombe depuis deux décennies l'économie allemande, malgré les performances réelles de celle-ci. Surtout, si l'on considère que depuis la fin de la guerre froide la part du budget fédéral consacré aux trois ministères de politique étrangère (Affaires étrangères, Défense et Développement) a été presque divisée par deux – passant de 22% (en 1990) à 12% (en 2006) –, on peut sérieusement douter de la capacité de l'Allemagne de jouer, à moyen terme, dans la cour des grands.

DEUTSCHE ZUSAMMENFASSUNG

Von 1949 bis 1990 war die Außenpolitik der Bundesrepublik von Westverankerung, dem Streben nach Frieden und von der »Kultur der Zurückhaltung« geprägt. Seit 1990 setzt die Außenpolitik des vereinten Deutschland auf Kontinuität: Verankerung in der euroatlantischen Gemeinschaft, privilegierte Abkommen mit Osteuropa (im Rahmen seiner neuen Europapolitik wurde Deutschland ein bedeutender Wirtschaftspartner für die mittel- und osteuropäischen Länder) und Multilateralismus. Im Zuge der Wiedererlangung der vollen Souveränität erfuhr die Außenpolitik jedoch auch einen Normalisierungsprozess: Die »Berliner Republik« beobachtet die sich verändernden internationalen Paradigmen, steht wie andere Länder zu ihren nationalen Interessen und übernimmt gleichzeitig mehr Verantwortung in einer von wirtschaftlichen, geopolitischen und politisch-ideologischen Revolutionen gekennzeichneten Welt. Als verlässlicher und glaubwürdiger Partner übernimmt Deutschland neue Aufgaben etwa durch die Teilnahme an Friedenssicherungs-Missionen in Ex-Jugoslawien, in Afrika und in Afghanistan oder in der Rolle des durch ständiges Bemühen um Konsens und Kompromiss erfolgreichen Vermittlers in akuten Krisen. Die Teilnahme Deutschlands mit seinen NATO-Verbündeten im Kosovo-Krieg im Jahr 1999 stellt insofern einen Wendepunkt in der Außenpolitik dar, als der militärische Einsatz nicht mehr ausgeschlossen ist.

In Hinblick auf die internationale Gemeinschaft sucht Deutschland jedoch weiterhin nach Erlösung für den Holocaust und legt sich nach wie vor Selbstbeschränkung auf, was zur einer gemäßigten Außenpolitik führt. So hat die Zurückhaltung im militärischen Bereich eine den

---

[51] Voir Peter BENDER, Deutsche Außenpolitik: Vernunft und Schwäche, dans: Aus Politik und Zeitgeschichte 58 (2008) 43, p. 3–6; Ralf BESTE, Im Strategiestau, dans: Der Spiegel, 14/9/2009.

Realitäten unangemessene Politik zur Folge, wenn es, wie etwa in Afghanistan, um die Bekämpfung des internationalen Terrorismus geht. Mangels einer wahren »strategischen Kultur« ist Deutschland eine unentschlossene europäische Macht auf dem Mittelweg zwischen klarer Bejahung seiner nationalen Interessen und seiner traditionellen Zurückhaltung auf der internationalen Szene: Im Grunde fehlt Deutschland noch immer der Wille, seine Sicherheits- und Machtpolitik neu zu definieren, die es ihm erlauben würde, sich von seiner wirtschaftlichen Diplomatie zu befreien und seinen neuen Platz in der Welt zu behaupten.

Ein Land – zwei Gesellschaften?

Un pays – deux sociétés?

ULRIKE POPPE

»Wessis« und »Ossis« – Wirklichkeit oder Stereotyp?

Die meist abwertend gebrauchten Wortneuschöpfungen »Wessis« und »Ossis« bezeichnen Stereotype, die sich als erstaunlich langlebig erweisen. Oft werden die Begriffe auch freundlich ironisch, mithin selbstironisch verwendet und würzen journalistische Beiträge. Wer das Ende der osteuropäischen bzw. ostdeutschen Witzkultur beklagt, mag sich wenigstens damit trösten, dass es noch ein paar Ossi-Wessi-Witze gibt. Auch können für manche Fehlschläge und Frustrationen im Vereinigungsprozess angebliche mentale Verschrobenheiten der »Besserwessis« oder »Jammerossis« als Erklärung herhalten.

Aber tatsächlich sind bis heute, nach zwanzig Jahren, noch typische Ost- und West-Verhaltensweisen erkennbar. Auch mag es Gründe geben, diese zu kultivieren. Die im Streit der Ideologien des 20. Jahrhunderts entwickelten Feindbilder sind zum großen Teil verschwunden. Nun bieten sich neue Projektionen an, wobei die Ost-West-Abgrenzungen gegenüber denen zu Ausländern, insbesondere den Muslimen, gewiss keine ernsthafte Gefahr darstellen. Vielmehr ist die anhaltende Neigung zu klischeehafter Überhöhung der Unterschiede zwischen Ost- und Westdeutschen als Indikator für die noch immer gespaltene Gesellschaft von Bedeutung. Fremdheit und Misstrauen sind noch nicht überwunden. Vor allem in der Vorwendegeneration, also bei denen, die 1990 bereits erwachsen waren, gibt es noch erkennbare kulturelle Differenzen, die für Befremden sorgen. Sie sind wahrnehmbar vor allem in Sprache und Kommunikationsgewohnheiten, in Wertorientierungen und politischen Präferenzen. Letztere sind in den Bundestagswahlen im September 2009 an der Stimmverteilung für Die Linke besonders deutlich geworden.

Ich werde im Folgenden zu beschreiben versuchen, wie die Unterschiede zwischen Ost- und Westdeutschen wahrgenommen und bewertet werden und welche Bedeutung diesen Unterschieden in Hinblick auf den Zusammenhalt der Gesellschaft in Deutschland zugemessen wird. Untersuchen will ich dabei drei Aspekte: (1) Einmal die mentalen und kulturellen Differenzen aufgrund der unterschiedlichen Systemprägungen, (2) zum Zweiten die Bedingungen in der Startphase des Einigungsprozesses und mögliche Fehler und (3) drittens Probleme im Zusammenwachsen in den letzten zwanzig Jahren.

Die Einheit ist völkerrechtlich und staatlich gelungen. Alle unterliegen denselben Gesetzen. Aber gesellschaftlich gibt es noch Spaltungen. Diese sind nicht so weitgreifend, dass wir von zwei Gesellschaften reden müssen. In vielen Bereichen ist die Gesellschaft schon zusammengewachsen. Dort, wo Menschen aus Ost und West an gemeinsamen Projekten arbeiten und die Schlüsselstellungen nicht ausschließlich westdeutsch besetzt sind, gibt es kaum Ressentiments gegenüber dem anderen, da spielt die Herkunft keine Rolle mehr. Aber in manchen Gegenden Ostdeutschlands scheint sich die DDR-Mentalität geradezu konserviert zu haben. Manche Menschen sind in ihrem Ost-Milieu geblieben, fühlen sich nur dort noch bestätigt und relativ geborgen und erleben den Einfluss des Westens als Bedrohung ihrer bisherigen Existenz. Besonders diejenigen, die schon bald nach der Wiedervereinigung arbeitslos geworden waren und seitdem auch keine Chancen mehr auf dem Arbeitsmarkt erwarten konnten, hatten auch kaum Gelegenheit, anachronistisch gewordene DDR-Gewohnheiten abzulegen. Zu diesen DDR-Gewohnheiten gehörten zum Beispiel die Erwartungen an einen allseitig fürsorgenden Staat. Manchen fiel und fällt es schwer, die Initiative für ein eigenverantwortliches Leben aufzubringen und mit den Risiken zeitweiligen Scheiterns zurechtzukommen. Hinzu kommen die Strukturveränderungen, an die sich anzupassen viele überfordert hat.

PRÄGUNGEN DURCH DAS SYSTEM

Trotz der Massendemonstrationen in fast allen Städten der DDR im Herbst 1989 sollte nicht verkannt werden, dass bei weitem nicht das ganze Volk auf der Straße war. Unter denjenigen, die ihr Berufsleben weitestgehend in der DDR verbracht haben, gab es durchaus einen relevanten Teil, der sich mit mehr oder weniger Zustimmung oder zumindest Billigung in diesem System eingerichtet hatte. Und unter den 2 Millionen SED-Mitgliedern mag die Anzahl derer, die mit festem Glauben zum System standen, noch höher gewesen sein. Selbst jene SED-Mitglieder, die 1989 kurzzeitig voller Wut auf ihre Parteiführung waren, z.B. als die Wahlfälschung ans Licht kam oder als die SED-Führung den chinesischen Kommunisten zu ihrem Blutbad auf dem Platz des himmlischen Friedens beglückwünschte, selbst jene Parteimitglieder, die plötzlich in der Geborgenheit der Massen auf die Straße gingen, waren bei weitem nicht alle grundlegende Systemgegner.

Umfrageergebnisse von 1991 belegen, dass es ungefähr genauso viel Ostdeutsche gab, die sich als Verlierer, wie solche, die sich als Gewinner fühlten. Auch ohne Wiedervereinigung hätten manche Menschen, vor allem die, die an Macht und Status verloren haben, ein Problem mit der posttotalitären Situation. In Polen, der Tschechischen Republik und Ungarn – ja wahrscheinlich in allen ehemals kommunistischen Ländern – finden wir diesen Typus. Gleichwohl hat es in Polen z.B. viel weniger Anpassungsbereitschaft und Systemtreue gegeben. Hinzu kam das einigende nationalkatholische Band, unter dem der Zusammenhalt gegen die Fremdherrschaft die ideologischen Differenzen überlagerte. Aber auch dort, wie hier, gibt es die Enttäuschten, die sich als Verlierer fühlen und in der Rechtfertigungspose verharren. Wir können also nicht davon ausgehen, dass alle DDR-Bürger mit wehenden Fahnen in die deutsche Einheit gegangen sind. Aber sowohl die Systemträger und auch jene, die das System billigend in Kauf genommen haben, wie auch Kritiker oder Gegner des Systems – sie alle sind insofern geprägt, als sie ihr Leben in der DDR verbracht haben. Wie sehen nun diese Prägungen aus?

Dietrich Mühlberg, der viel zur kulturellen Assimilation geforscht hat, schreibt: »Sie [die Ostdeutschen, U. P.] fallen immer unerwartet aus der Rolle und beweisen damit, dass sie zugleich noch in ein anderes ›Bedeutungsgewebe‹ eingebunden sind: Sie missverstehen die Situation, sprechen falsch, empfinden abstrus, geben sich unvorteilhaft, verlangen das Verkehrte, erwarten das Unmögliche und verstehen es nicht, ihre wirklichen Vorteile zu nutzen«[1].

Die hier verwendeten Wertungen: missverstehen, falsch sprechen, abstrus empfinden, das Verkehrte verlangen, das Unmögliche erwarten, legen einen bestimmten Maßstab zugrunde, die westdeutsche Leitkultur. Das heißt, der Anpassungsprozess ist ein einseitiger, es handelt sich um eine assimilatorische Integration. Die ostelbische Minderheit muss sich die in der alten Bundesrepublik gewachsenen Wertmaßstäbe und Verhaltenscodes zu eigen machen.

Diese Kultur hat sich in der Nachkriegszeit im Rahmen einer Systemstruktur entwickelt, die nun auf ganz Deutschland ausgeweitet wurde. Von heute auf morgen gab es die schützenden – aber auch sozial kontrollierenden – Kollektive nicht mehr, nicht mehr die eine maßgebliche Meinung, an die man sich anpassen oder, wenn man es wagte, von denen man sich abgrenzen konnte. Die DDR-Bürger waren plötzlich mit einer Vielfalt von Orientierungsangeboten konfrontiert und damit zur eigenen Urteilsbildung herausgefordert. Und genau das haben sie im Rahmen der sozialistischen Erziehung nicht gelernt. Die Menschen im Westen wiederum haben seit der 68er Revolte allmählich die Anforderungen der Leistungsgesellschaft als selbstverständlich verinnerlicht. Sie können sich oft gar nicht vorstellen, dass jemand noch in kollektivistischen Kategorien denkt, sich nicht selbst inszeniert, Bescheidenheit und Zurückhaltung als Tugend ansieht, sich und andere nicht nur nach der beruflichen Stellung bewertet und nicht um jeden Preis eine Karriere anstrebt. Wer sich diesen Normen nicht anpasst, kann günstigstenfalls noch Anerkennung im ostdeutschen Milieu finden, dort, wo sich diese leistungsorientierten Maßstäbe noch nicht weitgehend durchgesetzt haben. Dort gehen auch die Uhren noch etwas langsamer.

Die Deutschen aus der DDR haben nicht nur ihre Erfahrungen mit kommunistischer Diktatur, mit Widerstand dagegen, mit fehlender Freiheit und wieder errungener Freiheit in die deutsche Einheit eingebracht, sondern auch ihre Sprache. Es ist freilich keine andere Sprache, es wurde auch deutsch gesprochen. Aber an dem sich (relativ geringfügig) unterscheidenden Wortschatz und an den semantischen Verschiebungen, an verschiedenen Kommunikationsgewohnheiten, ist noch erkennbar, wer aus dem Osten und wer aus dem Westen stammt[2].

In den östlichen Bundesländern wird z.B. viel häufiger vom »Wir« geredet, obwohl unklar bleibt, wer darin eingeschlossen ist. Walter Ulbricht, erster DDR-Staatschef, sprach noch von der sozialistischen Menschengemeinschaft. Erich Honecker wollte

---

[1] Dietrich MÜHLBERG, Schwierigkeiten kultureller Assimilation. Freuden und Mühen der Ostdeutschen beim Eingewöhnen in neue Standards des Alltagslebens, in: Aus Politik und Zeitgeschichte 52 (2002) 17, S. 3–11.
[2] Vgl. Olaf-Georg KLEIN, Warum Ost- und Westdeutsche aneinander vorbeireden..., in: Aus Politik und Zeitgeschichte 52 (2002) 37/38, S. 3–5; Wolf OSCHLIES, Würgende und wirkende Wörter. Deutschsprechen in der DDR, Berlin 1989.

eine eigenständige DDR-Nation, womit er sich aber nicht durchsetzen konnte. Vor allem kam es allen kommunistischen Führern darauf an, gesellschaftliche Interessensunterschiede zu leugnen. Es gab sie aber, auch wenn mit einer relativ geringen Einkommensspanne ein höheres Maß an Gleichheit zu praktizieren versucht wurde. Aber auf der anderen Seite wurde angesichts der vielfachen Versorgungsmängel und fehlender Rechtsstaatlichkeit ein Privilegiensystem installiert, das vor allem in der Honecker-Ära neue Formen von Ungleichheit schuf. Die Staatstreue wurde auf diese Weise belohnt. Da der SED-Staat aber behauptete, die Interessen des ganzen Volkes zu vertreten, galten diese Vorteilnahmen als vereinbar mit der sozialistischen Gleichheitsbehauptung. In der offiziellen Sprache wurden die Individuen durch das alles einschließende Possessivpronomen vereinnahmt. Viel häufiger als im Westen war von »unseren« Kindern, »unseren« Frauen, »unseren« Müttern, »unserer« Jugend, »unseren« Arbeitern die Rede.

Die Kehrseite dieser Eingemeindungen ist die Hemmung, ›Ich‹ zu sagen. Anfang der 1990er-Jahre war dies im Kontrast zu den Sprachgewohnheiten im Westen besonders auffällig. Die Ostdeutschen erkannte man daran, dass sie immer »man« statt »ich« oder »wir« sagten: »Man musste ja ..., man konnte ja nicht anders ..., man war ja froh wenn ..., man war ja gezwungen ...« Oder, wenn wirklich die eigene Meinung gefragt war, wurde hinzugefügt: »Ich persönlich denke, dass ...« oder: »Meine persönliche Meinung ist, ...«. Als ob es immer noch einen Unterschied gäbe zwischen der eigenen Meinung und der eigenen, persönlichen Meinung. In der DDR war jeder geübt, mit gespaltener Zunge zu reden. Man sprach zu Hause anders als im Betrieb oder in der Parteiversammlung.

Schließlich ist auch noch spürbar, dass die Ostdeutschen, jedenfalls die älteren Jahrgänge, rhetorisch ungeübt sind. In der Schule wurde nicht vermittelt, wie man einen freien Meinungsstreit führt, sachlich argumentiert, Kompromisslösungen sucht. (Übrigens wird der Begriff »kompromisslos« im ostdeutschen Sprachgebrauch fast ausnahmslos immer noch mit positiver Konnotation gebraucht.) Nirgends gab es einen öffentlichen politischen Meinungsstreit. Es wurde nur unterschieden zwischen »Für« und »Gegen«. Das »Für« war unterlegt mit den Begriffen: parteilich, fortschrittlich, revolutionär, auf der Linie, auf unserer Seite. Und das »Gegen« hieß: partei- bzw. staatsfeindlich, reaktionär, konterrevolutionär, bürgerlich. Diese Semantik verschwand ziemlich bald, noch während der Revolution. Aber die aus solchen Gegensatzpaaren bestehenden Einstellungsmuster wirkten und wirken fort. Der Abschied von der überschaubaren, in Schwarz und Weiß aufgeteilten Welt fällt vielen schwer. Sich innerhalb des Meinungspluralismus selbstständig zu verorten, ist eine Anstrengung, die den Ostdeutschen deshalb schwerer fällt, weil sie in diese Aufgabe nicht, wie die Westdeutschen, hineingewachsen sind.

Die direkte Sprache, ohne taktische Verhüllungen, ohne diplomatische Vorsicht und respektvolle Rücksichtnahmen, wurde in der DDR nur in geschlossenen Räumen, in vertrauten Kreisen gebraucht. Die Revolution brachte auch eine Befreiung der Sprache. Die im geschützten Raum entstandene ›Gegensprache‹ zum offiziellen Sprachgebrauch trat hinaus in den öffentlichen Raum. Sie verbindet sich mit dem Gefühl von Freiheit. So könnte man erklären, dass die Sprache der Ostdeutschen viel direkter, emotionaler und drastischer ist. Sie wird von den Westdeutschen oft als unhöflich wahrgenommen. Die Meinungsäußerungen sind, sofern der Mut aufgebracht wird, sie überhaupt auszusprechen, kaum in taktisch kluge Formulierungen gekleidet. In Bewerbungsgesprächen präsentieren sich die Ostdeutschen der älteren Generation immer noch unvorteilhaft. In der DDR galt es als Untugend, die eigenen Fähigkeiten herauszustellen. Man hatte es auch nicht nötig, sich gut zu verkaufen, überall wurden Arbeitskräfte händeringend gesucht. Nur politische Abweichler, Andersdenkende, hatten es schwer, eine angemessene Arbeit zu bekommen. Aber die Chancen hingen bei ihnen nicht vom Auftreten im Bewerbungsgespräch ab. Die Entscheidung wurde von der Staatssicherheit getroffen, zu deren wichtigsten Aufgaben die umfassende Kaderkontrolle gehörte. Was unter dem Konkurrenzdruck auf dem Arbeitsmarkt längst selbstverständlich ist, nämlich sich möglichst vorteilhaft zu präsentieren, erzeugt bei manchen Ostdeutschen immer noch tiefe Abneigung. Deshalb werden die Westdeutschen auch als überheblich wahrgenommen, als »Besserwessis«.

Aus alter Gewohnheit werden die Ostdeutschen schnell bekenntnishaft. Sie vermischen Privates mit Öffentlichem, weil diese Sphären in der DDR nie so deutlich getrennt waren. Sie beherrschen nicht die Rituale des Smalltalks.

Das sind nur einige Beispiele von Verhaltensunterschieden, die ich – mit aller Vorsicht – als typisch bezeichnen würde.

STARTBEDINGUNGEN UND HÜRDEN DES ZUSAMMENWACHSENS

Die Ostdeutschen haben sich zwar an das westliche Institutionengefüge angepasst, aber heimisch geworden sind sie darin noch nicht, jedenfalls nicht diejenigen der älteren Generation. Sie sind in die Entwicklung dieser Ordnung nicht hineingewachsen, sie haben sie nicht mitgestaltet. Im Unterschied zu den anderen Staaten des ehemaligen Ostblocks erlebte die DDR-Bevölkerung den radikalen Umbruch in kürzester Zeit. Nirgendwo sind in einem solchen Tempo die Strukturen aufgelöst, die Institutionen abgewickelt und ist der gesamten Gesellschaft eine derart rasante Umstellung zugemutet worden. Bekanntlich waren beide Seiten nicht auf den Einigungsprozess vorbereitet. In der Bundesrepublik stand die deutsche Einheit zwar als Staatsziel im Grundgesetz, aber fast niemand hatte wirklich noch damit gerechnet. Vielleicht hätten solche Vorbereitungen zu den Aufgaben des Bundesministeriums für innerdeutsche Beziehungen zählen sollen. Wie z.B. in Südkorea, wo sich ganze Fachbereiche an Universitäten, gesellschaftliche Initiativen und politische Institutionen mit der Vorbereitung der Wiedervereinigung beschäftigen. Aber im Rahmen der deutsch-deutschen Entspannungspolitik hätte es als entspannungsfeindlich gegolten, wären Konzepte für die Überführung von Staatseigentum in Privateigentum in Auftrag gegeben worden.

Erst als die Mauer fiel, kam dieses Thema wieder auf die Tagesordnung. Zunächst war allerdings von sehr langen Zeiträumen die Rede, zehn Jahre oder länger. Im Frühjahr 1990 wurden dann gute Gründe geltend gemacht, die zur Eile mahnten, vor allem außenpolitische. Wie lange würde sich Gorbatschow noch an der Macht halten? Würden seine Nachfolger auch so ohne Weiteres die DDR aufgeben? Hinzu kamen die ostdeutsche Wirtschaftsmisere, die anhaltenden Abwanderungen von Ost nach West und die Sehnsucht vieler Ostdeutscher nach stabilen Verhältnissen.

Die DDR-Bevölkerung hatte lange neidvoll auf den westlichen Wohlstand geblickt. Aber noch am 4. November, als sich eine halbe Million Menschen zur Protestkundgebung auf dem Berliner Alexanderplatz versammelten, war auf keinem einzigen Transparent die Wiedervereinigung gefordert. Es ging um die Absetzung der SED-Führung, um Zulassung der Opposition, um freie Wahlen, Reisefreiheit, »Stasi in die Produktion«! Auch für die breite Bevölkerung kam erst mit dem Mauerfall dieses Ziel in den Blick. Die Maueröffnung aber wurde erst dadurch zum Beginn einer vagen Hoffnung auf Wiedervereinigung, als die Menschen mit Erstaunen erfuhren, dass die sowjetischen Truppen in den Kasernen blieben. Als Mitte Januar 1990 der Wahlkampf einsetzte, wurde die Einheitsfrage zum entscheidenden Thema. Meldungen von der Zahlungsunfähigkeit des DDR-Staates, der ökologischen Katastrophe, vom Bankrott zahlreicher Betriebe verunsicherten die Menschen tief. Viele sahen in der schnellstmöglichen Einheit den einzigen Ausweg. Die ersten freien Wahlen, die vom Mai auf den März vorgezogen worden waren, brachten dann auch den Erfolg für die »Allianz für Deutschland«, die sich vorbehaltlos für die schnellstmögliche Wiedervereinigung aussprach. Offenbar war für die Wählerinnen und Wähler die schnelle Vereinigung wichtiger als die Tatsache, dass zu dieser Partei neben dem demokratischen Aufbruch und der DSU zum großen Teil die alte Ost-CDU gehörte. Die »Allianz« versprach mit Helmut Kohl »blühende Landschaften«[3]. Kohl räumte später Fehler im Einigungsprozess ein. »Ich mag mich im Zeitmaß, wie schnell blühende Landschaften entstehen, geirrt haben«[4]. Aus einer Euphorie heraus habe er diese Versprechen gemacht. Das klingt sehr menschlich. Aber diese Versprechen haben die Ostdeutschen aufgesogen wie ein trockener Schwamm; sie haben Illusionen entwickelt und die Enttäuschung war damit vorprogrammiert.

Aber auch im Westen hätte die Politik mit offenen Karten spielen sollen. Die Aufnahme eines so maroden Landes ist zwangsläufig mit Kosten verbunden. Infrastrukturverbesserung, Wirtschaftsförderung, Wohlstandswachstum für 16 Millionen Menschen haben ihren Preis. Für die Bundesbürger im Westen ist seit 1990 auch vieles anders geworden, nicht nur, aber auch aufgrund der Wiedervereinigung. Der Kalte Krieg ist vorbei, Deutschlands Bedeutung in Europa und in der Welt hat zugenommen. Es gibt eine neue (alte) Hauptstadt, einen Solidarzuschlag auf der Gehaltsabrechnung, einen grünen Pfeil als neues Verkehrszeichen, neue Postleitzahlen und eine Stasiunterlagenbehörde. Wir erleben eine zunehmende Fremdenfeindlichkeit, deren Ursachen auch, aber bei weitem nicht allein, auf die Folgen der SED-Diktatur zurückzuführen sind. Deutschland stellt sich den Herausforderungen von Europäisierung und Globalisierung

---

[3] Vgl. RIAS-Bericht: Helmut Kohl verspricht in Erfurt »blühende Landschaften«, 7.3.1990, http://www.chronik-der-mauer.de/index.php/de/Start/Index/id/632178/item/2/page/0 (12.2.2010).

[4] Helmut KOHL, Gemeinsam die Zukunft gestalten, in: Gewerkschaftliche Monatshefte 45 (1994) 9, S. 553–562, hier S. 560.

nach dem Ende der Blockkonfrontation und ist dabei, die Reformen der Sozialsysteme nachzuholen, die bereits vor der Vereinigung hätten in Angriff genommen werden müssen. Die vereinigungsbedingten ökonomischen, politischen und kulturellen Probleme kommen als zusätzliche Belastung hinzu.

So wachten die Menschen in beiden Teilen Deutschlands ernüchtert aus ihrem Einigungstaumel auf. Viele Ostdeutsche hatten geglaubt, sich ohne eigene Anstrengungen in die westliche Wohlstandsgesellschaft einfügen zu können, und waren auf die hohe Eigenverantwortlichkeit und die persönlichen Risiken in der eigenen Lebensgestaltung nicht vorbereitet. Sie hatten gehofft, dass in der neuen Gesellschaft Leistungswille und Können adäquat belohnt werden, ohne dass die Energien in wirtschaftlicher Ineffizienz vergeudet werden, ohne dass man sich geistig verbiegen, seine Überzeugungen verleugnen, ohne dass man sich vor der Obrigkeit krümmen müsse. Die mit der deutschen Einheit verbundenen Zukunftsvorstellungen richteten sich auf eine effiziente Wirtschaftsordnung, die mit sozialer Sicherheit und Wohlstand verbunden ist. Zweifellos teilen sie diese Erwartungen mit allen Staatsbürgern, nur konnten die in der alten Bundesrepublik Aufgewachsenen eine bessere Realitätssicht herausbilden und sich daher in höherem Maße auf die nötigen Kraftanstrengungen vorbereiten. Im Osten musste der Traum erst einmal ausgeträumt werden. »Wir träumten vom Paradies und wachten auf in Nordrhein-Westfalen«, hat Joachim Gauck einmal die Desillusionierung der Ostdeutschen beschrieben[5].

Zu den Desillusionierungen gehört auch die Erfahrung, dass es Opportunismus, Untertanengeist und autoritäre Verhaltensweisen auch in einer demokratischen Ordnung gibt. Die Hierarchien in den Arbeitsverhältnissen sind sogar ausgeprägter, als sie in der DDR erlebt wurden. Die Abhängigkeiten nehmen mit wachsender Arbeitslosigkeit zu. Einem Chef konnte man zu DDR-Zeiten durchaus die Meinung sagen, auch ziemlich unverblümt, und eine unsinnige Anweisung wurde einfach nicht befolgt. Innerhalb eines im Ganzen undemokratischen Systems waren die Arbeiter und Angestellten in der Regel geringerem Druck ausgesetzt als heute. Nun macht die Angst um den Arbeitsplatz Angestellte zu Duckmäusern und Chefs zu Gutsherren. Freiheit beginnt mit der Freiheit von Angst. Sie beginnt mit der Möglichkeit, Nein zu sagen. Aus der DDR-Perspektive war die Erwartung entstanden, dass eine liberale Demokratie alle Voraussetzungen schafft, dass Menschen ein höchstmögliches Maß an Selbstbestimmung und Eigenverantwortung in Anspruch nehmen können. Das selbstbewusste Auftreten der Westdeutschen täuschte auch zunächst darüber hinweg, welche strikte Unterordnung innerhalb beruflicher Hierarchien gefordert und als selbstverständlich akzeptiert wird.

---

[5] Wie weit darf man gehen, Herr Gauck? Der frühere Stasi-Unterlagenbeauftragte über die Grenzen öffentlicher Neugier, das Gedächtnis der Nation und die Vertriebenen, Interview geführt durch Gerd APPENZELLER und Jost MÜLLER-NEUHOF, in: Der Tagesspiegel, 21.9.2003.

EINIGE ASPEKTE DES VEREINIGUNGSPROZESSES IN DEN LETZTEN ZWANZIG JAHREN

Bis heute ist eine ökonomische Gleichstellung zwischen Ost und West nicht gelungen. Die Arbeitsproduktivität im Osten ist geringer, auch die Löhne und Einkommen. Die Kommunen sind höher verschuldet, die Arbeitslosigkeit ist beträchtlich höher als in den alten Bundesländern. Weiterhin wandern diejenigen, die jung, flexibel und gut ausgebildet sind, in Richtung Westen ab. Es gibt zwischen West und Ost ein Wohlstandsgefälle, das kaum abnimmt. Dass es auch nach zwanzig Jahren noch nicht gelungen ist, die Lebensverhältnisse zwischen West und Ost anzugleichen, ist einer der Gründe, weshalb sich die Vorbehalte gegenüber der Bevölkerung im jeweils anderen Landesteil noch immer so hartnäckig halten.

Jenseits der ökonomischen Ungleichheiten finden wir auch in Ostdeutschland inzwischen mehr Distanz zur Demokratie und zum Rechtsstaat. Unmittelbar nach der Wiedervereinigung, als das Bild von der Bundesrepublik noch vorwiegend von Erwartungen bestimmt war, hatte die Mehrheit der Ostdeutschen noch uneingeschränktes Vertrauen in Demokratie, Rechtsstaatlichkeit und Marktwirtschaft. Die Akzeptanzwerte änderten sich erst in den Jahren danach, als konkrete Erfahrungen die Euphorie des Aufbruchs bremsten und die Bewältigung des Lebensalltags zur Ernüchterung führte.

2009 war das Jahr, in dem auf die Umbruchereignisse vor zwanzig Jahren zurückgeblickt wurde. Eine Vielzahl von Veranstaltungen zur Erinnerung an die Revolution und die Maueröffnung vergegenwärtigten die Hoffnungen und Erwartungen nach Jahrzehnten der Diktatur. Insgesamt haben die vielen neuen Medienbeiträge das Bewusstsein dafür gestärkt, dass es sich 1989 tatsächlich um eine Befreiungsbewegung gehandelt hat, die es wert ist, in die positive Geschichtstradition aufgenommen zu werden. Dennoch sind die Kontroversen um die Interpretation der Ereignisse von 1989/1990, die m.E. nur zum kleineren Teil Ost-West-Kontroversen sind, noch lange nicht beendet. Welche Interpretationen der Ereignisse vor zwanzig Jahren sich letztlich gesamtgesellschaftlich durchsetzen, ist noch nicht entschieden. Dass es 1989 eine Revolution gab und die Bevölkerung die Demokratie erkämpft hat, durch die die Vereinigung Deutschlands erst möglich wurde, ist eine These, die nur in Teilen des Westens wie des Ostens vertreten wird. Die Gegenthese lautet: Implosion des SED-Staates und der Westen brachte die Demokratie. Diese Interpretation wird innerhalb der Westbevölkerung von denen bevorzugt, für die die DDR Projektionsfläche ihrer antikapitalistischen Träume war. In der Fortführung heißt das: Der Ansatz war richtig, aber unfähige Staatslenker haben den wirtschaftlichen Ruin verschuldet. Der Westen hat den Osten okkupiert. Den Oppositionellen gebührt kein Platz in der nationalen Freiheitstradition. Sie haben dazu beigetragen, dass das sozialistische Fortschrittsprojekt gescheitert ist. Diese Position wird von vielen kommunistischen Altkadern der DDR vertreten. Aber auch manche westdeutsche Sozialwissenschaftler scheuen sich, von Revolution zu sprechen. Hier spielt offenbar eine Rolle, dass sie lange Zeit den demokratischen Widerstand, der in der Tat schwach war, weitgehend ignoriert haben.

Allerdings scheint sich, wie oben schon erwähnt, gegenwärtig in der Deutung einiges zu verschieben. Auffällig ist, dass die Bevölkerung im Westen immer noch wenig über die DDR weiß und auch wenig Interesse hat, mehr zu erfahren. DDR-Geschichte ist nicht ihre Geschichte. Wir sind zwar eine Nation, aber eine gemeinsame Geschichte haben wir nicht. Manche Ostdeutsche fühlen sich wiederum ihrer Geschichte enteignet. In der Reduzierung der DDR-Geschichte auf Stasi-Knast und Mauertote können sie ihr »Normalleben« nicht wiederfinden. Und wer von schönen Seiten seines DDR-Lebens erzählt, bringt sich in Gefahr, als Beschöniger, Weichzeichner oder Nostalgiker zu gelten. Zuweilen hört man sogar die Forderung, eine so genannte ›Verherrlichung der SED-Diktatur‹ unter Strafe zu stellen.

Den Grad der Entfremdung nach 40-jähriger Teilung haben wohl alle in Deutschland unterschätzt. Im Osten ticken die Uhren immer noch anders. Entfremdung ist eine Hypothek, die sich jedoch zuverlässig mit der Zeit und mit dem Generationenwechsel abbaut. Eine weitere Hypothek sind die materiellen Hinterlassenschaften des realsozialistischen Systems. Die marode Wirtschaft, die vergifteten Böden und Gewässer, die kaputten Straßen und Schienenstränge, die verfallenen Städte. Hier ist in den zwanzig Jahren ungeheuer viel an Aufbauarbeit geleistet worden, in einem geradezu rasenden Tempo. Wie weit Ostdeutschland heruntergewirtschaftet war, wurde von vielen auf beiden Seiten Deutschlands verkannt. Deshalb gelten die neuen Bundesländer bis heute als ein Fass ohne Boden. Dabei wusste in der DDR jeder, dass Planerfüllungen, Produktionszahlen, Statistiken, überhaupt alle Erfolgsbilanzen gefälscht waren. Die dritte Hypothek, die auf dem wiedervereinigten Deutschland lastet, ist die Entbürgerlichung, mit ihrer Vorgeschichte im NS-Staat. Das sozialistische Recht, vorgeblich eine Höherentwicklung des bürgerlichen Rechts, war der politischen Macht untergeordnet, die sozialistische Demokratie war die Karikatur einer Demokratie und das, was nach kommunistischer Ideologie Freiheit genannt wurde, war die von der SED-Führung geforderte Einsicht in die dem vermeintlichen historischen Fortschritt geschuldete Notwendigkeit. Die Grenzen zwischen Privatem und Öffentlichem wurden durch staatlichen Erziehungsanspruch und Entmündigung unscharf, Werte und Normen durch Parteiideologen dekretiert. Die privaten Kleinwirtschaften, in denen sich noch Reste bürgerlicher Kultur hätten bewahren lassen, konnten nicht überleben und die Intellektuellen wurden zur ideologieabhängigen Intelligenzija degradiert.

Der Versuch der kommunistischen Herrschaft, durch Ideologie und erzwungene Gefolgschaft eine Gemeinschaft zu schaffen, ist nie gelungen. Die DDR-Gesellschaft war tief gespalten, was heute leicht übersehen wird, wenn man nur auf die geringen Einkommensunterschiede schaut. Und auch die Gemeinschaften in den gesellschaftlichen Nischen, nach denen sich manche zurücksehnen, waren doch eher Notgemeinschaften, die sich vor dem staatlichen Zugriff zu schützen versuchten. Es hatte sich allerdings auch eine Gegenkultur entwickelt, unangepasstes Verhalten im besten Sinne, eine vielfarbige, inhomogene, eigenständige und eigensinnige Minderheit, die sich der Verfügbarkeit entzog und mehr oder weniger öffentlich opponierte. Einige dieser Verweigerer hatten sich in oppositionellen Gruppen zusammengeschlossen, die den Umbruch 1989 zwar nicht ausgelöst, aber doch den kulturellen Boden für die Proteste bereitet haben. Und durch diese Gruppen sind schließlich politische Instrumentarien entwickelt worden, wie z.B. die Runden Tische, durch die eine friedliche Überleitung in Demokratie und Rechtsstaatlichkeit erreicht werden konnte. Die Bundesrepublik war zwar für die meisten Ostdeutschen ein Orientierungspunkt, aber sie wurde durchaus nicht unkritisch wahrgenommen. Allerdings bot sie die Garantie, die mühsam errungenen neuen Freiheiten zu sichern.

Das Bundesministerium für Verkehr, Bauen und Stadtentwicklung (BMVBS) hat ein Forschungsprojekt »Wahrnehmung und Bewertung der deutschen Einheit« in Auftrag gegeben, in dessen Rahmen auch ein Online-Dialog stattfand. In dem Auswertungsbericht wird bestätigt, dass die älteren Bundesbürger eindeutig eine Differenz zwischen den Identitäten Ost und West herausstellen. Demgegenüber ist für die Jüngeren diese Differenz kaum größer als die zwischen anderen Regionen, z.b. zwischen Bayern und Schleswig-Holstein. Die Politik und vor allem die Medien seien für diese Differenz verantwortlich. Sie würden »durch ihre klischeehafte Berichterstattung und das Festhalten an den Ost-West-Schemata das Trennende hervorheben«. Im eigenen Umfeld und im privaten Raum sei das Zusammenwachsen eher gelungen. Vor allem werden die noch bestehenden ökonomischen Ungleichheiten kritisiert. »Deutlich wird in vielen Beiträgen hierzu«, so heißt es in der Zusammenfassung, »dass die Frage der ungleichen Löhne, Sozialbezüge und Renten weniger als eine ökonomische Benachteiligung denn als eine fehlende kollektive Anerkennung wahrgenommen wird«[6].

Dass die Mauer gefallen ist, wird von allen uneingeschränkt begrüßt. Am Einigungsprozess wird vor allem beklagt, dass nicht gemäß dem damaligen Artikel 146 des Grundgesetzes verfahren, sondern die Form des Beitritts gewählt wurde. Eine Einigung nach Artikel 146 hätte eine gesamtdeutsche, gesellschaftliche Wertedebatte ermöglicht. Tatsächlich wird noch heute von der verpassten Chance gesprochen, die in einer Verfassungsdiskussion und einer Volksabstimmung darüber gelegen habe.

Im Sommer 1990 hatte sich eine erste gesamtdeutsche Bürgerinitiative, das Kuratorium für einen demokratisch verfassten Bund deutscher Länder, gegründet. Ihr Ziel war, nach umfangreichen Diskussionen einen Entwurf für eine neue Verfassung durch einen Volksentscheid zu beschließen. Am Ende des Diskussionsprozesses wären die Veränderungen im Vergleich zum Grundgesetz wahrscheinlich nicht gravierend gewesen. Doch die Einbeziehung der Ostdeutschen in Diskussion und Abstimmung über die zukünftige Verfasstheit des vereinigten Deutschland hätte ihnen ein höheres Verantwortungsbewusstsein verliehen. Ihr Wunsch nach Selbstbestimmung wäre zumindest in dieser Weise respektiert worden. Rechte und Freiheiten, die ›von unten‹ erstritten werden, werden viel eher auch ›von unten‹ anerkannt und verteidigt.

Die ehemalige brandenburgische Sozialministerin Regine Hildebrandt sprach wohl vielen aus dem Herzen, als sie sagte: »Mir will einfach nicht einleuchten, warum man nicht die Vorteile zweier Systeme miteinander verbinden kann, sondern stattdessen

---

[6] Online-Dialog zur »Wahrnehmung und Bewertung der deutschen Einheit«, Auswertungsbericht, verfasst von Zebralog im Auftrag des Bundesministeriums für Verkehr, Bauen und Stadtentwicklung (BMVBS), Berlin 2009, S. 4, [12.3.2009], http://www.zebralog.de/bilder/Abschlussbericht_BMVBS_Online-Dialog_deutsche_Einheit.pdf (29.6.2010).

einem einzigen System den Vorzug gibt, das neben vielen erfreulichen Vorteilen erhebliche Mängel aufweist«[7].

Nicht immer ist das ostdeutsche Identitätsbewusstsein gleichzusetzen mit Nostalgie. Es kann durchaus eine Form sein, die Herkunft nicht zu verleugnen und sich für die Misere des gescheiterten Systems nicht auf Dauer in Haftung nehmen zu lassen. Die Einheit wird in dem Maße gelingen, wie Ost- und Westdeutsche einander auch trotz ihrer Unterschiede respektieren. Die erwähnte Befragung belegt außerdem, dass die Ostdeutschen oftmals das Fehlen einer Anerkennung für ostdeutsche Lebensläufe und Lebenszusammenhänge beklagen. Die Westdeutschen wüssten wenig über die DDR und die westdeutsche Identität werde ohne kritische Prüfung als gesamtdeutsche Identität vorausgesetzt.

Warum wird die kulturelle Ost-West-Differenz überhaupt als ein Problem bewertet, warum gilt die innere Einheit als Stabilitätsfaktor? Schließlich gibt es auch beträchtliche Unterschiede zwischen Nord und Süd. Vielleicht liegt die besondere Bewertung darin begründet, dass die Ost-West-Differenz neu ist und asymmetrisch. Der Osten hat alle Lebensbereiche umstellen müssen, der Westen konnte im Wesentlichen alles beim Alten belassen bzw. hat sich ausdrücklich dagegen verwahrt, den Einigungsprozess als Evaluationschance für die eigenen Strukturen zu nutzen. Die ›gelernten DDR-Bürger‹ mussten neu lernen, und zwar in sehr kurzer Zeit. Das Tempo von Revolution und Wiedervereinigung hat viele überfordert. Die mentale Bewältigung braucht länger, sie wird wohl erst der nächsten Generation gelingen. Hinzu kommen als posttotalitäre Folgen die Ost-Ost-Gegensätze, die härter und zäher sind als alle anderen Differenzen. Die ehemaligen Angehörigen des SED-Machtapparates sind bis heute gut organisiert und versuchen über Die Linke politischen Einfluss zu gewinnen. Sie haben zum Teil erhebliche Abfindungssummen erhalten und beziehen eine Rente, die nach ihrem damaligen Einkommen berechnet wird. Für die Opfer des SED-Regimes – einige von ihnen haben sich in Verbänden organisiert – wirken die Benachteiligungen aus DDR-Zeiten fort. Obwohl einige gesetzliche Entschädigungsregelungen geschaffen wurden, fühlen sie sich zu wenig gesellschaftlich gewürdigt und materiell unzureichend versorgt. Zwischen den Opfern und den Systemverantwortlichen befindet sich die große Masse derer, die sich aufgrund größerer oder kleinerer Zugeständnisse an das Regime unter Rechtfertigungsdruck fühlen.

Was heißt das für die politische Kultur unseres Landes, wenn sich zwei Drittel der ehemaligen DDR-Bürger in der Bundesrepublik nicht heimisch fühlen? Einmal erwachsen daraus Vertrauensdefizite. Demokratie ist für die Bewältigung von Ordnungs-, Steuerungs- und Stabilitätsproblemen auf Vertrauen angewiesen. Kann man sich auf Mitbürger verlassen, die sich eigentlich nicht dazugehörig fühlen? Können diejenigen, die sich fremd und nicht angenommen fühlen, denen trauen, die ihnen den Respekt verweigern? Wem nicht vertraut wird, dem wird auch keine Verantwortung übertragen. Und wer einem Institutionengefüge skeptisch gegenübersteht, wird sich auch nicht dafür verantwortlich fühlen wollen.

---

[7] Neue Zürcher Zeitung, 6.3.1997.

Im Zusammenhang mit den Diskussionen um Ausreise oder Bleiben in der DDR beschrieb der Mecklenburger Altbischof Heinrich Rathke, was Heimat ist. »Heimat ist der Ort, an dem ich mich verantwortlich fühle und in die Verantwortung genommen werde«. Damit wies er auf die fehlende Partizipationsmöglichkeit in der DDR hin, die es verhindere, sich in der DDR zu Hause zu fühlen. Für die erwähnten zwei Drittel, die sich nicht als Bundesbürger empfinden, scheint die Heimatlosigkeit, die Fremdheit, ebenfalls damit zusammenzuhängen, dass sie sich nicht in die Verantwortung einbezogen fühlen. Sie empfinden den Mangel an Respekt als kränkend. Und das verhindert die Identifizierung mit dem eigenen Land und treibt in die nostalgischen Enklaven. Dort können sich DDR-Identitäten restaurieren, die mitunter stärker sind als vor 1989. Man trauert gemeinsam um den Heimatverlust, man wappnet sich gegen das Fremde der Mehrheitskultur, man gewinnt Vertrautheit durch gemeinsames Klagen über die schlechten Zeiten, die Fremdbestimmung, die Ohnmacht. Das Fatale ist, dass daraus offenbar keine produktiven Kräfte erwachsen.

Von Willy Brandt stammt der Satz: »Jetzt wächst zusammen, was zusammengehört«. Es lohnt sich aber, diesen Satz in den Zusammenhang zu stellen, in dem er ihn am 4. Oktober 1990 im Bundestag gesagt hat, weil er von einer unglaublichen Weitsicht zeugt: »Die wirtschaftliche Aufforstung und soziale Absicherung liegen nicht außerhalb unseres Leistungsvermögens. Die Überbrückung geistig-kultureller Hemmschwellen und seelischer Barrieren mag schwieriger sein. Aber mit Achtung und Respekt vor dem Selbstgefühl der bisher von uns getrennten Landsleute wird es möglich sein, dass ohne entstellende Narben zusammenwächst, was zusammengehört«[8].

RÉSUMÉ FRANÇAIS

Les sobriquets »Wessis« et »Ossis«, et les stéréotypes qu'ils véhiculent se révèlent étonnamment tenaces: ils mettent en évidence des différences de comportement aujourd'hui encore manifestes entre les Allemands de l'Est et ceux de l'Ouest. Même employés sur le ton de la plaisanterie, ils recèlent encore des reproches réciproques qui servent d'alibi pour expliquer la fusion encore imparfaite des deux Allemagne. Certaines différences persistent dans les cultures et les mentalités, ainsi qu'un sentiment d'altérité et de méfiance envers ceux qui ont grandi dans l'autre système. Cela s'explique à la fois par des erreurs politiques et par des caractéristiques propres à chaque système. Ainsi, les habitants de l'ex-RDA n'étaient pas préparés à devoir organiser leur vie de façon autonome et à en assumer la responsabilité. Un certain nombre d'entre eux ne se sentirent pas capables de faire face aux mutations à l'œuvre dans leur vie quotidienne et professionnelle. Le processus d'adaptation fut unilatéral: les Allemands de l'Est durent s'habituer très rapidement à un mode de vie entièrement nouveau, tandis que presque rien ne changeait pour ceux de l'Ouest. Certes, beaucoup d'Allemands de l'Est prirent rapidement leurs repères dans le nouveau système, mais restèrent enfermés dans les mentalités de l'ex-RDA. Aisément reconnaissables à leur accent et à leur attitude, nombre d'entre eux firent l'expérience de la privation. Cela réduisit leurs chances d'accéder à des positions influentes et d'être associés aux décisions. L'unification se déroula non pas comme le prévoyait alors l'article 146 de la Loi fondamentale, mais sous forme d'intégration à la RFA; de ce fait, beaucoup d'Allemands de l'Est estimèrent avoir manqué

---

[8] Willy BRANDT zit. nach: Texte zur Deutschlandpolitik Reihe III 8b (1990), S. 758–763, hier S. 758.

l'occasion d'engager avec les Allemands de l'Ouest un débat de fond sur les valeurs. Cette déception durable fut aggravée par l'illusion, entretenue par la sphère politique, que l'Est connaîtrait bientôt la même prospérité que l'Ouest. Au contraire, un écart subsiste aujourd'hui encore entre les anciens et les nouveaux länder. La productivité, les salaires et les revenus sont moindres à l'Est, tandis que le chômage y est plus élevé. Les meilleurs diplômés et les plus jeunes et adaptables continuent à partir vers l'Ouest. Le pays reste également divisé sur le plan politique; c'est apparu très clairement lors des dernières élections législatives, où le parti de gauche – Die Linke – a réalisé de très bons scores dans les länder de l'Est. Pour la jeune génération, cette appartenance à l'Est n'a guère plus de sens, mais il faudra probablement tout de même encore dix ou vingt ans pour que disparaisse le clivage social entre l'Est et l'Ouest.

HERMANN WENTKER

Die Gegenwart der Vergangenheit
Zum Umgang mit der DDR-Geschichte nach 1989/1990

»Die DDR ist Vergangenheit und doch in mancher Hinsicht gegenwärtiger denn je«[1]. Dieser Satz von Martin Sabrow verweist auf ein Paradox: Die DDR ist zwar untergegangen und damit eine abgeschlossene Ära deutscher Geschichte, sie ist jedoch in der öffentlichen und in der wissenschaftlichen Debatte noch äußerst präsent. Das hat nicht nur damit zu tun, dass die Vereinigung von zwei so grundlegend verschiedenen Systemen wie der Bundesrepublik und der DDR Probleme mit sich brachte, die bis heute nicht vollständig gelöst sind, sondern auch damit, dass die DDR »die kulturelle, politische und soziale Herkunft jedes fünften Deutschen ist«[2]. Hinzu kommt der Umstand, dass die Deutschen sich nicht nur mit der DDR-Diktatur, sondern auch mit der NS-Diktatur befassen müssen: Das hat sicher zu einer besonderen Gründlichkeit im Umgang mit der DDR beigetragen. Die Deutschen sprechen von »Aufarbeitung« der Diktaturvergangenheit: Das impliziert einen nicht abgeschlossenen, vielleicht auch nicht abschließbaren, mühevollen Prozess, in dem wir nicht nur Erkenntnisse sammeln, sondern auch um die Haltung ringen, die gegenüber diesen problematischen Abschnitten unserer Geschichte eingenommen werden soll.

Die Aufarbeitung der Geschichte der DDR im wiedervereinigten Deutschland ist also eine mühevolle, problembehaftete Aufgabe. Zwei dieser Probleme seien kurz genannt. Zunächst, und vielleicht am gravierendsten: die geteilte Erinnerung an die DDR. Die Ostdeutschen haben zwar die DDR bis 1990 in ihrer übergroßen Mehrheit genauso abgelehnt wie die Westdeutschen; ihre Lebensverhältnisse wurden indes in einem weitaus größeren Maße durch die Wiedervereinigung umgekrempelt als die ihrer Landsleute im Westen, die sich kaum betroffen fühlten. Im Prozess der Vereinigung sahen sie sich zudem in der Rolle von Verlierern im Systemwettbewerb, wobei in West und Ost der Fehler gemacht wurde, nicht sauber zwischen den Menschen und dem System zu trennen. Aus »dieser Asymmetrie von Veränderungserfahrungen und Selbstbewertungen« resultierten unterschiedliche Perspektiven auf die ostdeutsche Vergangenheit[3]. Das zweite Problem besteht in der doppelten Diktaturvergangenheit: Wie sind NS- und SED-Diktatur vergleichend zu bewerten? Dürfen wir überhaupt beide verglei-

---

[1] Martin SABROW, Die DDR erinnern, in: DERS. (Hg.), Erinnerungsorte der DDR, München 2009, S. 11–27, hier S. 11.
[2] Thomas GROSSBÖLTING, Zwischen »Sonnenallee«, »Schurkenstaat« und Desinteresse – Aporien im Umgang mit der DDR-Vergangenheit im wiedervereinigten Deutschland, in: Erinnern! Aufgabe, Chance, Herausforderung, hg. von der Stiftung Gedenkstätten Sachsen-Anhalt, Magdeburg 2009, S. 8–21, hier S. 11.
[3] Vgl. Annette LEO, Die DDR im Museum. Geteilte Erinnerung an einen untergegangenen Staat, in: http://www.bpb.de/themen/0PFP3N,O,O,Die_DDR_im_Museum.html [29.6.2009], (2.10.2009).

chen? Bedeutet eine Feststellung von Ähnlichkeiten bereits eine Verharmlosung der NS-Diktatur? Oder bagatellisieren wir nicht umgekehrt die SED-Diktatur, wenn wir die Einzigartigkeit des Nationalsozialismus in seinen repressiven Strukturen betonen? Die Aufarbeitung der DDR-Geschichte hat wiederum verschiedene Dimensionen. An erster Stelle sei die Aufarbeitung durch Recht genannt: Es geht also um Strafverfolgung von DDR-Unrecht, um Wiedergutmachung und um juristisch zu klärende Eigentumsfragen. Freilich wäre es eine Überforderung des Rechtsstaats, von ihm zu verlangen, ex post »Gerechtigkeit« herzustellen – also die vielen »Ungerechtigkeiten« zu kompensieren, die die Ostdeutschen in der vierzigjährigen Geschichte der DDR erfahren mussten. Dass die Ostdeutschen »nur« den Rechtsstaat, nicht aber »Gerechtigkeit« bekommen haben, wie Bärbel Bohley einmal resigniert festgestellt hat, ist letztlich auf die friedliche, unblutige Revolution zurückzuführen[4]. Nicht klar voneinander zu trennen ist das, was man gesellschaftliche, öffentliche und wissenschaftliche Aufarbeitung nennt. Hierzu zählen Aufarbeitungsinitiativen »von unten«, oftmals entstanden aus dem bürgerschaftlichen Engagement in der friedlichen Revolution; des Weiteren die Behandlung von DDR-Geschichte in der Publizistik und in den Medien, die Arbeit von Gedenkstätten, Museen, Universitäten und Forschungseinrichtungen. Zu erwähnen wäre noch die Vermittlung von DDR-Geschichte, die von Schulen, Universitäten und außerschulischen Bildungsträgern geleistet wird. Dabei handelt es sich zwar nicht um eine weitere Aufarbeitungsdimension, aber um einen ganz engen, elementaren Zusammenhang: Denn was nützt alle Aufarbeitung, wenn die Erkenntnisse der Wissenschaft nicht verbreitet werden?

In den folgenden Ausführungen geht es weder um die inzwischen abgeschlossene juristische Aufarbeitung noch um die in den Jahren 2008 und 2009 wieder in die Schlagzeilen geratene Vermittlung von DDR-Geschichte[5]. Im Mittelpunkt steht vielmehr der Komplex der gesellschaftlichen, öffentlichen und wissenschaftlichen Aufarbeitung, deren Konjunkturen und Trends zwischen 1989 und heute knapp analysiert werden sollen. Unter grober Orientierung an der Chronologie lässt sich die Problematik in sechs Punkte gliedern:

Erstens geht es um den Ursprung und die Anstöße zur Aufarbeitung der DDR-Vergangenheit aus der Revolutionsphase heraus. Daran schließt, zweitens, eine Phase an, die bis weit in die 1990er-Jahre reicht, die einerseits von Institutionalisierung und Politisierung der Aufarbeitung und andererseits einem regelrechten Forschungsboom gekennzeichnet war. Die DDR-Forschung wurde, drittens, damals an bestimmten Forschungsinstituten und in den Universitäten etabliert: Präsentiert wird ein knapper Überblick über diese Einrichtungen und über die damaligen Forschungsschwerpunkte. Trotz eines etwas nachlassenden Interesses blieb DDR-Geschichte auch nach 1999 in der Öffentlichkeit präsent: Sie wurde, worauf im vierten Abschnitt eingegangen wird,

---

[4] Zu Bärbel Bohley und ihrem Gerechtigkeitsverständnis: Ehrhart NEUBERT, Gesicht und Stimme der Revolution: Bärbel Bohley, in: Klaus Dietmar HENKE (Hg.), Revolution und Vereinigung 1989/90. Als in Deutschland die Realität die Phantasie überholte, München 2009, S. 238–248, hier S. 246f.
[5] Vgl. Monika DEUTZ-SCHROEDER, Klaus SCHROEDER, Soziales Paradies oder Stasi-Staat. Das DDR-Bild von Schülern, Stamsried 2008.

entweder skandalisiert oder nostalgisch erinnert und vor allem zu bestimmten Jahrestagen präsentiert. Dass DDR-Geschichte nicht nur eine Angelegenheit der Medien und der Wissenschaft ist, sondern auch von gesellschaftlichen Einrichtungen vor Ort und in Gedenkstätten betrieben wird, ist Thema des darauffolgenden fünften Abschnitts. Sechstens und abschließend geht es um die seit einigen Jahren diskutierte Frage, ob sich die DDR-Aufarbeitung in einer Krise befindet, und um die in diesem Zusammenhang vorgeschlagenen Rezepte zur Krisenbewältigung.

URSPRUNG UND ERSTE ANSTÖSSE ZUR AUFARBEITUNG DER DDR-GESCHICHTE IN DER REVOLUTION VON 1989/1990

1989/1990 wurden von der neuen, revolutionären Öffentlichkeit in der DDR Einzelaspekte der SED-Diktatur skandalisiert, so etwa die im Vergleich zur ›Normalbevölkerung‹ luxuriöse Lebensweise der Politbüroführung. Nach der Aufdeckung von »Korruption und Machtmissbrauch« wurden erste hochrangige Funktionäre zum Rücktritt gezwungen. Unter dem Druck der Straße sahen sich auch die Justizorgane der DDR genötigt, Strafverfahren einzuleiten, die von den gesamtdeutschen Gerichten nach dem 3. Oktober 1990 weiterverfolgt wurden[6]. Der größte im Zuge der Revolution aufgedeckte Skandal war freilich die vermeintlich flächendeckende Überwachung der Gesellschaft durch die Staatssicherheit, die auch noch versuchte, durch Aktenvernichtungen ihre Vergangenheit zu ›entsorgen‹. Die Bürgerkomitees, die Letzteres öffentlich machten und dem entgegentraten, beförderten auch die Auseinandersetzung mit der DDR-Vergangenheit. Diese war folglich »Stasi-dominiert« und – nicht zuletzt aufgrund ihrer Medialisierung – personalisiert. Das kam der Spitze des Partei- und Staatsapparats entgegen, hatte man doch einen scheinbar Alleinschuldigen gefunden, hinter dem man sich verstecken konnte. Indem die DDR-Regierung damals Alexander Schalck-Golodkowski auffliegen ließ, förderte sie diese Richtung der Diskussion[7].

Die Debatte konzentrierte sich zwar auf das MfS und seine Informanten, war aber keine reine Stasi-Debatte. Erwähnt sei beispielsweise, dass bereits im Frühjahr 1990 ostdeutsche Tageszeitungen die Opfer der sowjetischen Speziallager thematisierten. Dabei handelte es sich um Lager, in denen die sowjetische Besatzungsmacht zwischen

---

[6] Vgl. dazu Klaus MARXEN, Gerhard WERLE (Hg.), Strafjustiz und DDR-Unrecht. Dokumentation, Bd. 3: Amtsmissbrauch und Korruption, unter Mitarbeit von Willi FAHNENSCHMIDT und Petra SCHÄFTER, Berlin, New York 2002.

[7] Vgl. Petra BOCK, Vergangenheitsbewältigung im Systemwechsel. Die Politik der Aufklärung, Strafverfolgung, Disqualifizierung und Wiedergutmachung im letzten Jahr der DDR, Berlin 2000, S. 431–437. Manfred WILKE, »Wenn wir die Partei retten wollen, brauchen wir Schuldige«. Der erzwungene Wandel der SED in der Revolution 1989/90. Interview mit Wolfgang Berghofer, in: Jahrbuch für Historische Kommunismusforschung (2007), S. 396–421, hier S. 408f. Berghofer zufolge sagte Hans Modrow in einer kleinen Besprechung am 3.12.1989: »Genossen, wenn wir die Partei retten wollen, brauchen wir Schuldige!« und meinte damit das MfS. Ob die SED damals noch in der Lage war, eine solche Debatte zu steuern, ist indes zweifelhaft.

1945 und 1950 ihr verdächtig erscheinende Deutsche – sowohl NS-Belastete als auch Oppositionelle – internierte und unter katastrophalen Zuständen inhaftiert hielt[8]. Die Diskussion schlug solche Wellen, dass sich das sowjetische Innenministerium im Juli 1990 zu einer Reaktion veranlasst sah und dabei auch Angaben über das Ausmaß der Verfolgung und deren Todesopfer machte[9].

INSTITUTIONALISIERUNG, POLITISIERUNG UND FORSCHUNGSBOOM IN DEN 1990er-JAHREN

Eine Frage und eine Forderung sorgten dafür, dass die Debatte um die DDR-Vergangenheit ab 1991/1992 institutionelle Formen fand. Die Frage lautete: Was tun mit den Stasi-Akten?, und die Forderung: Wir brauchen ein Tribunal zur Aufarbeitung der DDR-Vergangenheit.

Ob die Stasi-Akten vernichtet, geschlossen oder geöffnet werden sollten, beschäftigte Politik und Öffentlichkeit insbesondere nach den Wahlen zur Volkskammer vom 18. März 1990. Es handelte sich schon um eine gesamtdeutsche Debatte, da sich auf ostdeutscher Seite die Regierung unter Ministerpräsident Lothar de Maizière, die Volkskammer und die Bürgerrechtler und auf westdeutscher Seite insbesondere die Bundesregierung und die Medien daran beteiligten. Wenngleich es keine klaren Fronten gab, kann man dabei von einer informellen Allianz der Bundesregierung, der Regierung de Maizière und insbesondere Innenminister Peter-Michael Diestel sprechen, die aus den unterschiedlichsten Gründen die Akten vernichten oder schließen, und den meisten Bürgerrechtlern, die diese zugänglich machen wollten. In der nicht eindeutig festgelegten Volkskammer konstituierte sich freilich ein »Sonderausschuss zur Kontrolle der Auflösung des MfS/AfNS«[10] unter Vorsitz des Rostocker Pfarrers Joachim Gauck. Dieser Ausschuss beteiligte sich maßgeblich an der Ausarbeitung eines »Gesetzes über die Nutzung und Sicherung der personenbezogenen Daten des ehemaligen MfS/AfNS«, das am 24. August 1990 nach kontroversen Diskussionen und mehrfachen Änderungen des ursprünglich eingebrachten Entwurfs fast einstimmig verabschiedet wurde. Dem Gesetz zufolge durften alle Betroffenen Auskunft verlangen; die Akten durften des Weiteren für Sicherheitsüberprüfungen, zum Zweck der Strafverfolgung und für die wissenschaftliche Forschung benutzt werden. Als am 29./30. August bekannt wurde, dass das Volkskammergesetz nicht in den Einigungsvertrag übernom-

---

[8] Vgl. dazu Sergej MIRONENKO, Lutz NIETHAMMER, Alexander VON PLATO in Verb. mit Volkhard KNIGGE und Günter MORSCH (Hg.), Sowjetische Speziallager in Deutschland 1945 bis 1950, 2 Bde., Berlin 1998.

[9] Vgl. Berichte über sowjetische Internierungslager in der SBZ, in: Deutschland Archiv 23 (1990) 11, S. 1804–1810. Hier sind die Zeitungsartikel und die am 26.7.1990 von DDR-Innenminister Diestel der Presse übergebene Denkschrift des sowjetischen Innenministeriums abgedruckt.

[10] Abkürzungen für: Ministerium für Staatssicherheit und Amt für Nationale Sicherheit. Ministerpräsident Modrow und seine Regierung versuchten, das MfS unter dem Namen AfNS zu erhalten.

men werden sollte, erhob sich heftiger Protest in der Volkskammer und bei zahlreichen Bürgerrechtlern, die ihren Forderungen mit der Besetzung der Stasi-Zentrale in der Normannenstraße und mit einem Hungerstreik Nachdruck verliehen. Auf diese Weise konnte eine Zusatzvereinbarung zum Einigungsvertrag ausgehandelt werden, der zufolge die Arbeiten an einer gesamtdeutschen gesetzlichen Regelung unmittelbar nach dem 3. Oktober 1990 aufgenommen und dabei die Grundsätze des Volkskammergesetzes »umfassend berücksichtigt« würden. Von Oktober 1990 bis zu seiner Verabschiedung am 14. November 1991 wurde über das sogenannte »Stasi-Unterlagen-Gesetz« beraten; am 29. Dezember trat es in Kraft. Der Aktenzugang wurde darin im Wesentlichen so geregelt, wie es das Volkskammergesetz vorgesehen hatte; mit der Durchführung des Gesetzes wurde eine neue, dem »Bundesbeauftragten für die Unterlagen des Staatssicherheitsdienstes der ehemaligen DDR« (BStU) unterstellte Behörde betraut. Die BStU ist damit ein Kind der Revolution von 1989/1990, eine Errungenschaft der Bürgerrechtler, die der damaligen Bundesregierung abgetrotzt wurde[11].

Da nach Auffassung einiger prominenter Bürgerrechtler der Prozess der öffentlichen Aufarbeitung im Herbst 1991 ins Stocken kam, forderten Friedrich Schorlemmer, Wolfgang Thierse und Wolfgang Ullmann, nach dem Vorbild sogenannter »Wahrheitskommissionen« (wie etwa in Südafrika), ein öffentliches Tribunal zur Aufarbeitung der DDR-Vergangenheit, das diese nicht juristisch, aber moralisch bewerten sollte. Es handelte sich um drei unterschiedliche Vorschläge mit je eigener Akzentsetzung. In der öffentlichen Debatte sprach sich vor allem Bundespräsident Richard von Weizsäcker gegen einen solchen Vorschlag aus, da niemand außer der Justiz berechtigt sei, zu strafen oder Absolution zu erteilen. Ein Gegenvorschlag kam von dem aus der DDR stammenden SPD-Bundestagsabgeordneten Markus Meckel, der im November 1991 die Idee ventilierte, eine Enquetekommission des Bundestages zur Aufarbeitung der DDR-Geschichte einzusetzen, da der Bundestag über die nötige Legitimation verfüge, um dieses ›heiße Eisen‹ anzufassen. Meckels Idee fand bei allen Fraktionen außer bei der PDS Zustimmung, so dass im Mai 1992 die Enquetekommission »Aufarbeitung der Geschichte und Folgen der SED-Diktatur« eingesetzt werden konnte. Als sie 1994 ihre Tätigkeit einstellte, nahm im Mai 1995 in ihrer Nachfolge die Enquetekommission »Überwindung der Folgen der SED-Diktatur im Prozess der deutschen Einheit« ihre Tätigkeit auf. Wie sind diese Kommissionen, deren mehrbändige Arbeitsergebnisse für die DDR-Forschung von erheblichem Wert sind, zu bewerten? Auch sie waren Kinder der Revolution von 1989/1990, von prominenten ostdeutschen Bürgerrechtlern initiiert. Ostdeutsche brachten sich immer wieder in die Debatten ein, so dass deren Subsumierung unter den Begriff »Siegerjustiz« völlig unangemessen ist. Einen wichtigen Anstoß gab die Erfahrung mit der NS-Aufarbeitung in der Bundesrepublik: Diesmal sollte alles »richtig gemacht« werden. Ein wesentliches Problem bestand freilich darin, dass die Ziele der Kommissionen zu unklar und schwammig formuliert waren. Neben Erkenntnisinteressen stand das vage Motiv, einen Beitrag zur inneren Einheit zu leisten. Die Enquetekommissionen wurden letztlich zu einer Arena, in der um die Legiti-

---

[11] Vgl. dazu Silke SCHUMANN, Vernichten oder Offenlegen? Zur Entstehung des Stasi-Unterlagen-Gesetzes. Eine Dokumentation der öffentlichen Debatte 1990/91, Berlin 1995.

mität politischer Ideen nach dem Zusammenbruch des Kommunismus gestritten wurde. Bei allen Kontroversen im Einzelnen schälte sich insgesamt das Narrativ einer ostdeutschen Niedergangsgeschichte heraus, gegenüber der – mehr implizit als explizit – die westdeutsche Erfolgsgeschichte umso heller strahlte[12].

Ein wesentliches Kennzeichen der damaligen, nicht nur in den Enquetekommissionen geführten Debatten war ihre Politisierung. Ein Aspekt war dabei die Auseinandersetzung mit der SED-Nachfolgepartei PDS, der trotz Ansätzen, die eigene Geschichte in einem kritischeren Licht zu sehen, zu Recht vorgeworfen werden konnte, sich nicht ihrer Verantwortung zu stellen. Doch es traf auch andere: Der brandenburgische Ministerpräsident Manfred Stolpe wurde bezichtigt, als Informeller Mitarbeiter für das MfS tätig gewesen zu sein, woraufhin der Landtag in Potsdam 1992 einen Untersuchungsausschuss einsetzte, um die Vorwürfe zu klären[13]. Ungeachtet aller gegen ihn sprechenden Indizien blieb Stolpe indes im Amt. Neben der dadurch beschädigten evangelischen Kirche blieb auch die CDU nicht ungeschoren: So trat der thüringische Ministerpräsident Josef Duchač am 23. Januar 1992 zurück, weil auch ihm seine IM-Tätigkeit für das MfS zur Last gelegt wurde. Insgesamt musste sich die CDU vor allem gegen den Vorwurf zur Wehr setzen, sie habe das Erbe der »Blockflötenpartei« Ost-CDU angetreten und habe zu viele Ehemalige in ihren Reihen[14]. Die SPD wiederum geriet wegen der Neuen Ostpolitik der 1970er-Jahre ins Kreuzfeuer der konservativen Kritik. Sie konterte freilich den Vorwurf, sich dem SED-Regime angebiedert und dessen Leben durch finanzielle und wirtschaftliche Zugeständnisse verlängert zu haben, mit der Retourkutsche, die christlich-liberale Koalition unter Helmut Kohl habe 1982 die sozialliberale Ostpolitik bruchlos fortgesetzt[15]. Insgesamt mussten sich zahlreiche westdeutsche Politiker, Publizisten und Wissenschaftler nach 1990 gefallen lassen, als »Schönfärber« der DDR bezeichnet zu werden[16]. Die DDR-Vergangenheit war auf der politischen Bühne allgegenwärtig und wurde in der Parteipolitik der 1990er-Jahre noch kräftig instrumentalisiert.

Der ebenfalls 1990 einsetzende Forschungsboom im Bereich der DDR-Geschichte, die zuvor in der Bundesrepublik eine eher randständige Existenz geführt hatte, hing

---

[12] Vgl. Petra BOCK, Von der Tribunal-Idee zur Enquete-Kommission. Zur Vorgeschichte der Enquete-Kommission des Bundestages »Aufarbeitung von Geschichte und Folgen der SED-Diktatur in Deutschland«, in: Deutschland Archiv 28 (1995) 11, S. 1171–1183; Andrew H. BEATTIE, Playing Politics with History. The Bundestag Inquiries into East Germany, New York, Oxford 2008, insb. S. 228–244.

[13] Vgl. Landtag Brandenburg, 1. Wahlperiode, Bericht des Untersuchungsausschusses 1/3, Drucksache 1/3009, 30.5.1994.

[14] Vgl. Christian VON DITFURTH, Blockflöten. Wie die CDU ihre realsozialistische Vergangenheit verdrängt, Köln 1991. Dieser Vorwurf ist in jüngster Zeit wiederholt worden: vgl. Uwe MÜLLER, Grit HARTMANN, Vorwärts und Vergessen! Kader, Spitzel und Komplizen: Das gefährliche Erbe der SED-Diktatur, Berlin 2009, S. 104–130.

[15] Vgl. dazu auch A. James MCADAMS, Judging the Past in Unified Germany, Cambridge 2001, S. 105, der mit Blick auf die erste Enquetekommission feststellt: »In this light, it is revealing that the *Deutschlandpolitik* provided the occasion for one of the most openly antagonistic partisan exchanges in the early rounds of the parliamentary debates over the Enquete commission«.

[16] Vgl. dazu Jens HACKER, Deutsche Irrtümer. Schönfärber und Helfershelfer der SED-Diktatur im Westen, Berlin, Frankfurt a.M. 1992.

auch mit diesen öffentlichen Debatten eng zusammen. Zum Teil kamen massive Vorwürfe, etwa zur angeblichen Kumpanei zwischen MfS und evangelischer Kirche in der DDR, aus der Wissenschaft[17]; zum Teil ging es darum, These und Gegenthese in der politischen Debatte mit historischen Erkenntnissen zu belegen. In diesem Zusammenhang sind beispielsweise die Veröffentlichungen von Heinrich Potthoff zu sehen, der etwa die Beschuldigungen gegenüber den Bundesregierungen unter Willy Brandt und Helmut Schmidt, sich zu eng mit der DDR eingelassen zu haben, mithilfe von zwei gewichtigen Dokumentenbänden und einer Monographie widerlegen will[18]. Darüber hinaus beförderten gerade die Enquetekommissionen die Forschungen zur DDR-Geschichte, da sie Expertisen von Zeithistorikern einforderten. Schließlich sei noch das staatliche Interesse an Aufklärung über die DDR erwähnt, das sich etwa in einer Ausstellung des Bundesjustizministeriums über die DDR-Justiz ausdrückte, die wiederum ohne eingehende Forschung nicht möglich gewesen wäre[19].

Genauso wichtig für den Forschungsboom war die Öffnung der DDR-Archive nach 1990: Die ins Bundesarchiv übergegangenen Archivalien wurden, einschließlich der SED-Akten, ohne Sperrfristen der Forschung zugänglich. Die beiden Sonderfälle bilden die Akten des Ministeriums für Staatssicherheit und die des Ministeriums für Auswärtige Angelegenheiten der DDR: Erstere sind zwar bis 1990 im Archiv der BStU zugänglich, unterliegen aber anderen, im sogenannten Stasi-Unterlagen-Gesetz von 1991 enthaltenen Beschränkungen, und Letztere wurden vom Politischen Archiv des Auswärtigen Amts übernommen, das für alle seine Archivalien, einschließlich jenen aus der DDR, eisern an der 30-Jahres-Sperrfrist festhält. Welche Goldgräberstimmung damals herrschte, zeigt eine im Dezember 1993 im Auftrag der Enquetekommission zusammengestellte Übersicht, die bereits 759 laufende Forschungsprojekte zur DDR-Geschichte auflistete[20]. Dass durch die Öffnung der DDR-Archive bei gleichzeitiger Beibehaltung der 30-Jahres-Sperrfrist für westdeutsche Archivalien eine Schieflage nicht nur beim Zugang zu Akten zu zentralen Themen der deutsch-deutschen Geschichte, sondern auch in der Forschung entstand, ist bereits früh erkannt worden. Den Forderungen, im Gegenzug auch die Bestände westdeutscher Archive unter Aufhebung der Sperrfristen zugänglich zu machen, wurde jedoch nicht entsprochen[21].

---

[17] Gerhard BESIER, Stephan WOLF (Hg.), »Pfarrer, Christen und Katholiken«. Das Ministerium für Staatssicherheit der ehemaligen DDR und die Kirchen, Neukirchen-Vluyn 1991 (^{2}1992).
[18] Heinrich POTTHOFF, Die »Koalition der Vernunft«. Deutschlandpolitik in den 80er Jahren, München 1995; DERS., Bonn und Ost-Berlin 1969–1982. Dialog auf höchster Ebene und vertrauliche Kanäle. Darstellung und Dokumente, Bonn 1997; DERS., Im Schatten der Mauer. Deutschlandpolitik 1961–1990, Berlin 1999.
[19] Vgl. Im Namen des Volkes? Über die Justiz im Staat der SED. Katalog zur Ausstellung des Bundesministeriums der Justiz, Leipzig 1994. Dazu erschienen ebenfalls ein Dokumentenband und ein wissenschaftlicher Begleitband.
[20] Vgl. Hermann WENTKER, Zum Stand der historischen DDR-Forschung: Ein Überblick über Institutionen und Projekte, in: Francia. Forschungen zur westeuropäischen Geschichte 22/3 (1995), S. 155–166, hier S. 158.
[21] Vgl. Hermann WEBER, »Asymmetrie« bei der Erforschung des Kommunismus und der DDR-Geschichte? Probleme mit Archivalien, dem Forschungsstand und bei den Wertungen, in: Aus Politik und Zeitgeschichte 47 (1997) 26, S. 3–14, hier S. 4f.

DIE NEUE DDR-FORSCHUNG
IN FORSCHUNGSINSTITUTEN UND UNIVERSITÄTEN

Im Zuge der Wiedervereinigung erfolgte eine völlige Umstrukturierung der Forschungslandschaft mit Blick auf die DDR-Geschichte. Neben den Forschungseinrichtungen der DDR wurden auch altehrwürdige bundesdeutsche Institute wie das Zentralinstitut 6 der Freien Universität Berlin und das Institut für Gesellschaft und Wissenschaft in Erlangen »abgewickelt«; der Arbeitsbereich DDR-Geschichte an der Universität Mannheim wurde »schrittweise ausgetrocknet«[22]. Stattdessen traten neue Forschungseinrichtungen ins Leben, und die Tätigkeit anderer weitete sich aus. Zu nennen wären die Abteilung Berlin des Instituts für Zeitgeschichte, das Zentrum für Zeithistorische Forschung (ZZF) in Potsdam und das Hannah-Arendt-Institut für Totalitarismusforschung in Dresden (HAIT). Einen spezielleren Zuschnitt haben die Abteilung Bildung und Forschung der BStU sowie der Arbeitsbereich »Militärgeschichte der DDR im Bündnis« im MGFA in Potsdam. Darüber hinaus sind Forschergruppen in den beiden großen Kirchen, Mitarbeiter der parteinahen Stiftungen von CDU, FDP, SPD und PDS/Linkspartei auf dem Gebiet der DDR-Forschung tätig geworden. Auch die universitäre Forschung wandte sich in den 1990er-Jahren dem DDR-Thema zu; eine besondere Erwähnung verdient der Forschungsverbund SED-Staat an der Freien Universität Berlin[23]. Der Forschungsboom wurde freilich auch dadurch befördert, dass große Stiftungen millionenschwere Förderprogramme auflegten, insbesondere die Stiftung Volkswagenwerk. Mit der Einstellung von deren Schwerpunkt »Diktaturen im Europa des 20. Jahrhunderts« im Jahre 1998 wurde die Finanzierung von Projekten mühsamer[24]. Unter diesen Bedingungen wandten sich vor allem die Universitäten mehr und mehr anderen Themenfeldern zu, wo sie auf bessere Förderung hofften.

Die DDR-Geschichte wurde im ›Boom‹ auf den unterschiedlichsten Feldern erforscht. Zunächst ging es, insbesondere in Ostdeutschland, um die offene Thematisierung »weißer Flecken« und die Entlarvung von Geschichtslegenden der SED: beispielsweise um die sowjetischen Speziallager und um die besonderen Umstände der Zwangsvereinigung von KPD und SPD. Die Herrschaftsstrukturen, die Geschichte von Repression, Widerstand und Opposition wurden genauso thematisiert wie die »Grenzen der Diktatur« und der »Eigen-Sinn« von Einzelnen und Gruppen. Wenngleich insbesondere bei der Erforschung der zentralen Herrschafts- und Repressionsorgane bedeutende Fortschritte gemacht worden sind, wäre es jedoch verfehlt, die Arbeiten auf

---

[22] Vgl. Ulrich MÄHLERT, Manfred WILKE, Die Auseinandersetzung mit der SED-Diktatur seit 1989, in: Frank MÖLLER, Ulrich MÄHLERT (Hg.), Abgrenzung und Verflechtung. Das geteilte Deutschland in der zeithistorischen Debatte, Berlin 2008, S. 123–142, hier S. 128.
[23] Vgl. ibid., S. 128f.; Jens HÜTTMANN, DDR-Geschichte und ihre Forscher. Akteure und Konjunkturen der bundesdeutschen DDR-Forschung, Berlin 2008, S. 328–339; WENTKER, Zum Stand der historischen DDR-Forschung (wie Anm. 20), passim.
[24] Zum Abschluss der Förderung fand vom 8.–10.4.1999 eine vom Hannah-Arendt-Institut für Totalitarismusforschung durchgeführte Konferenz statt, in der über die Ergebnisse der Projekte berichtet wurde. Vgl. den Konferenzreader: Diktaturen im Europa des 20. Jahrhunderts. Dresden, 8.–10. April 1999.

diesen Feldern als abgeschlossen zu bezeichnen. So ist etwa das von der Abteilung Bildung und Forschung der BStU begonnene Handbuch zum Ministerium für Staatssicherheit immer noch nicht fertiggestellt. Außerdem liegen auch für die Geschichte der SED bisher nur für die 1940er- und 1950er-Jahre archivgestützte Forschungen vor, während zu den späteren Jahrzehnten entsprechende Arbeiten noch fehlen[25]. Insgesamt ist freilich allein die schiere Anzahl der Veröffentlichungen zur DDR-Geschichte, die zwischen 1990 und 2003 liegen, beeindruckend: Die Bibliographie in dem Sammelwerk »Bilanz und Perspektiven der DDR-Forschung« von 2003 zählt über 2000 Titel auf, die überwiegend nach 1990 erschienen sind[26]. Bemerkenswert waren auch die Versuche der 1990er-Jahre, die DDR »auf den Begriff« zu bringen. Vor allem um von der verpönten Charakterisierung »totalitär« wegzukommen, wurde die DDR wahlweise als »moderne Diktatur«[27], als »Fürsorgediktatur«[28] und sogar als »Konsensdiktatur«[29] bezeichnet, und die DDR-Gesellschaft als »entdifferenziert«[30], »durchherrscht«[31] oder als »konstitutiv widersprüchlich«[32]. Doch letztlich dienten solche Begriffsbildungen »eher der schnellen Etikettierung als der analytischen Durchdringung«[33] und brachten die Forschung nicht recht weiter. Zeitlich konzentrierte sich die Forschung auf die Besatzungszeit und das erste Jahrzehnt der DDR (bis zum Mauerbau) sowie auf deren letzte Jahre; bestimmte Forschungsfelder wie die Außenpolitik blieben zunächst weitgehend außen vor und wurden erst ab 1998/1999 intensiver erforscht[34].

[25] Auch das jüngst erschienene Buch von Andreas MALYCHA und Peter Jochen WINTERS, Die SED. Geschichte einer deutschen Partei, München 2009, kann diese Lücke nur zum Teil füllen. Am Institut für Zeitgeschichte München-Berlin wird jedoch eine solche Gesamtdarstellung für die Jahre 1961 bis 1989/1990 in den nächsten Jahren geschrieben.
[26] Rainer EPPELMANN, Bernd FAULENBACH, Ulrich MÄHLERT (Hg.), Bilanz und Perspektiven der DDR-Forschung, Paderborn 2003, S. 435–540.
[27] Vgl. Jürgen KOCKA, Die DDR – eine moderne Diktatur? Überlegungen zur Begriffswahl, in: Michael GRÜTTNER u.a. (Hg.), Geschichte und Emanzipation. Festschrift für Reinhard Rürup, Frankfurt a.M. 1999, S. 540–550.
[28] Konrad JARAUSCH, Realer Sozialismus als Fürsorgediktatur. Zur begrifflichen Einordnung der DDR, in: Aus Politik und Zeitgeschichte 48 (1998) 20, S. 33–46.
[29] Martin SABROW, Der Konkurs der Konsensdiktatur. Überlegungen zum inneren Zerfall der DDR aus kulturgeschichtlicher Perspektive, in: Konrad JARAUSCH, Martin SABROW (Hg.), Der Weg in den Untergang. Der innere Zerfall der DDR, Göttingen 1999, S. 83–116.
[30] Vgl. Sigrid MEUSCHEL, Überlegungen zu einer Herrschafts- und Gesellschaftsgeschichte der DDR, in: Geschichte und Gesellschaft 19 (1993), S. 5–14.
[31] Alf LÜDTKE, »Helden der Arbeit« – Mühen beim Arbeiten. Zur missmutigen Loyalität von Industriearbeitern in der DDR, in: Hartmut KAELBLE, Jürgen KOCKA, Helmut ZWAHR (Hg.), Sozialgeschichte der DDR, Stuttgart 1994, S. 188–213; in einem etwas anderen Sinn: Jürgen KOCKA, Eine durchherrschte Gesellschaft, ibid., S. 547–553.
[32] Detlef POLLACK, Die konstitutive Widersprüchlichkeit der DDR. Oder: War die DDR-Gesellschaft homogen?, in: Geschichte und Gesellschaft 24 (1998), S. 110–131.
[33] So Henrik BISPINCK u.a., DDR-Forschung in der Krise? Defizite und Zukunftschancen – Eine Entgegnung auf Jürgen Kocka, in: MÖLLER, MÄHLERT (Hg.), Abgrenzung und Verflechtung (wie Anm. 22), S. 153–161, hier S. 155.
[34] Vgl. auch die Bemerkungen zum Forschungsstand bei Jürgen FAULENBACH, Acht Jahre deutsch-deutsche Vergangenheitsdebatte – Aspekte einer kritischen Bilanz, in: Christoph KLESSMANN, Hans MISSELWITZ, Günter WICHERT (Hg.), Deutsche Vergangenheiten – eine gemeinsame Herausforderung. Der schwierige Umgang mit der doppelten Nachkriegsgeschich-

DDR-GESCHICHTE UND MEDIEN NACH 2000
SKANDALISIERUNG, OSTALGIE UND JAHRESTAGE

Nachdem die allgemeine Aufgeregtheit hinsichtlich der DDR nach ungefähr einem Jahrzehnt abgeklungen war, beruhigte sich die öffentliche Debatte. Sie brach vor allem dann auf, wenn es gelang, Mängel im Umgang mit der DDR-Vergangenheit, die auch für die alte Bundesrepublik relevant waren, öffentlichkeitswirksam zu thematisieren. Den Beginn machte hier Hubertus Knabe mit seinem Buch »Die unterwanderte Republik«, in der es um das Ausmaß geheimdienstlicher Durchdringung der Bundesrepublik durch die Stasi ging[35]; der vorläufige Endpunkt war die Entdeckung, dass Karl-Heinz Kurras, der West-Berliner Polizist, der mit der Erschießung von Benno Ohnesorg 1967 zum Ausbruch der Studentenrevolte maßgeblich beitrug, im Dienst der Staatssicherheit stand; freilich ist es nach dem bisherigen Kenntnisstand unwahrscheinlich, dass es sich um einen Mord im Auftrag des MfS handelte[36]. Aufmerksamkeit erregten auch die wiederholt beklagten Wissensmängel von Schülern über die DDR[37]. Obwohl es in den Medien um die DDR sehr viel ruhiger wurde, bleibt noch ein gewisses »Skandalisierungspotenzial« übrig, das sich von Zeit zu Zeit aktivieren lässt.

Die andere Seite der medialen Aufmerksamkeit galt der sogenannten »Ostalgie«, die durch »Ostalgieshows« 2003 im Fernsehen ihren Höhepunkt erfuhr. Hier ging und geht es gerade nicht um Skandalisierung, sondern vielmehr um die rührselige Erinnerung an den vergangenen, angeblich politikfreien Alltag in der DDR[38]. Die Medien stießen damit in eine Lücke, die die Geschichtswissenschaft und die darauf basierenden medialen Erzeugnisse gelassen hatten: Denn diese hatten die »Nahbereiche« des menschlichen Lebens ausgespart. Obwohl auch die Erinnerungsliteratur vor allem jüngerer

---

te, Berlin 1999, S. 15–34, hier S. 18–21; Rainer ECKERT, Triumph über die Diktatur oder Verschleierung der Vergangenheit? Zwölf Jahre Auseinandersetzung mit der zweiten deutschen Diktatur: Eine vorläufige Bilanz, in: Horch und Guck 39 (2002), S. 23–27; zum Forschungsstand zur DDR-Außenpolitik nach 1999: Hermann WENTKER, Die Außenpolitik der DDR, in: Neue Politische Literatur 46 (2001), S. 389–411.

[35] Hubertus KNABE, Die unterwanderte Republik. Stasi im Westen, Berlin 1999. Das Buch schildert zwar die versuchte Einflussnahme; im Hinblick auf die tatsächlichen Wirkungen entspricht der Titel freilich nicht dem Inhalt des Gesagten.

[36] Vgl. Helmut MÜLLER-ENBERGS, Cornelia JABS, Der 2. Juni 1967 und die Staatssicherheit, in: Deutschland Archiv 42 (2009) 3, S. 395–400.

[37] Ulrich ARNSWALD, Zum Stellenwert des Themas DDR-Geschichte in den Lehrplänen der deutschen Bundesländer. Eine Expertise im Auftrag der Stiftung zur Aufarbeitung der SED-Diktatur, Berlin 2004; DEUTZ-SCHROEDER, SCHROEDER, Soziales Paradies (wie Anm. 5). Kritisch dazu: Bodo VON BORRIES, Zwischen ›Katastrophenmeldungen‹ und ›Alltagsernüchterungen‹? Empirische Studien und pragmatische Überlegungen zur Verarbeitung der DDR-(BRD-) Geschichte, in: Deutschland Archiv 42 (2009) 4, S. 665–677.

[38] Vgl. Thomas AHBE, Arbeit am kollektiven Gedächtnis. Die Fernseh-Shows zur DDR als Effekt der vergangenheitspolitischen Diskurse seit 1990, in: Deutschland Archiv 36 (2003) 6, S. 917–928; Katja NELLER, DDR-Nostalgie. Dimensionen der Orientierungen der Ostdeutschen gegenüber der ehemaligen DDR, ihre Ursachen und politischen Konnotationen, Wiesbaden 2006.

Autoren über das Alltagsleben in der DDR in diesem Zusammenhang zu nennen ist[39], waren es vor allem Film und Fernsehen, die hier den allgemeinen Bedürfnissen entgegenkamen. Im Schatten der damit einhergehenden Verharmlosung der DDR-Vergangenheit meldeten sich die »alten Kader« des MfS 2006 wieder lautstark zu Wort – und das ausgerechnet in der ehemaligen Untersuchungshaftanstalt des MfS in Berlin-Hohenschönhausen[40].

Jenseits von Skandalisierung und Ostalgie begegnet DDR-Geschichte uns in den Medien vor allem anlässlich von Jahrestagen zentraler Ereignisse, die nicht nur für die DDR, sondern auch für die Bundesrepublik von herausragender Bedeutung waren. Beginnend mit 1999, als man der Gründung der beiden deutschen Staaten und dem Fall der Mauer zehn Jahre zuvor gedachte, folgten als weitere Gedenkjahre 2001 (vierzig Jahre Mauerbau), 2003 (fünfzig Jahre Volksaufstand in der DDR), und 2009 – das Groß-Gedächtnisjahr, das auch den vorliegenden, aus einer Tagung in Metz am 9. November 2009 (!) hervorgegangenen Sammelband hervorbrachte. Die Jahrestage haben mit Blick auf unser Thema zwei Seiten: Zum einen gerät dadurch zum Glück auch die DDR wieder in den Fokus der Mediengesellschaft; zum anderen besteht die Gefahr, dass die mediale Aufmerksamkeit zur Instrumentalisierung genutzt wird. So versuchten etwa einige Forscher, den Volksaufstand von 1953 in den Rang einer Revolution zu heben, um diesen als positive (ost-)deutsche Gründungslegende der neuen Bundesrepublik zu etablieren[41]. Und die Veröffentlichungen, die all diese Jahrestage hervorbrachten, wurden oftmals mehr mit Blick auf den Buchmarkt als unter dem Aspekt des Erkenntnisgewinns geschrieben[42].

GESELLSCHAFTLICHE AUFARBEITUNG UNABHÄNGIGE AUFARBEITUNGSINITIATIVEN, OPFERVERBÄNDE UND GEDENKSTÄTTEN

Ein besonderes Kennzeichen der »DDR-Aufarbeitungsszene« ist deren Vielfalt: Neben Wissenschaftlern und Medien müssen unabhängige Aufarbeitungsinitiativen, Opferverbände und Gedenkstätten dazugerechnet werden. Die Aufarbeitungsinitiativen

---

[39] Besonders erfolgreich das Buch von Jana HENSEL, Zonenkinder, Reinbek 2002. Vgl. daneben Claudia RUSCH, Meine Freie Deutsche Jugend, Frankfurt a.M. 2003; Jakob HEIN, Mein erstes T-Shirt, München 2001.
[40] Vgl. Hubertus KNABE, Die Täter sind unter uns. Über das Schönreden der SED-Diktatur, Berlin ²2007, S. 253–255.
[41] Bernd EISENFELD, Ilko-Sascha KOWALCZUK, Ehrhart NEUBERT, Die verdrängte Revolution. Der Platz des 17. Juni 1953 in der deutschen Geschichte, Bremen 2004; kritisch dazu Hermann WENTKER, Die deutsche Revolution von 1953?, in: Frankfurter Allgemeine Zeitung, 22.6.2004.
[42] Vgl. dazu mit Blick auf die zur friedlichen Revolution und zur Wiedervereinigung verfassten Bücher der Jahre 2008/2009 Hermann WENTKER, Friedliche Revolution und Wiedervereinigung in neuer Perspektive? Neuerscheinungen zum Umbruch in Deutschland, in: sehepunkte 9/10 (2009), [15.10.2009], www.sehepunkte.de/2009/10/15852.html (16.10.2009).

gehen insbesondere auf die Bürgerkomitees zurück, die sich 1989/1990 mit der Auflösung des MfS auf lokaler und regionaler Ebene befassten und sich danach der politisch-historischen Auseinandersetzung mit dem SED-Regime vor Ort widmeten. Hinzu kommen privat initiierte Archive, die Dokumente der Opposition sammeln; andere organisieren Museen bzw. Ausstellungen zur Geschichte von Opposition und Repression[43]. Eine Besonderheit sind die Verbände, die zum Teil vor, zum Teil nach 1989/1990 gebildet wurden, um die Interessen der Opfer politischer Verfolgung zu vertreten. Da sie daran interessiert sind, über ihr Schicksal und ihre Haftbedingungen aufzuklären, leisten auch sie einen Beitrag zur Auseinandersetzung mit der DDR-Vergangenheit[44].

Ein wesentliches Problem insbesondere der Aufarbeitungsinitiativen ist ihre Finanzierung. Bis Mitte der 1990er-Jahre gelang dies über die Bundesanstalt für Arbeit, die großzügig Mittel für Arbeitsbeschaffungsmaßnahmen verteilte. Mit dem Wegfall dieser Förderung waren sie auf die etablierten Stiftungen, die Landeszentralen und Landesbeauftragten für die Stasi-Unterlagen angewiesen; seit 1998 ist es vor allem die damals gegründete Stiftung zur Aufarbeitung der SED-Diktatur, die deren Arbeit unterstützt[45]. Die Errichtung der Stiftung Aufarbeitung ging auf die zweite Enquetekommission zurück, die dies bereits in einem Zwischenbericht vom 8. Oktober 1997 gefordert hatte. Im Gesetz über die Errichtung der Stiftung vom 5. Juni 1998 wird dann auch unter deren Aufgaben an erster Stelle »die projektbezogene Förderung von gesellschaftlichen Aufarbeitungsinitiativen, von privaten Archiven und von Verbänden der Opfer der Diktatur in der sowjetischen Besatzungszone und in der DDR« genannt[46].

Auch lokale Gedenkstätten, oft von einem privaten Verein getragen, befördern die Auseinandersetzung mit der DDR. In den östlichen Ländern kommt bei einigen dieser Orte das besondere Problem hinzu, dass sie Orte mit doppelter diktatorischer Vergangenheit sind. Zwar haben sich die Verantwortlichen in der Bundesrepublik auf folgenden Konsens geeinigt: »Die NS-Verbrechen dürfen durch die Verbrechen des Stalinismus nicht relativiert werden. Die stalinistischen Verbrechen dürfen durch den Hinweis auf die NS-Verbrechen nicht bagatellisiert werden«[47]. Dies verhinderte jedoch nicht,

---

[43] Vgl. Udo BARON, Wege zur Aufarbeitung der SED-Diktatur. Unabhängige Aufarbeitungsinitiativen zur Geschichtsdebatte über die DDR, in: Peter BARKER (Hg.), The GDR and its History: Rückblick und Revision. Die DDR im Spiegel der Enquete-Kommissionen, Amsterdam 2000 (German Monitor, 49), S. 67–79; Tobias HOLLITZER, Die gesellschaftliche Aufarbeitung der SED-Diktatur, in: EPPELMANN, FAULENBACH, MÄHLERT (Hg.), Bilanz und Perspektiven (wie Anm. 26), S. 391–400.
[44] Vgl. Jörg SIEGMUND, Opfer ohne Lobby? Ziele, Strukturen und Arbeitsweise der Verbände der Opfer des DDR-Unrechts, Berlin 2002.
[45] Vgl. MÄHLERT, WILKE, Die Auseinandersetzung mit der SED-Diktatur (wie Anm. 22), S. 129f.
[46] Zwischenbericht und Gesetz in: Materialien der Enquete-Kommission »Überwindung und Folgen der SED-Diktatur im Prozeß der deutschen Einheit« (13. Wahlperiode des Deutschen Bundestages), hg. vom Deutschen Bundestag, Bd. I: Besondere Veranstaltungen, Baden-Baden 1999, S. 60–75, 137–141, Zitat S. 137.
[47] Schlussbericht, hier: ibid., S. 614. Damit schloss sich die Enquetekommission inhaltlich der auf Bernd Faulenbach zurückgehenden Formulierung in den Empfehlungen zur Neukonzeption der brandenburgischen Gedenkstätten vom Januar 1992 an: »Die NS-Verbrechen dürfen weder durch die Verbrechen des Stalinismus relativiert noch die Verbrechen des Stalinismus

dass es im Januar 2004 in der Stiftung Sächsische Gedenkstätten zu heftigen Auseinandersetzungen kam. Damals stellten der Zentralrat der Juden in Deutschland und Verbände der Verfolgten der NS-Diktatur ihre Mitarbeit im Stiftungsrat ein, weil sie durch »›eine Zwangsvereinigung‹ der unterschiedlichen Interessenvertreter der Opferverbände im Stiftungsrat« eine solche Relativierung der NS-Verbrechen befürchteten[48]. Es sind dabei oft die Opferverbände, die miteinander konkurrieren, und weniger die überlebenden Opfer selbst. Die Öffentlichkeit und die Politik bleiben in solchen Fällen zu äußerster Sensibilität aufgefordert.

DDR-AUFARBEITUNG IN DER KRISE?

Gut ein Jahrzehnt nach der Wiedervereinigung schien die Aufarbeitung der DDR-Vergangenheit in Deutschland auf gutem Wege. Die vielfältige gesellschaftliche Aufarbeitung florierte, strukturelle Konflikte wie die Konkurrenz zwischen NS- und SED-Vergangenheit waren zwar geblieben, die Skandalisierung von DDR-Geschichte nahm aber tendenziell ab. Die wissenschaftliche Aufarbeitung war weniger von Goldgräberstimmung und Schnellschüssen, sondern immer mehr von einer sich zunehmend professionalisierenden, differenzierten Forschung bestimmt. Hinzu kam ein im Vergleich zum vorangegangenen Jahrzehnt allmählich zurückgehendes Interesse an der DDR in Forschung und Lehre[49]. Zwei Ereignisse waren es, die in diese vermeintliche Ruhe hineinplatzten: erstens der Vorwurf des prominenten Historikers Jürgen Kocka im Jahre 2003, die DDR-Forschung sei durch »ein hohes Maß an Selbstreferenzialität und Selbstisolierung gekennzeichnet« und sei nur dann zukunftsfähig, wenn sie über ihren eigenen Tellerrand hinausblicke und »Anschluss an die großen wissenschaftlichen und intellektuellen Fragen der Zeit« finde. Die Forschung solle sich nicht mehr auf die DDR selbst konzentrieren, sondern die DDR vor allem im Kontext von Europäisierung und Globalisierung und unter der Frage nach transnationalen Beziehungen thematisiert werden[50]. Zweitens setzte die Beauftragte für Kultur und Medien der damaligen Bundesregierung, Christina Weiß, 2005 eine Expertenkommission mit dem Ziel ein, ein

mit Hinweis auf die NS-Verbrechen bagatellisiert werden«. Bernd FAULENBACH, zit. in: Brandenburgische Gedenkstätten für die Verfolgten des NS-Regimes. Perspektiven, Kontroversen und internationale Vergleiche, hg. vom Ministerium für Wissenschaft, Forschung und Kultur des Landes Brandenburg und der Brandenburgischen Landeszentrale für politische Bildung, Berlin 1992, S. 263.
[48] Vgl. MÄHLERT, WILKE, Auseinandersetzung mit der SED-Diktatur (wie Anm. 22), S. 130. Vgl. dazu im breiteren Rahmen Bernd FAULENBACH, Konkurrierende Vergangenheiten? Zu den aktuellen Auseinandersetzungen um die deutsche Erinnerungskultur, in: Deutschland Archiv 37 (2004) 4, S. 648–659.
[49] Jens HÜTTMANN unter Mitarbeit von Peer PASTERNACK, Die »Gelehrte DDR« und ihre Akteure. Inhalte, Motivationen, Strategien: Die DDR als Gegenstand in Lehre und Forschung an deutschen Universitäten, Wittenberg 2004 (HoF-Arbeitsbericht, 4), S. 77–82.
[50] Jürgen KOCKA, Bilanz und Perspektiven der DDR-Forschung. Hermann Weber zum 75. Geburtstag, in: MÖLLER, MÄHLERT (Hg.), Abgrenzung und Verflechtung (wie Anm. 22), S. 143–152, die Zitate S. 150 und S. 152 (Wiederabdruck).

Konzept für einen dezentral organisierten Geschichtsverbund zur Aufarbeitung der SED-Diktatur vorzulegen. Hintergrund dieses Regierungsauftrags waren behördeninterne Überlegungen, die BStU abzuwickeln und deren Archiv ins Bundesarchiv zu integrieren. Im Zuge dieser Vorgänge schwebte der damaligen Bundesregierung offensichtlich auch eine Neuordnung der Gedenkstättenlandschaft vor. Die Empfehlungen der Expertenkommission von 2006 trafen ebenso wie die Bekundungen Kockas drei Jahre zuvor auf zum Teil heftige Kritik[51].

Wenngleich die Debatten unterschiedliche Ansatzpunkte hatten und unterschiedlich verliefen, so hatten sie doch einen gemeinsamen Ausgangspunkt: die Diagnose, dass sich die Aufarbeitung der DDR in einer Krise befinde. Und mit der Diagnose kamen direkt auch die Rezepte zur Behebung der vermeintlichen Gebrechen – Rezepte, die zur wissenschaftlichen Gesundung der DDR-Aufarbeitung Vergleiche und die Einordnung der DDR in immer größere Zusammenhänge vorschrieben und für die Gedenkstättenneuordnung drei Aufarbeitungsschwerpunkte festlegten: 1. Herrschaft – Gesellschaft – Widerstand, 2. Überwachung und Verfolgung und 3. Teilung und Grenze. Umstritten war vor allem die Überlegung, die Aufarbeitung in drei voneinander getrennten Schwerpunkten zu betreiben, da auf diese Weise Alltag und Repression nicht zusammen, sondern getrennt behandelt würden. Überdies sahen Kritiker die Gefahr, dass durch eine Überbetonung des »Alltags« in der Diktatur und von »Bindungskräften«, die diese erzeugt habe, deren Schattenseiten zu kurz kämen[52].

Die Empfehlungen fanden nur partiell Eingang in die Fortschreibung der Gedenkstättenkonzeption des Bundes vom 19. Juni 2008. So ist hier nicht mehr von »Aufarbeitungsschwerpunkten«, sondern nur noch von Themen die Rede, zu denen sich die Gedenkstätten und Museen zur SED-Diktatur gruppieren lassen. Dabei handle es sich um: 1. Teilung und Grenze, 2. Überwachung und Verfolgung, 3. Gesellschaft und Alltag und 4. Widerstand und Opposition. Zu dem besonders umstrittenen Punkt »Gesellschaft und Alltag« heißt es dort: »Das Alltagsleben in der DDR wird berücksichtigt, um einer Verklärung und Verharmlosung der SED-Diktatur und jeder ›Ostalgie‹ entschieden entgegenzuwirken. Dazu ist das alltägliche Leben notwendigerweise im Kontext der Diktatur darzustellen«. Von »Bindungskräften« ist nicht mehr die Rede, sondern nur noch von »der Mitmachbereitschaft der Gesellschaft«[53]. Damit hat die Fortschreibung der Gedenkstättenkonzeption des Bundes einen vernünftigen Kompromiss gefunden, in der der Verharmlosung der SED-Diktatur vorgebeugt wird.

Dabei handelt es sich jedoch mehr um Geschichtspolitik als um Geschichtswissenschaft: Denn die Wissenschaftler hatten lediglich einen Beraterstatus, während der Beauftragte der Bundesregierung für Kultur und Medien über die endgültigen Formu-

---

[51] Die Empfehlungen und die Debatte darüber in: Martin SABROW u.a. (Hg.), Wohin treibt die DDR-Erinnerung? Dokumentation einer Debatte, Göttingen 2007.
[52] Vgl. die »Empfehlungen der Expertenkommission zur Schaffung eines Geschichtsverbundes ›Aufarbeitung der SED-Diktatur‹«, ibid., S. 17–41, hier S. 30–41; die Kritik kam u.a. von Michael Schwartz und dem Verfasser, ibid., S. 369–382.
[53] Unterrichtung durch den Beauftragten der Bundesregierung für Kultur und Medien: Fortschreibung der Gedenkstättenkonzeption des Bundes, in: Deutscher Bundestag, 16. Wahlperiode, Drucksache 16/9875, 19.6.2008, die Zitate S. 9.

lierungen entschied. Anders verhält es sich mit der von Kocka angestoßenen Debatte, die nicht durch die Politik entschieden werden kann und die mehrere Facetten hat. Es geht um Zugangsweisen zur DDR-Geschichte, es geht um die Rolle, die die DDR überhaupt noch in der zeithistorischen Forschung spielen soll, und es geht darum, durch die geschickte Setzung von Themen Einfluss auf die Forschungsförderung zu nehmen. In der Debatte setzten sich Vertreter des Instituts für Zeitgeschichte kritisch mit den Thesen Kockas auseinander, während das ZZF diesen unterstützte. Diese Auseinandersetzung kam nach einem längeren Zeitschriftenaufsatz von Berliner Mitarbeitern des Instituts für Zeitgeschichte, in dem bei aller Aufgeschlossenheit für vergleichende und gesamteuropäische Perspektiven auch auf deren begrenzte Erklärungskraft verwiesen und angemahnt wurde, die DDR selbst nicht zu vergessen, zum Erliegen[54]. Wie der Streit ausgehen wird, muss die künftige Forschung hinsichtlich der DDR noch zeigen.

Mittlerweile scheinen sich zwei Zugangsweisen herauszuschälen. Der Direktor des ZZF, Martin Sabrow, hat kürzlich festgestellt, dass »die Frage nach der richtigen DDR-Erforschung der Frage nach der richtigen DDR-Erinnerung Platz gemacht« habe[55]. Dabei handelt es sich zwar lediglich um eine Behauptung, die noch zu belegen wäre, aber klar ist, worum es dem ZZF vor allem gehen soll: weniger um die DDR selbst als um die Erinnerung an sie, um die Bilder, die sich die Gesellschaft heute von ihr macht. Dabei besteht die Gefahr, dass die DDR aus dem Blickfeld gerät. Demgegenüber hält das Institut für Zeitgeschichte daran fest, dass auch weiterhin die DDR-Geschichte selbst erforscht werden muss, nicht nur weil es noch zahlreiche Desiderate gibt, sondern auch weil dadurch unerlässliche Voraussetzungen geschaffen werden, um DDR-Forschung für größere Zusammenhänge in der Zeitgeschichte anschlussfähig zu machen. Wenngleich unterschiedliche Zugänge zur DDR-Geschichte nicht nur legitim, sondern auch notwendig sind, betrachten die einschlägig arbeitenden Wissenschaftler des Instituts für Zeitgeschichte die DDR vor allem im deutsch-deutschen Kontext. Auf diese Weise kann man nach Auffassung des Verfassers der DDR-Geschichte am ehesten gerecht werden: Durch die Konzentration auf den deutsch-deutschen Vergleich und die wechselseitigen Wahrnehmungen ist gewährleistet, dass die DDR weder auf eine Fußnote der Weltgeschichte reduziert noch wichtiger genommen wird, als sie eigentlich war.

---

[54] Henrik BISPINCK u.a., DDR-Forschung in der Krise? Defizite und Zukunftschancen – Eine Entgegnung auf Jürgen Kocka; Thomas LINDENBERGER, Martin SABROW, Zwischen Verinselung und Europäisierung: Die Zukunft der DDR-Geschichte; Henrik BISPINCK u.a., Die Zukunft der DDR-Geschichte. Potenziale und Probleme zeithistorischer Forschung, alle in: MÖLLER, MÄHLERT (Hg.), Abgrenzung und Verflechtung (wie Anm. 22), S. 153–161, 163–170 und 171–201. Der Beitrag »Die Zukunft der DDR-Geschichte« erschien zuerst in: Vierteljahrshefte für Zeitgeschichte 53 (2005) 4, S. 547–570.
[55] SABROW, Die DDR erinnern (wie Anm. 1), S. 20.

BILANZ

Zwanzig Jahre nach der friedlichen Revolution stößt man bisweilen auf die Behauptung, die Aufarbeitung der DDR sei hoffnungslos gescheitert: Es seien kaum Täter abgeurteilt worden, die DDR-Eliten hätten nicht nur »überlebt«, sondern würden auch noch frech ihr Haupt erheben, die BStU sei mit hauptamtlichen MfS-Mitarbeitern durchsetzt und arbeite ineffektiv, und die Stiftung zur Aufarbeitung der SED-Diktatur stelle einen aufgeblähten, auf dem linken Auge blinden Apparat dar[56]. Abgesehen von der hier nicht weiter thematisierten juristischen Aufarbeitung[57] bleibt unklar, gegen wen sich der Hauptvorwurf, dass die Täter noch unter uns seien, richtet: Die Tatsache, dass die Verantwortlichen der DDR-Diktatur noch unter uns weilen, ist letztlich auf die friedliche Revolution zurückzuführen, die die Übertragung des westdeutschen Rechtsstaates auf das wiedervereinigte Deutschland nach sich zog. Wer verhindern will, dass die Partei Die Linke zu mächtig wird, muss sie politisch bekämpfen und sie auf diese Weise wieder aus den Parlamenten und den Landesregierungen verdrängen. Die Arbeit der BStU verdient überdies ebenso ein differenzierteres Urteil wie die der Stiftung Aufarbeitung.

Der Rückblick auf zwanzig Jahre Umgang mit der zweiten Diktatur in Deutschland zeigt vor allem die Ambivalenz einer Politisierung der DDR-Vergangenheit. Solange die DDR-Geschichte eine zentrale Rolle in der innenpolitischen Auseinandersetzung spielte, bestand zwar einerseits die Gefahr einer verkürzten Betrachtung; andererseits hatte eine solche Auseinandersetzung auch Rückwirkungen auf die Wissenschaft, die von der öffentlichen Hand stark gefördert wurde, sich aber nicht von der Politik vereinnahmen ließ. Bei den wissenschaftlichen und erinnerungspolitischen Kontroversen um die DDR-Geschichte der jüngsten Vergangenheit scheint auf den ersten Blick die Politik eine weniger wichtige Rolle zu spielen. Doch auch hier ist ein enger Zusammenhang gegeben: Auch wenn die Regierung eine Kommission »zur Schaffung eines Geschichtsverbundes ›Aufarbeitung der SED-Diktatur‹« besetzt, handelt sie allein durch die Nominierung ganz bestimmter Wissenschaftler und durch die Exklusion anderer politisch. Und wer die Behandlung der DDR nur noch in vergleichender, transnationaler oder europäischer Perspektive für zulässig erklärt, will auch Einfluss auf die Förderungspolitik mit Blick auf die DDR-Geschichte nehmen. Insgesamt, so scheint es, geht nicht zuletzt aufgrund dieser Forderungen der Stellenwert der DDR für die zeithistorische Forschung tendenziell zurück. Doch ist die DDR keineswegs so »überforscht«, wie dies von interessierter Seite oft behauptet wird. Es bleibt daher nach wie vor eine zentrale Aufgabe, sowohl die Forschungen zur Entwicklung und zum Funktionieren der DDR selbst voranzutreiben als auch durch deren angemessene Kontextualisierung dem ostdeutschen Staat und seiner Gesellschaft auch weiterhin die wissenschaftliche Aufmerksamkeit zukommen zu lassen, die sie verdienen.

---

[56] MÜLLER, HARTMANN, Vorwärts und vergessen! (wie Anm. 14), passim.
[57] Vgl. dazu zusammenfassend Klaus MARXEN, Gerhard WERLE, Petra SCHÄFTER, Die Strafverfolgung von DDR-Unrecht. Fakten und Zahlen, Berlin 2007.

RÉSUMÉ FRANÇAIS

Cet article analyse les évolutions et les tendances à l'œuvre dans le travail de réflexion sociale, publique et scientifique sur l'histoire de la RDA de 1989 à nos jours. Des initiatives précoces furent prises en ce sens pendant même la révolution de 1989/1990. Dès l'unification, cette réflexion s'est doublement institutionnalisée: d'une part avec l'instauration de l'administration responsable des archives de la Stasi (BStU) et d'autre part avec la création, au Bundestag, de deux commissions chargées d'enquêter sur l'histoire de la RDA. À l'époque, le débat sur cette dernière était extrêmement politisé. Cette institutionnalisation et cette politisation, ainsi que l'ouverture des archives de la RDA, contribuèrent dans une certaine mesure à l'immense engouement des chercheurs pour le sujet. L'histoire de la RDA fut explorée au sein de l'Université, mais aussi dans des instituts de recherche extérieurs dont certains venaient d'être créés. Les travaux portaient principalement sur les structures du pouvoir, l'histoire de la répression, de l'opposition et de la résistance, mais aussi sur les »limites de la dictature« et l'»opiniâtreté« d'individus et de groupes. Environ une décennie plus tard, l'agitation générale autour de la RDA était retombée; le débat public se ravivait surtout quand on parvenait à médiatiser efficacement des oublis dans la réflexion sur le passé de l'ex-RDA qui revêtaient également une importance pour l'ancienne RFA. L'attention des médias se portait également sur la montée de l'»Ostalgie« (nostalgie de l'Est). Aujourd'hui c'est essentiellement à l'occasion de commémorations historiques que les informations sur l'histoire de la RDA peuvent être transmises au grand public. Il faut opérer une distinction entre la façon dont la RDA est abordée dans les médias et la réflexion sociale engagée à l'initiative de mouvements locaux indépendants (généralement créés pendant la révolution de 1989/1990), d'archivistes, d'associations de victimes ou de responsables des lieux de mémoire. Depuis 2003, on constate régulièrement que le travail de mémoire sur la RDA est en crise. Cela tiendrait d'une part à la recherche, qui appréhende le sujet sous un angle trop étroit, et d'autre part à la BStU, dont la suppression a été un temps envisagée. Ces deux débats sont provisoirement mis en veille, mais nullement clos. L'importance et l'orientation futures de la réflexion sur l'histoire de la RDA ne font pas l'unanimité. Avec le recul, les vingt années écoulées montrent surtout l'ambivalence d'un débat politisé sur la RDA en Allemagne. Tant que le sujet jouait un rôle central dans les luttes politiques, il risquait de faire l'objet de raccourcis; d'un autre côté, la recherche sur la RDA avait un caractère prioritaire. Aujourd'hui, l'influence de la politique n'est plus aussi manifeste dans les débats, mais elle n'en reste pas moins importante.

FRANÇOISE LARTILLOT

Quelques traces littéraires de l'unification allemande
»Adam und Evelyn« d'Ingo Schulze,
»Der Turm« d'Uwe Tellkamp,
»Mit der Geschwindigkeit des Sommers« de Julia Schoch[1]

Après le déferlement de textes, fictionnels ou non, rendant compte de l'événement et rédigés par des auteurs issus de l'ex-RDA[2], après »Ein weites Feld«, de Günter Grass (1995), considéré par certains critiques comme une forme d'aboutissement des romans sur la *Wende*[3], on aurait pu penser que tout avait été dit en littérature sur ce sujet; mais force est de constater que tel n'est pas le cas; la littérature autour de la réunification (prose, mais aussi poésie et théâtre) et les études sur celle-ci fleurissent plus que jamais (sans parler des films), et il est peut-être même présomptueux de vouloir suivre pas à pas et presque en direct cette production. Pour cette raison, mais aussi parce qu'il nous a paru souhaitable de présenter des textes qui marquaient une évolution dans la relation à l'événement en n'étant plus ›simplement‹ des romans de la séparation de l'Est et de l'arrivée à l'Ouest, encore très proches du témoignage, tels que le seraient, à lire la critique, les romans produits majoritairement par les auteurs de l'ex-RDA à partir de

---

[1] Ingo SCHULZE, Adam und Evelyn, Berlin 2008 (désormais AE); Uwe TELLKAMP, Der Turm. Geschichte aus einem versunkenen Land, Francfort/M. 2008 (désormais T); On lira aussi avec profit: Uwe TELLKAMP, Reise zur blauen Stadt, Francfort/M., Leipzig 2009; Julia SCHOCH, Mit der Geschwindigkeit des Sommers, Munich, Zurich 2009 (désormais GS). Les citations de ces romans seront suivies de la mention abrégée du titre suivi d'une virgule et immédiatement du numéro de page, le tout entre parenthèses. Pour respecter les limites imparties, nous ne donnons pas les citations dans la langue originale, mais uniquement en traduction. Toutes les traductions sont de nous.

[2] Volker Wehdeking parle à propos du décalage quantitatif entre la production littéraire de l'Est et celle de l'Ouest sur ce thème de »spirale de la discontinuité«. Volker WEHDEKING, Mentalitätswandel in der deutschen Literatur zur Einheit (1990–2000), Berlin 2000 (Philologische Studien und Quellen, 165), p. 8. Pour un tableau assez exhaustif de cette littérature cf. Frank Thomas GRUB, ›Wende‹ und ›Einheit‹ im Spiegel der deutschsprachigen Literatur. Ein Handbuch, Berlin, New York 2003. Pour un bilan comparatif de la littérature mémorielle à l'Est et à l'Ouest après 1989, on lira aussi avec profit: Barbara BESSLICH, Katharina GRÄTZ, Olaf HILDEBRAND (dir.), Wende des Erinnerns? Geschichtskonstruktionen in der deutschen Literatur nach 1989, Berlin 2006 (Philologische Studien und Quellen, 198).

[3] C'est le cas notamment de Dirk SCHRÖTER, dont l'ouvrage se termine par un long chapitre consacré au roman de Günter GRASS, »Ein weites Feld«, dont il affirme qu'il s'agit du premier roman qui porte vraiment sur la réunification. Dirk SCHRÖTER, Deutschland einig Vaterland. Wende und Wiedervereinigung im Spiegel der zeitgenössischen deutschen Literatur, Leipzig, Berlin 2003. Pour un point (plus contrasté que cela) sur l'interprétation du roman de Günter Grass, nous nous permettons de faire référence à l'ouvrage que nous avons dirigé: Françoise LARTILLOT (dir.), Günter Grass »Ein weites Feld«. Aspects politiques, historiques et littéraires, Nancy 2001.

1989, nous nous concentrerons sur les trois romans cités dans le titre. On ne lira pas ces textes comme étant des romans du tournant ou de l'unification, bien qu'ils soient le produit d'auteurs qu'on appelle dans la presse des auteurs de la génération de la *Wende* et bien qu'on puisse, au prix de certaines distorsions, retrouver certains des critères typiques énoncés par Frank Thomas Grub. Ainsi, bien qu'ils présentent »un lien thématique et matériel au tournant«, ils n'en font pas leur sujet principal[4]. En revanche, il paraît utile de les aborder relativement à la question de la trace. En effet, d'une part, cela permet de rendre compte du positionnement générationnel des auteurs en question. Ils avaient environ 20 ans au moment des événements et, en outre, vingt années, c'est-à-dire le temps d'une génération, se sont écoulées depuis (Ingo Schulze est né en 1960, Uwe Tellkamp en 1968 et Julia Schoch en 1974). Les souvenirs ont pu se constituer en socle d'une mémoire dite »collective« (suivant les définitions de Maurice Halbwachs et Aleida Assmann) dont les romans saisiraient précisément la trace[5]. D'autre part, considérés dans leur individualité, et si l'on suit sur ce point les réflexions de Paul Ricœur sur les liens entre temps et récit, ces textes présenteront forcément des moments d'une tension entre différents modes d'appréhension de l'événement, qui se subsument dans la représentation de la trace événementielle hésitant entre effet et signe et donnant pour cette raison à percevoir de manière nouvelle et poétiquement individuée la relation au temps[6].

La thèse que nous voudrions défendre ici est donc que ces textes figurent une trace de l'événement plutôt qu'ils ne la figent et qu'ils s'insèrent ainsi dans la littérature romanesque européenne sans renier non plus la scène littéraire allemande. De cette manière paradoxale, ils traduisent un certain sentiment face au ›tournant‹ que nous nous attacherons à saisir en deux temps: un temps relatif à l'événementiel comme grille éventuelle de lecture et un temps centré sur la question de la trace comme lieu constitutif de l'identité littéraire de ces textes.

L'ÉVÉNEMENTIEL COMME GRILLE DE LECTURE

Si l'on part de l'événementiel comme grille de lecture de ces textes, on observera en effet que les événements sont présents, qu'ils forment la charpente chronologique de l'histoire racontée, ils semblent en outre livrer les clefs du sociogramme, voire du tableau analytique présenté par les textes; enfin, en lien à leur évocation, les textes font

---

[4] GRUB, ›Wende‹ und ›Einheit‹ (voir n. 2), p. 71.
[5] Dans l'ouvrage dirigé par Silke Arnold-de Simine, l'on retrouve les principales définitions, en particulier celles d'Aleida Assmann établissant la distinction entre la mémoire culturelle se nourrissant de sources empruntées à différents collectifs, qui est construite, et la mémoire sociale constituée à partir des souvenirs d'une génération. Silke, ARNOLD-DE SIMINE (dir.), Memory Traces. 1989 and the Question of German Cultural Identity, Oxford, Berne 2005 (Cultural History and Literary Imagination, 5).
[6] Paul RICŒUR, Temps et récit. t. I: L'intrigue et le récit historique, Paris 1983; ID., Temps et récit. t. II: La configuration dans le récit de fiction, Paris 1984; ID, Temps et récit. t. III: Le temps raconté, Paris 1985.

intervenir des lieux de mémoire identifiables. Mais cette grille est mise en jeu par les effets de narration différée.

L'ÉVÉNEMENTIEL COMME GRILLE CALENDAIRE ET LIEU STÉRÉOTYPÉ

Les trois textes ont pour cadre temporel les événements de 1989. L'intrigue principale d'»Adam und Evelyn« se déroule entre le 19 août 1989 et la fin novembre de cette même année. Durant cette intrigue, le couple nommé passe de RDA en RFA par la Hongrie. L'intrigue de »Der Turm«, centrée sur l'évolution du jeune Christian Hoffmann, commence durant l'hiver 1982 (suivant la critique même du 10 novembre 1982, qui est la date de la mort de Leonid Brejnev) et se termine le 9 novembre 1989, l'ensemble a lieu en RDA. L'intrigue de »Die Geschwindigkeit des Sommers« se déroule durant l'été 1989 et prend fin après la chute du Mur. L'intrigue (une histoire d'amour qui se termine par un suicide et dont la trame est revue a posteriori par la sœur de la défunte, qui vit pour sa part à New York) se déroule en RDA.

Les trois textes font intervenir des éléments de la perception type des individus et des mécanismes composant la société de la RDA. Sans reprendre le descriptif du psychiatre Hans-Joachim Maaz, qui parle de »bouchon affectif« caractérisant selon lui dans un premier temps le comportement de l'ex-habitant de RDA, une perception qu'il a lui-même ensuite corrigée en utilisant d'autres notions telles que celle du »syndrome de la perte«, on découvre dans nos textes certaines constantes caractérisant la vie en RDA, voire dans les pays soumis à des dictatures de manière plus générale[7].

Les romans mettent en scène la tension entre pouvoir et autorité, pour le dire dans les termes d'Alexander Kluge interviewant Uwe Tellkamp[8] et suivant lesquels la vie en RDA était marquée par l'omniprésence d'une administration qui n'avait pas l'autorité réelle, mais produisait justement a contrario les efforts que l'on sait pour donner à penser qu'elle l'avait; cela se traduisait par l'omniprésence des formulaires, qui scandent en effet les trois textes romanesques: demande d'autorisation pour partir en vacances en Hongrie d'Adam et Evelyn; demandes d'autorisation pour déposer au clou un violon et son archet; formulaires destinés à ravitailler l'hôpital où travaille le père de Christian Hoffmann en médicaments et appareils divers; lourdeur du système éducatif, sans parler du système militaire. La question du pouvoir se matérialise en outre en particulier dans la soldatesque (la fameuse Armée du peuple est-allemande – Natio-

---

[7] Nous faisons allusion à son premier ouvrage: Hans-Joachim MAAZ, Der Gefühlsstau. Ein Psychogramm der DDR, Berlin 1990. Il a lui-même corrigé le tir ensuite dans un ouvrage suivant: ID., Das gestürzte Volk oder die unglückliche Einheit, Berlin 1991. Cf. également la critique formulée par Brigitte Burmeister suivant laquelle dans ce genre de représentation c'est toute la société de la RDA qui est »pour ainsi dire psychiatrisée [...], comme si elle n'était composée que d'individus fréquentant tous une institution où ils sont enfermés«. Margarete MITSCHERLICH, Brigitte BURMEISTER, Wir haben ein Berührungstabu, Hambourg 1991, p. 49, cité d'après GRUB, ›Wende‹ und ›Einheit‹ (voir n. 2), p. 247–248.

[8] Il s'agit d'une interview intitulée: Turm in der Schlacht: Uwe Tellkamp, Ein Biotop von Menschen verteidigt sich blind. Uwe TELLKAMP im Gespräch mit Alexander KLUGE, Düsseldorf 2009. 25mn. (d'après RTL, émission du 24/2/2009).

nale Volksarmee, souvent abrégée NVA), qui est comme la partie émergée de l'iceberg. Cette armée est représentée dans chacun des romans de manière plus ou moins insistante: de l'évocation brève du service militaire d'Adam, auquel (ironie de l'histoire?) le fonctionnaire de l'Ouest accorde de l'importance, à celle qui s'étale sur cinq cents pages du service de Christian Hoffmann, qui passe quatre années de sa vie sous la férule des adjudants et dans les geôles de l'armée, en passant par la présence du soldat montré presque comme une relique du temps passé dans la ville de béton elle-même d'aspect martial de »Mit der Geschwindigkeit des Sommers«. Le fonctionnement pyramidal et éclaté en même temps de cette société artificielle est très bien illustré par le motif de la tour, dont Tellkamp souligne la polysémie dans l'échange avec Kluge[9].

On retrouve ce mécanisme au niveau d'une lecture non pas »psychogrammatique« mais analytique de la société représentée. On lit donc dans chacun des romans, mais de manière différente, l'alliage de la peur, de la soif de pouvoir et d'une forme de libido désespérément débridée (comme le montre aussi très bien Herta Müller pour ce qui concerne la Roumanie de Ceaucescu, mais à une autre échelle), le liant étant le mensonge et la fausseté, ce qui fait dire à Uwe Tellkamp dans son entretien avec Alexander Kluge que ceux que l'on chassait prenaient bien souvent les traits des chasseurs. C'est Adam qui trompe Evelyn avec ses clientes, c'est le père de Christian Hoffmann qui entretient la fille qu'il a eue d'une autre liaison, mais ne l'avoue pas à sa femme, c'est la petite copine de Christian Hoffmann qui le séduit pour mieux le tromper, c'est la femme qui vit une dernière étreinte débridée avec le soldat alors qu'elle sait qu'elle va le quitter, mais ne le lui a pas annoncé, et qui se figure presque avec délectation la manière erronée avec laquelle il interprète ses gestes.

Par ailleurs, sous la plume de ces auteurs, il semble que l'on trouve aussi la description de »lieux de mémoire«, lieux spécifiques de la RDA, faisant le lien comme malgré eux entre l'histoire nationale et la vie quotidienne. C'est l'atelier du tailleur chez Ingo Schulze, une figure de la vie de tous les jours en RDA; les personnages du milieu littéraire et intellectuel bourgeois de Dresde, véritable microcosme typique, chez Uwe Tellkamp, personnages que la critique journalistique[10] a pu identifier en partie: le vieux de la colline (*der Alte vom Berg*) serait Franz Fühmann; Arbogast, Manfred von Ardenne, un chercheur polyvalent de renom international également très impliqué dans la vie politique; Groth aurait la même façon de parler que Stefan Heym; Paul Schade serait à rapprocher du poète prolétaire Kuba; Mellies de Hermann Kant; Viktor Hart de Marcel Reich-Ranicki; le vieux Londonien de Jürgen Kuczynski; Eschloraque de Peter Hacks. Le prince du parti (*Parteifürst Barsano*) serait peut-être le double de Hans Modrow, pourtant là, au plus tard, les rapprochements atteignent leurs limites. Il y a aussi, bien entendu, des lieux de Dresde que l'on repère. Certaines boutiques, telles que celle du vieux bouquiniste du chapitre 11 existent vraiment[11], sans parler du quar-

---

[9] Dans cet échange (voir n. 8), Uwe Tellkamp indique qu'il y a plusieurs sens possibles au motif de la tour, outre la tour d'ivoire où se retranchent certains écrivains, il y a aussi le quartier de la Tour dans le roman, la tour de Babel (qui renvoie à l'usage perverti du langage et au projet babylonien de la RDA), et enfin la tour que peut représenter l'individu.
[10] Die Zeit, 17/10/2008.
[11] Berliner Zeitung, 15/3/2009.

tier des villas du Cerf blanc (Weisser-Hirsch-Viertel), qui a servi de modèle au quartier de la Tour. La ville de béton chez Schoch, certes, ne porte pas de nom, mais, suivant Katrin Hillgruber, »il doit pourtant s'agir de la ville fantomatique de garnison en préfabriqué d'Eggesin, qui était en RDA le symbole de l'Armée du peuple est-allemande tant détestée. Environ neuf cents logements en béton pour les familles des soldats de métier ont surgi de ce sol ingrat; depuis, cette contrée jouxtant la lagune, cette fausse mer, ne cesse de se dépeupler«[12].

Pourtant, les auteurs ne souhaitent pas voir leurs textes confinés à ces effets. Autant Tellkamp que Schoch soulignent que la question n'est pas celle de la reconstruction d'un univers passé et existant. Schoch affirme ceci: »Ce que je cherche, c'est toujours l'individu placé devant un décor historique«[13]. Tellkamp, quand on lui pose la question biographique, répond très finement en disant qu'évidemment il a ressenti toutes les sensations et a perçu toutes les perceptions que transmet le roman, mais sans qu'il y ait identification stricte. Dans une entrevue publiée en janvier 2010, il souligne l'écart qui oppose »la date que posent les médias« et l'importance dans la réflexion sur soi et sur son époque d'une profondeur donnée par la compréhension de sa situation mais aussi par une distance que favorise la fiction et l'invention de personnages[14]. Schulze indique dans une interview qu'il est toujours désagréable de voir son texte réduit à un sujet ou à un matériau, demandant même si, quand on lisait Proust, on le faisait par intérêt pour les problèmes d'insomnie des jeunes garçons issus de la haute bourgeoisie. Il insiste sur le fait que ce qui l'intéresse au fond, ce sont la déchéance de l'Ouest, dans laquelle nous nous trouvons *tous* ainsi que la question du mythe, dont il dit de manière très significative dans un essai: »Quiconque falsifie le symbole pour en faire une équivalence stricte détruit le mythe et le remplace par la folie«[15], le mythe étant à comprendre comme le noyau narratif où s'exprime une série de paradoxes ou de différends qu'il est malsain de forclore.

LA VACUITÉ DU POLITIQUE ET L'OBLIQUE DU MYTHE

Certes, pour des raisons de commodité dans la présentation, il a été question plus haut de l'armature chronologique de l'histoire dans chacun des romans; toutefois, à y regarder de plus près, l'on constate que le temps calendaire n'est pas au cœur du récit.

---

[12] Frankfurter Rundschau, 26/3/2009.
[13] Julia SCHOCH citée par Elmar KREKELER dans son commentaire intitulé: Verlierer in der Blaubeerstadt. Julia Schochs großartiger Roman »Mit der Geschwindigkeit des Sommers«, dans: Die Welt, 7/3/2009.
[14] »Ich wusste nicht, wer ich war, bevor ich schrieb«. Uwe Tellkamp über fallende Dominosteine, den spaßsüchtigen Westen und tadelnde Romanfiguren. Interview mit Sonja HARTWIG und Killian TROTIER anlässlich der Verleihung des Literaturpreises der Konrad-Adenauer-Stiftung an Uwe Tellkamp, dans: Deutschland Archiv 43 (2010) 1, p. 123–126, ici surtout p. 123, 125.
[15] Ingo SCHULZE, Nachtgedanken. Essai diffusé le 3/5/2006 sur le canal de MDR Figaro. Concernant le mythe, Ingo Schulze s'en réfère à Franz Fühmann. Nous ne pouvons malheureusement pas suivre ici cette direction. Cf. notamment Franz FÜHMANN, Das mythische Element in der Literatur, dans: ID., Essays. Gespräche. Aufsätze 1964–1981, Rostock 1993, p. 82–140.

Chez Ingo Schulze, l'événement est à la fois au centre du roman et à sa périphérie. Il est au centre du roman si on lit l'histoire d'Adam et Evelyn comme une sorte de parabole de la chute du Mur, mais il se pourrait tout aussi bien que ce soit l'inverse. La chute du Mur serait le symbole de la séparation puis de la retrouvaille, la séparation puis la retrouvaille serait le symbole de la chute. Y a-t-il un niveau de sens qui l'emporte? Le narrateur ne nous aide pas, au contraire, il sème le doute. D'autres éléments de structuration interviennent. La chute du Mur comme événement intéresse surtout les personnages secondaires (Michael, Marek), les personnages principaux semblent à la fois aimantés par cette question et indifférents à tout cela. Deux exemples: Michael, un cousin de l'Ouest, venu rendre visite à Evelyn, dont il est amoureux, et qui est parti avec elle en Hongrie, essaie de faire comprendre la joie qu'il a ressentie au moment où il a appris qu'une sortie était possible. Alors qu'il est au volant, il s'exclame:

J'ai cru vivre un conte. Je ne peux absolument pas décrire à quel point je me sens *happy*. Quand le gars m'a dit que je n'avais pas besoin de m'en faire, que dans quelques jours tout cela serait fini; je suis si heureux de ne pas être obligé de te laisser seule... – Je t'en prie, dit Evelyn, regarde plutôt où tu vas (AE, 187).

Quelques pages plus loin, c'est au tour de Marek, un ami du couple, de faire savoir sa joie, il vient d'apprendre que le Mur est tombé: »Vous n'avez pas vu ça dans le journal? Tout le monde en parle, ils ne font plus que cela, en parler. – Mais, de quoi donc? demanda Katja. Dis-le nous à la fin! – Tu n'as pas vu Adam? demanda Evelyn« (AE, 288). Du point de vue du récit, le texte en réalité présente deux strates. Il y a une strate dialoguée, très vive (le roman est presque uniquement constitué de dialogues, et Ingo Schulze dans une interview indique qu'il s'est inspiré des textes d'Hemingway[16]), qui donne l'impression que l'on suit les personnages pas à pas et les événements jour après jour comme si on était collé à l'immédiateté. Il y a une strate cosmique, adossée à la question de l'image qui encadre le roman [chapitre 1 et chapitre 55] et articulée autour d'une lecture que donne Adam du récit de la chute dans la Bible (au chapitre 42).

Ainsi, le roman, du point de vue du récit, s'inscrit dans une tension entre l'immédiateté et le cosmique, que ne relie aucun niveau intermédiaire si ce ne sont les phrases rituelles de la presse reprises par les individus. Cette tension est redoublée au plan de la technique romanesque par une relation particulière de l'analepse (récit rétrospectif) et de la prolepse (récit par anticipation). La chute du Mur n'est pas vraiment conçue par anticipation, mais les leçons que l'on peut en tirer ont manifestement déjà été déduites par le narrateur, parce que pour lui l'événement *est* passé, d'une part;

---

[16] Il existe une étude sur cette question, mais relativement à »Simple Storys«, où l'auteur montre en effet que Schulze a imité non seulement le style d'Hemingway mais même par instant ses intrigues, pourtant il n'en déduit rien d'autre que la présence d'une certaine »adéquation« des deux univers (*Angemessenheit*). Friedhelm MARX, Die »richtige Frequenz«: Ernest Hemingway und Raymond Carver in Ingo Schulzes Roman »Simple Storys«, dans: Zeitschrift für deutsche Philologie 124/4 (2005), p. 595–608.

d'autre part, il le lit depuis le point de vue du mythe (de la chute), ce qui lui donne cette souveraineté (paradoxale) et nous déroute en permanence.

Chez Uwe Tellkamp, tout d'abord, le temps événementiel est distribué relativement à une intensité ressentie mais paradoxale, les dates clefs de l'histoire ne revêtent une importance qu'en cela qu'elles coïncident avec des dates individuelles. Les cinq cents premières pages du roman – c'est-à-dire l'ouverture et les deux premiers chapitres – sont consacrées aux deux premières années (1982–1983), qui vont jusqu'à l'interlude de l'année 1984, les trois cents pages suivantes aux années 1984–1986. Ici, le rythme s'accélère relativement. Puis cent pages correspondent aux années 1987, 1988, 1989, où l'on observe que le temps se comprime. Pourtant, l'étalement du temps ou au contraire sa compression n'a rien à voir avec une accélération explicite de l'histoire événementielle. En effet, de 1982 à 1984, le narrateur nous fait part de la vie de la famille Hoffmann et nous fait découvrir l'univers de la Tour qui reste relativement bourgeois, non sans jeter des coups de projecteur sur ses corollaires, l'univers du château d'Arbogast et celui de la Rome de l'Est, c'est-à-dire l'univers des bonzes du parti. De 1984 à 1986, nous sommes dans l'intrigue familiale qui affecte le père et par voie de conséquence la vie de la famille; de 1987 à 1989, nous suivons pas à pas Christian Hoffmann dans l'univers militaire, où aucun événement extérieur ne vient interrompre le long enchaînement, monocorde, d'humiliations, de tortures, de faux pas presque inévitables, en un mot: de perversions. Dans cet univers où Christian a entièrement perdu son identité pour ne plus être nommé que par le sobriquet de Nemo (personne), le temps ne passe plus du tout. Les dates que mentionne le texte sont des dates qui intéressent les personnages pour des raisons privées, sauf pour la mort d'Andropov, mais où l'on observe justement que les habitants intellectuels de la Tour, qui devraient pourtant être éclairés, ne comprennent pas qu'un tournant se dessine. »Andropov est mort. ›Et maintenant?‹, demandaient les habitants de la Tour, tout en faisant la queue chez le boulanger, chez le boucher ou devant l'épicerie Konsum. ›Ce sera au tour du prochain héros juvénile!‹, disaient-ils sous cape tout en haussant les épaules en tremblant« (T, 499). Le 25 avril 1983, Christian apprend qu'il devra faire trois années de service militaire. Le 9 novembre 1984, il écrit une lettre à ses parents pour signaler qu'il vient de commencer son service (T, 534); Le 6 juin 1986, il passe en jugement devant une cour martiale après avoir réagi violemment à la mort provoquée d'un de ses compagnons d'arme et il est condamné à un an de travaux forcés. Le 29 décembre 1988 (T, 892), il est toujours en prison. Ce jour-là, on assiste à la télévision à la retransmission en direct du 70e anniversaire de la fondation du KPD organisée par le comité central du SED. Le 3 octobre 1989, les masses veulent passer la frontière. Le 5 octobre 1989, on arme les soldats (dont Christian) pour qu'ils donnent l'assaut aux manifestants à Dresde. Puis finalement on leur retire leurs armes. Christian, qui ne supporte plus la pression de l'armée, est pris d'une crise de démence, mais il fait l'objet d'une clémence exceptionnelle et est libéré de ses obligations de service de manière anticipée. Le 9 novembre le Mur tombe, mais on n'apprend rien de plus sur cela. Ici aussi, on pourrait considérer que la vie des Hoffmann est une sorte de vie »exemplaire«, à partir de laquelle se constitue ou, se reconstitue l'histoire de la RDA, mais qui formerait aussi le noyau d'une existence nouvelle après, sans qu'il soit certain que cela soit véritablement le cas. On pourrait plutôt affirmer que du fait des bornes temporelles, qui sont clairement posées, du moins pour le *terminus ad quem*, on a l'impression d'être enfermé dans cette partie de l'histoire de la RDA, ce qui correspond d'ailleurs au genre du conte qui est sollicité par le sous-titre, un conte inversé. On est dans un pays soumis à un sortilège maléfique. Uwe Tellkamp souligne l'analogie entre la structure musicale de son texte et certains textes d'E. T. A. Hoffmann; on pense plus précisément au »Vase d'or«, dont la topographie est également liée à la ville de Dresde, un texte où règne une inversion, dont il semble qu'on ne puisse sortir.

En même temps, le récit ne cesse de remettre ces frontières en cause. Tout d'abord il se termine par trois petits points. Ensuite, il serait difficile de parler d'une seule intrigue, car parallèlement à la vie de Christian Hoffmann se déroule, parfois même dans une relative indifférence et autonomie, presque curieuse sinon cruelle, l'existence d'autres personnages tout aussi importants, dont le fameux Meno Rohde, oncle de Christian, éditeur féru de zoologie, qu'il a étudiée dans sa jeunesse, relativement soumis aux exigences du parti tout en préservant par devers lui un espace de pseudo-liberté intérieure incarnée aussi par les descriptions de son cabinet de travail et par ses écrits qui non seulement entrelardent le roman, mais même en constituent l'ouverture et presque la clôture. Tous les écrits de Meno Rohde sont en italique, ils sont facilement repérables typographiquement et stylistiquement et suscitent d'autant plus facilement une disjonction temporelle. Par ailleurs, tous les personnages ayant leur biographie, le texte est relié par chacun de leurs fils à des époques antérieures. C'est en particulier également le cas pour Meno Rohde, qui a connu les années 1920, la montée du nazisme, l'extermination des Juifs[17]..., mais aussi pour le vieux de la colline, qui a cru aux idéaux socialistes et dont Meno Rohde justement dit: »Vous m'avez beaucoup apporté – et ne le savez pas, jamais je n'ai osé vous le dire, car je ne peux faire comme si je vous comprenais. Trop grand est l'écart, supposé-je, qui sépare nos perceptions existentielles que je répugne à nommer nos expériences, tant je suis dans le doute quant à savoir si quelque chose jamais peut se répéter« (T, 138–139). La relativité de toute chose est posée par Meno, ou presque.

Ainsi entre ce retrait proche de l'indifférence et l'implication presque maléfique de Christian Hoffmann dans le flux des événements, pour n'évoquer que cette faille-là, s'ouvre toutefois une brèche perceptive qui diffracte le temps qui passe et la compréhension de celui-ci. Cette diffraction est incarnée en fait par la ville de Dresde elle-même. On entre donc dans un monde du brouillage temporel sous couvert de linéarité chronologique; il s'agit d'une méditation sur le temps politique, historique et existentiel: dans sa dimension politique inversée, le temps est figé ou est en passe de l'être, et l'épreuve que cette sensation inflige aux individus est perceptible à travers l'étirement du texte; dans sa dimension historique, le texte tisse différents fils reliant les époques de l'histoire allemande entre elles, dans une continuité pourtant distendue. À cela

---

[17] Ce qui illustre peut-être le fait que la société de RDA soit le prolongement de l'Allemagne des années 1920–1930, mais dans tout ce que ce prolongement a de spécifique. Turm in der Schlacht: Uwe Tellkamp, Ein Biotop von Menschen verteidigt sich blind. Uwe TELLKAMP im Gespräch mit Alexander KLUGE (voir n. 8).

s'ajoute une conception presque organique du temps, qu'incarne, comme on le verra plus loin, la ville de Dresde, dans une forme d'extériorité superbe.

Chez Julia Schoch, les choses sont encore plus nettes; en effet, d'une part, l'histoire est en fait terminée avant d'être commencée puisqu'on apprend dès le début que le personnage principal, la sœur de la narratrice, s'est suicidé à peu près au moment de la chute du Mur, après avoir connu une ultime étreinte avec son amant soldat (elle était mariée, par ailleurs, et mère d'un enfant). La narratrice, sœur de la défunte, essaie de comprendre ce suicide, ou plutôt elle tisse autour de ce suicide, depuis le lieu où elle se trouve, New York, un tissu hypothétique à partir de lettres, de photos, d'extraits de conversations qui lui reviennent. Elle le fait de manière assez méthodique et quasi linéaire au plan de la chronologie, si bien que le roman tout en étant marqué par l'analepse se construit en même temps quasiment en prolepse toutefois constamment sur le mode hypothétique. Ainsi, différentes dates sont citées à différents moments. »À la fin de l'été 1989, alors que des milliers de personnes s'étaient mises en route pour Prague et Budapest, pour aller arracher dans les jardins des ambassades de l'État ouest-allemand leur visa de sortie, ma soeur avait quitté la maison, pour emménager dans un appartement à elle à l'autre bout de la cité« (GS, 48). Puis, un peu plus loin, elle décrit en ces termes l'Est de l'Allemagne après la chute du Mur:

La nouvelle configuration: son mari redevint propriétaire du magasin d'optique qui appartenait à la famille et se trouvait dans le chef-lieu du district. Les gens se mirent à se congratuler mutuellement quand ils avaient trouvé un travail. On tenait ferme ce que l'on trouvait. Les visages redevinrent à nouveau plus évanescents, les gestes trahissaient la méfiance. Il n'y avait plus personne pour parler de blocs ou de guerres chaudes ou froides, de cause à défendre ou à désavouer. Dans un tel instant, il est possible de connaître clairement toute chose. Les êtres humains traversent telles les particules d'une masse informe et toujours de la même manière les événements qui font l'histoire, ils sont entraînés avec les autres, parviennent parfois à faire un bout de chemin seuls, pour être à nouveau emportés dans une autre direction. Leur existence: une perpétuelle errance à travers un espace obscur, où ils apprennent pourtant, tous, à s'orienter de manière à ne pas s'effondrer immédiatement (GS, 53).

Conformément à cette vision de l'histoire, très déterministe et aléatoire en même temps, les dates émaillent ce texte prospectif et hypothétique sans l'ancrer véritablement. Le roman se termine sur »une perspective d'›avenir‹« qui est la véritable cible et orientation de tout le texte, celle d'un temps »qui n'a pas commencé depuis très longtemps et où il ne s'est encore rien passé du tout. Absolument rien« (GS, fin). Là aussi, on observe le ballet de l'analepse et de la prolepse guidé en outre par une perspective nihiliste qui est un point de fuite oblique du texte.

Dans les trois cas, nous avons donc un jeu temporel raffiné, donnant à voir le jeu de la conscience face au temps qui passe, et qui nous invite à sortir d'une lecture stéréotypée des textes. Les scènes dialoguées chez Schulze, les changements de perspectives chez Tellkamp, la reconstruction hypothétique du récit chez Schoch constituent le texte comme un lieu où le temps événementiel est une enveloppe presque aléatoire et facultative d'une existence incapable d'en lire véritablement la portée. Peut-être pourrait-on même y voir comme l'envers d'une vacuité du politique. Ce qui n'est pas vécu comme étant l'effet d'une décision n'est pas non plus traductible en termes de trajectoire pour les personnages. Le narrateur, ou la narratrice, situé en un point de fuite, parfois aussi en un point de rupture (temps du mythe paradoxal, temps de la ville retrouvée, temps du hors-temps), ouvre une autre saillie dans l'entrelacs de l'événement et du ressenti immédiat.

EFFETS DE LA MÉMOIRE – EFFETS DE LA PERCEPTION

Dans cette laie se manifestent les effets de la trace. Tout d'abord, la trace oscillant entre signe et effet porte un diagnostic sur la question de la raison et permet de mener une confrontation à l'effet de la raison dans l'histoire. Ensuite, elle ouvre les portes de la perception au-delà du socius, elle permet d'enquêter sur la saisie de la trace incluse dans l'image que l'homme se fait de lui-même.

SCHULZE
LES JEUX DE LA RAISON SONT DES JEUX DE DÉRAISON ET VICE VERSA
Chez Ingo Schulze, le jeu qui est mené est celui d'une forme d'inversion perpétuelle. Les jeux de miroir renvoient dos à dos RDA et RFA, mais ils sont tout de même plutôt destinés à remettre en cause le fonctionnement capitaliste d'une société, où l'on se trouve de facto, c'est ce que Schulze affirme dans un recueil de textes théoriques: »Mon problème n'était pas et n'est pas d'avoir quitté l'Est mais plutôt la disparition de l'Ouest, d'un Ouest à visage humain«[18].

La double présence de la tablette, par exemple, est un élément de cette relecture prospective de la trace événementielle. D'un côté, l'on a l'atelier du tailleur avec son ordre à lui; c'est l'un des rares moments descriptifs dans le roman de Schulze où l'on sent néanmoins une autre qualité de temps installée, le temps du bonheur domestique:

Quelques heures plus tard, ce 19 août 1989, un dimanche soir, Adam était agenouillé, une demi-douzaine d'épingles à tête dans la bouche, le mètre mesureur autour du coup, aux pieds d'une femme, de 45 ans environ. Elle avait défait son chemisier et s'éventait avec la revue ›Magazin‹. La chaleur se nichait dans les recoins du grenier aménagé bien que le chien-assis et l'œil-de-bœuf fussent ouverts. La machine à coudre était déjà recouverte, la table sur laquelle il faisait ses coupes débarrassée, les ciseaux étaient à leur place, rangés par ordre de taille, à côté les rouleaux de fil et les rubans, triangles, règles, patrons, la craie du tailleur, la boîte à cigares avec les lames de rasoir et la cassette aux boutons à laquelle était adossée une photo. Même la tablette, avec ses deux verres de thé à demi pleins et sa boîte à sucre, était alignée parallèlement au rebord de la table. Sous la table s'entassaient des ballots d'étoffes. Des baffles du tourne-disque sortait une musique entrecoupée de grésillements (AE, 18).

De l'autre se présente la tablette de l'Ouest dans une sobriété presque glaçante:

---

[18] Ingo SCHULZE, Was wollen wir? Essays, Reden, Skizzen, Berlin 2009, p. 238.

Quand les deux femmes [Evelyn et Gabriela] en eurent terminé avec les pommes et que la théière avec la vaisselle en verre fut sur la tablette, Gabriela retira son tablier et proposa une cigarette à Evelyn. Elles prirent place autour de la table pour fumer (AE, 313)[19].

En principe, il s'agit du même objet et du même mot, mais à l'atmosphère chaude et enveloppante, ordonnée et pourtant érotique suggérée dans la scène initiale se substituent la possession matérielle et la fonctionnalité: peu importe les objets, puisqu'on peut tous *les avoir*. Peu de temps avant, Evelyn indique qu'elle rêve d'»avoir« un service entier, peut-être de porcelaine de Chine ou d'ailleurs.

Ces jeux de miroir se retrouvent dans le langage renvoyant dos à dos les deux parties de l'Allemagne. Ainsi, tout d'abord, les directions que prennent les personnages au volant semblent toujours en même temps se rapporter à l'histoire, mais de manière carnavalesque. Le tournant est lui-même comme réifié, effet d'un signe ou d'un jeu de mot... De l'autre côté, les personnages sont pris dans un rapport au langage beaucoup plus contraignant, soit politiquement, soit économiquement. Quand Evelyn annonce à son amie (elles sont à l'Ouest), d'abord avec quelque hésitation et mystère, qu'elle est enceinte, celle-ci, suivant un réflexe de l'Est qu'elle s'est appropriée, croit qu'elle veut lui parler à mot couvert de la Stasi, ce qui révèle évidemment à quel point tout le rapport au langage était biaisé en RDA (AE, 276). Mais, quand les ›évadés‹ de l'Est dégustent un petit gâteau au bord du lac de Zurich, ils semblent obéir au mot d'ordre publicitaire »Sofort zu geniessen« (»Pour un plaisir immédiat«), qui n'est pas moins biaisé que le précédent.

À l'opposé de cette interrogation quant à la réification du langage, les détours des conversations font apparaître une forme d'incohérence associée à une certaine vitalité. En quête apparente de logique, les dialogues se concluent souvent de manière abrupte et inattendue. Ainsi Adam et Evelyn ne parviennent-ils presque jamais à un accord, comme si, malgré eux, le dialogue déraillait. L'échec de la raison instrumentale est fort bien démontré. La quête d'une logique définitive n'a aucune chance d'aboutir. En revanche, les chausse-trapes du raisonnement et autres codicilles ouvrent de nombreuses portes. Cela est ressaisi au prisme d'une lecture de la Bible et du passage sur la chute, que pratique Adam, où ce dernier constate d'ailleurs irrité que la Bible n'est pas tout à fait ce que l'on croit et qu'elle n'apporte pas de réponse toute faite. La quête d'une raison dernière (»letzte Gründe« est le titre du chapitre antépénultième) apparaît comme parodique, mais peut-être aussi comme le fruit d'une logique existentielle qui prend conscience d'elle-même. Le narrateur dira alors: »Evelyn ne connaissait personne qui lui ressemblât, personne qui essayât de s'habituer à la mort« (AE, 289).

À ce moment, le texte quitte le niveau carnavalesque de l'inversion[20] pour aborder celui de sa propre ironisation dont la finalité est critique (il s'agit de prendre ses dis-

---

[19] Ce type de construction est déjà également absolument flagrant dans l'un des premiers textes de fiction du même auteur: Ingo SCHULZE, Eine Nacht bei Boris, Berlin 2007, Munich ²2009. Il existe d'ailleurs d'innombrables liens structurels entre ce texte bref et le roman »Adam und Evelyn«, dont nous ne pouvons faire état dans l'espace imparti.

tances, au plan esthétique redoublant le politique, relativement au scylla d'un réalisme simple et orthodoxe sans non plus tomber dans le charybde de la jonglerie maximale avec les simulacres) mais aussi cosmique, ouverture d'une méditation sur le lieu de l'humain en lien avec la représentation d'une forme de raison indirecte.

EN QUÊTE D'IMAGE
Cela est confirmé par l'usage que fait Schulze dans ce roman du motif de l'image ou de la photographie. Tout part en fait de l'atelier de photographe d'Adam, de la chambre noire (ainsi est intitulé le premier chapitre), comme d'un lieu où Adam peut recréer son lien à Éros et aux premières femmes telles que cette Lili qui n'est autre qu'un double de la première femme, Lilith, la femme à l'éros tout puissant qui occupait le devant de la scène mythique avant que n'arrive Ève, qui n'est qu'un double coupable d'Adam. À l'époque où il créait ses photographies, Adam était en fait en quête d'une trace de l'origine, alors que »l'instant qui séparait le rien du quelque chose ne se laissait pas saisir« (AE, 11), il cherchait le moment où surgit la trace, qui est certes l'effet de quelque chose, mais n'est pas encore le signe, qui est pure effectivité. Par ailleurs, il avait le don de faire voir précisément le réel (les femmes) dans sa densité sensible. »Adam posa son cigare sur le rebord de la fenêtre, le bout du cigare dépassait du rebord. ›Tu peux en être certaine, dit-il, il y aura de quoi voir pour tout un chacun, de devant, de derrière et de profil...‹« (AE, 21) et Lili de s'exclamer quelque temps avant: »J'ai vraiment du mal à croire que ce soit moi là. Avec toi, même moi je deviens photogénique!« (AE, 20).

Or cette quête est entièrement enrayée, placée sous la chape d'un trop plein de confort matériel et d'aspiration au matériel. Du coup, on perd Adam de vue lors du passage de frontière, Adam perd son appareil photo à Zurich (il l'oublie dans le tram), enfin, il brûle lui-même les photos qui avaient surgi du néant. À l'occasion d'une interview, Ingo Schulze fait le lien avec une autre scène, où Adam indique qu'il préférerait brûler le drapeau symbolisant la liberté des rebelles hongrois plutôt que de le remettre à un quelconque représentant de l'ordre socialiste. Du coup, l'on comprend que cet acte pour partie d'automutilation est en même temps un moyen de préserver une forme vraie de perception, étant donné que, comme l'affirme Ingo Schulze, »la résistance commence avec la perception«[21]. Dans notre roman, au moment où l'histoire rejoint le néant, quand Adam brûle les photos qu'il avait faites de ses modèles, qui véhiculaient tant d'Éros, pour la première fois Evelyn est inquiète et ne cherche plus à minimiser les soucis d'Adam. Et, pour la première fois aussi, elle s'intéresse à la question de l'image comme une trace restant de l'art premier d'Adam, une seule photo a été sauvée, la représentant: »La lampe se refléta dans la vitre. En dessous Evelyn se reconnut elle-même et, autour d'elle, toute la pièce qui semblait encore bien plus grande

---

[20] Markus SYMMANK, Karnevaleske Konfigurationen in der deutschen Gegenwartsliteratur. Untersuchungen anhand ausgewählter Texte von Wolfgang Hilbig, Stephan Krawczyk, Katja Lange-Müller, Ingo Schulze, Stefan Schütz, Würzburg 2002.
[21] Widerstand beginnt mit der Wahrnehmung. Der Schriftsteller Ingo SCHULZE im Gespräch mit Dorte Lena EILERS und Thomas FLIERL, dans: Theater der Zeit, »Welten Wende 8909« Arbeitsbuch 18 (2009), p. 27–30.

qu'elle ne l'était en réalité, presque géante, et au beau milieu, elle vit, petite et colorée, sa propre image« (AE, 314), une perception vraie et réfléchie en même temps, donc à la mesure de l'humain.

TELLKAMP

Chez Uwe Tellkamp, on observe un phénomène similaire encore qu'il soit présenté sous une forme très différente. Les personnages ne savent pas du tout ce qui se passe. Ils observent bien entendu le délitement de tout, mais le narrateur, lui, le sait, et c'est donc bien un récit où les détails bloquent la perception du temps et en même temps la donnent à lire. C'est de cette manière qu'ils s'articulent aussi autour d'une réflexion sur les effets de la raison et de l'image.

LA DÉMULTIPLICATION DE LA RAISON
On assiste à une démultiplication des formes de raison à l'œuvre. Christian, qui se tient entre les mondes tel Anselmus dans »Le vase d'or« d'E. T. A. Hoffmann, qui est l'un des modèles de Tellkamp, est pris entre plusieurs types de rationalité: celle du monde bourgeois des habitants de la Tour, celle du château et celle du monde administratif des fonctionnaires et hauts fonctionnaires du parti représentés de manière métonymique par la »Rome de l'Est«[22]. Chacun de ces univers éclate à son tour en plusieurs strates.

Ainsi, suivant Meno Rohde, il semble que l'univers des habitants de la Tour soit axé autour d'une sorte de principe unique dont le visage est changeant, mais qui ordonne en effet la métaphorique des textes: »Les habitants de la Tour [...] voulaient-ils un monde aux articulations imperméables? Leur dieu était-il celui de la sphère, des cadrans, des bateaux?« (T, 370). Cette raison »suprême« est d'ordre poétique, mais d'une poésie en même temps surannée dont on retrouve une trace dans la description du magasin de livres anciens, dans lequel on n'entend plus que »*le murmure de ses propres souvenirs*« (T, 137; italique U. T.) et où l'écriture devient redondante (dans ce magasin, par exemple, il y a des étiquettes pour tout, et l'on peut lire que sur l'écriteau portant la mention »on est prié d'essuyer ses pieds soigneusement«, »le mot ›soigneusement‹ était soigneusement souligné« [T, 136]); à cette raison poétique presque fossilisée se substituent d'autres types de raisonnements plus polyvalents, raisonnements bien connus de la double morale bourgeoise en outre assujettie ici à celle de la structure administrative et politique et instrumentalisée par elle, faisant du mensonge le principe essentiel sur lequel reposent les relations humaines, aussi bien dans le domaine de l'hôpital que dans celui du château.

C'est là probablement le lien à l'autre univers auquel est confronté Christian: l'univers de la soldatesque. Là aussi, tout n'est apparemment que *raison*, en particulier raison d'état, au service du bien commun, mais là aussi, en réalité, tout n'est que per-

---

[22] Cf. le croquis d'Uwe Tellkamp figurant sur les pages de couverture du livre et présentant la topographie très complexe de la ville semblant être en même temps un corps dont on verrait l'anatomie.

version, d'une forme plus rude, de celle qui se cache derrière la discipline la plus brutale et la plus superficielle en même temps. Là aussi, le langage est une sorte de paravent, dont la disposition montre toute la perversion du dispositif, ainsi des extraits probablement d'une brochure remise aux soldats, que l'on peut lire au début de certains chapitres à partir du chapitre 39.

Christian se tient également et analogiquement au confluent de plusieurs univers littéraires. Il serait fastidieux d'énumérer tous les noms d'auteurs qui jalonnent le texte du roman et qui réclameraient à eux seuls une étude séparée. Pour ne citer que les modèles les plus prégnants et en même temps les plus divers, on évoquera Goethe, bien entendu, du fait de l'allusion à la Société de la Tour et à la province pédagogique du »Wilhelm Meister«, Kafka du fait de l'allusion au Château[23], mais aussi Thomas Mann, dont on pourrait reconnaître un double dans le personnage de Meno Rohde et auquel, au fond, Christian Hoffmann reproche sa scientificité, de même qu'Uwe Tellkamp reproche à Thomas Mann la sienne[24], tout en ayant l'idée d'hériter de son talent (Meno est aussi l'inversion de Nemo); on reconnaît même Jonathan Littell et ses »Bienveillantes« dont il semble que l'on puisse détecter quelques échos dans la description parfois assez détaillée des sévices que l'on fait subir de manière répétée aux soldats[25]. Ces différentes raisons socio-historiques et poétiques s'affrontent, délivrant la vision kaléidoscopique d'une société privée de sextant et d'orientation et broyant de la sorte les individus, société sur le terreau de laquelle pourtant une écriture épique pourrait renaître.

IMAGES

Cet empilement de diverses strates rationnelles d'ordre différent est comme encadré par l'image de la ville de Dresde qui devient comme pour Schulze la scène de la chute dans la Bible, une sorte de lieu limite, quasi mythique.

Les images cadres, celles de la ville de Dresde, sont donc présentes au début du roman, où la ville est »dépeinte« dans sa verticalité, et à la fin du roman, où la ville est

[23] C'est ainsi que l'on nomme la demeure d'Arbogast (T, 224 et suivantes).
[24] Cf. les prises de position d'Uwe Tellkamp dans l'article qu'il a publié dans »Der Spiegel«, intitulé: Scharf geschnittene Kapitel. Der deutsche Bestseller Autor Uwe Tellkamp über seine kritische Liebe zum Roman »Buddenbrooks«, dans: Der Spiegel, 15/12/2008, p. 151. En particulier, cette affirmation: »Plus tard vinrent aussi les objections, je réfléchissais au regard empreint de biologisme que Thomas Mann reportait sur le phénomène de la décadence«. À la fin de l'article, Uwe Tellkamp souligne d'ailleurs son intérêt pour une écriture romanesque qui associe un »sentiment du monde qui relève de l'expérience vécue profondément inscrite dans la psyché et un art conscient« et qui fait du livre en question »un livre indestructible«, reprenant à son compte une pensée de Samuel Lublinski énoncée en 1902 dans un article du »Berliner Tageblatt«.
[25] Il est vrai que cette présentation fait fond aussi sur toute une tradition analytique qui décrit l'histoire allemande suivant le principe du »Sonderweg« et définit le ›caractère allemand‹ comme un alliage de peur, de prétention et de sentimentalité, attitude ›typique‹ dont le vieux de la colline fait état: »Prétention et peur, voilà, cela dit en passant, le mélange typiquement allemand. Pour le dire concrètement: sentimentalité et caserne... Ils aiment les lieder et les munitions, les Allemands...« (T, 130) et ce, suivant ce type d'analyse, depuis Frédéric II, voire parfois depuis Luther.

présentée dans son horizontalité, comme un matériau opaque où pourtant s'inscrit la trace d'une métamorphose.

Le premier passage est écrit par Meno Rohde, il s'agit d'un extrait de son journal. Là, le mythe de la ville bourgeoise est réduit à un cloaque méphitique.

[...] *hésitant, le fleuve semblait se tendre au moment où la nuit commençait, sa peau craquait et crépitait, il semblait qu'il voulait anticiper le mouvement du vent qui se levait sur la ville, alors que la circulation sur les ponts s'était déjà étiolée, si ce n'étaient quelques voitures et de loin en loin un tramway, le mouvement du vent de la mer qui enserrait l'union socialiste, l'Empire Rouge, l'Archipel, irrigué, traversé, envahi par les artères, les veines, les vaisseaux capillaires du fleuve, nourris par la mer, la nuit, le fleuve qui emportait avec lui les bruits et les pensées sur sa surface scintillante, prenait dans ses sombres rets les rires, le sérieux et la légèreté, matériaux aériens emportés dans les abysses marins où se mêlaient les rus de la ville, dans l'obscurité des profondeurs marines rampaient les eaux usées des canalisations, le suint dégouttant des maisons, et des entreprises nationalisées (VEB), dans les profondeurs où creusaient les lémuriens s'accumulaient les eaux sales lourdes comme l'huile, métalliques, des bains galvaniques, l'eau qui venait des restaurants et des centrales électriques fonctionnant au charbon ainsi que des combinats, bains de mousse des fabriques de produits de nettoyage, eaux usées des aciéries, des hôpitaux, des usines sidérurgiques et des zones industrielles, les acides irradiés des mines d'uranium, les mélanges empoisonnés des usines chimiques de Leuna, Buna et Halle et des mines de potasse de Magnitogorsk et des zones d'habitation en préfabriqué, les toxines des fabriques d'engrais, les usines d'acide sulfurique; la nuit, le fleuve, avec toutes ses ramifications, les fleuves de boue, de suie, de pétrole, de cellulose, ces eaux se fondaient en un grand ruban lourd comme la poix, sur lequel les bateaux se déplaçaient, passant en dessous des toiles d'araignée rouillées des ponts, pour gagner les ports où l'on entreposait le métal, les céréales, les fruits exotiques, les ports des mille Petites Choses* [...], écrivait Meno Rohde (T, 7, 8; italique U. T.).

On reconnaît bien entendu la critique du régime communiste, de la pollution incontrôlée qui s'exerçait »à l'Est«, et du manque de tout qui découlait de l'économie planifiée dont l'image inversée est donnée par les ports où se font les arrivages des mille Petites Choses. Mais l'on voit aussi se dégager là, déjà, un autre monde, le monde des éléments naturels métamorphosés par l'action humaine en choses mortes et monstrueusement vivantes en même temps, où l'homme au fond n'a plus droit de cité.

Par ailleurs perçue à travers l'univers mental, intellectuel et sensitif de Rohde (le narrateur nous rend témoin d'une méditation visionnaire de Rohde, qui cette fois n'est pas écrite et ne se trouve donc pas en italique, comme si Rohde lui aussi évoluait au fil de ce temps dont le déroulement est presque imperceptible), la ville, à la fin du roman, est présentée comme le lieu où une microperception fait éclater, à la surface des choses, une diversité nouvelle; perception à laquelle parvient pourtant Meno Rohde en se remémorant les cours de botanique de sa jeunesse, recréant enfin un lien entre l'ancien et le contemporain.

Dresde était accroupie sur la rive du fleuve, un bernard-l'ermite arthritique, des fils de cocon couraient autour des bords des pierres de taille des nouveaux bâtiments, dont on avait augmenté la rugosité en les rabotant et dont le gris poudreux se soulevait sous les pas presque figés des passants et les enveloppant les faisait disparaître dans une sorte de fondu enchaîné comme sur les photos surexposées. La bâtisse craquait et soupirait. Meno marqua un temps d'arrêt, mais aucune déchirure ne fendit l'air. Cela fit qu'il renoua avec sa crainte, mais à présent, elle avait quelque chose d'élégant et d'amusant en même temps, la forme ovale d'une aile d'avion vue en coupe avait relégué à l'arrière-plan le lourd broiement des bétonneuses du centre ville, elle flottait au vent comme les petites pattes d'un insecte expulsé par le dessin matriciel des courants qui tout à coup disséminaient dans l'air divers signes, quoiqu'il fût par ailleurs aussi alenti qu'un escargot. Il vit le poste de pilotage d'un bateau, délabré, les aiguilles en forme de vipères de la boussole centrale s'étaient figées dans une posture qui rappelait les adorateurs du soleil. Les lèvres monstrueuses et herpétiques des navigateurs vomissaient des nénuphars qui parsemaient les vagues de chaleur caniculaire, parcourant le vieux marché et la prison ainsi que la clarté épaisse comme un sirop de la rue Thälmann (et des contes en almanach, une jeune fée en habits tirés du catalogue de mode pour dames de l'entreprise nationalisée répandait des glaïeuls sur les maisons en préfabriqué de la place Pirnaisch), les nénuphars s'enflaient, tendant vers les humains leurs fleurs molles, recuites par la chaleur, si bien qu'il cherchait à voir le fond de la mer dans le ciel crayeux et non pas en dessous, où les voitures en grappes lambinaient et ressemblaient à des flétans cherchant à avaler une goulée d'oxygène. L'Elbe avait déposé ses vêtements rayés par les quilles de bateaux, élimés par le halètement du vent, et offrait au soleil son corps métallique, qu'il n'avait encore jamais vu aussi lisse et nu. Cependant, le soleil, que zébraient les ondes émises par les semences d'oiseaux chargés de part en part d'électricité magnétique, était au zénith; des micro-impulsions tambourinaient incessamment sur la peau de mercure quoique tendue du fleuve, sur laquelle, d'une finesse qui semblait venir du trait d'un compas, des anneaux se formaient avec une noblesse abrupte semblable à celle qui accompagne l'éclosion des fleurs jaunes de l'onagre en une certaine seconde crépusculaire, ou qui entoure la métamorphose secrète et inexplicablement violente qui se produit dans le bathyscaphe du papillon (T, 936).

Ici, tout se passe comme si l'on pouvait anticiper la transformation à venir; Uwe Tellkamp nous donne un tableau quasi allégorique de la fin du régime et de ses timoniers, mais vue à travers une concentration perceptive sur le fleuve, et une métaphorisation culturelle en même temps à partir d'une compréhension intuitive et symbolique des microphénomènes modifiant le monde alentour et dont la conscience humaine participe sans le savoir. Bien entendu, il s'agit de la perception de Meno Rohde, zoologue de formation; bien entendu on trouve aussi là, confondus, l'art du conteur, qui renaît d'ailleurs de ses cendres figurées quant à elles par ces faux almanachs de l'Est; l'art ironique de Thomas Mann (cf. l'adjectif composé difficile à traduire d'ailleurs du »heiter-elegant«), avec lequel il est possible de renouer à présent que la crainte n'est plus liée à la pulsion de mort; et l'art de Goethe de produire une poésie de la nature prenant appui sur la notion de métamorphose (il est certainement fait allusion au fameux poème »Selige Sehnsucht« quand il est question de la métamorphose du papillon, quoique dans des termes beaucoup plus techniques que ceux de Goethe). Mais, au-delà de cela, on observe aussi comment l'écriture de l'histoire renaît parce qu'elle peut se dire à travers le tissu de la tradition littéraire comme forme de connaissance, perceptive, aux sens empirique *et* physique et inversement, le lien narratif ne renaît que parce que l'Histoire en mouvement redevient lisible.

Dans un cas comme dans l'autre il s'agit de Dresde et en même temps d'éléments qui dépassent la perception humaine et la transcendent et répondent à la quête de l'image vivante (celle aussi d'un tableau aux couleurs moins vives qui ne soit pas dictatorial, quête que mène la seule écrivain du roman qui paraît juste dans sa révolte, Judith Schevola), réalisant ainsi le programme que dictait la maison des habitants de la Tour, qui s'appelle la »maison aux mille yeux« (»Tausendaugenhaus«) et celui de la collection d'yeux d'Arbogast (T, 232), lequel aboutit dans une culture non seulement de la vue mais aussi de l'ouïe. La dernière phrase de cette longue évocation de Meno Rohde, que nous ne pouvons citer entièrement, est qu'il »vit la ville devenir une oreille« (T, 937).

Cette construction savante de l'image de Dresde, qui est tout sauf une simple évocation nostalgique, forme une réponse très complexe à une interrogation qui court au long du roman quant aux images et qui reprend aussi toute la structure traditionnelle du roman de formation, mais pour l'adapter à la question qui hante Uwe Tellkamp de la représentation de toute cette histoire comme celle d'une histoire commune bien au-delà de la frontière Est-Ouest.

Sans retracer toutes les étapes de cette quête, l'on peut en mentionner quelques unes: il y a l'intérêt que Christian porte aux cartes postales ou aux timbres étrangers, qui lui permettent de se soustraire à la grisaille du quotidien, »Des cartes postales représentant des lieux dont les noms avaient des consonances exotiques qui excitaient l'imagination« (T, 114–115); les tableaux interviennent, mais pour incarner une culture bourgeoise en train de se figer, leur vocation est plutôt alors de signaler que le récit classique où tableau et récit s'entremêlaient pour figurer le travail de la conscience qui s'accomplit progressivement n'est plus d'actualité. Ils rappellent comment s'est fondée cette culture sur la base d'une révolution astronomique et marchande permettant à la culture bourgeoise d'éclore (le roman fait allusion aux Pays-Bas au XVIIe siècle). Pendant ce temps, le narrateur mène une réflexion sur le regard dans sa dimension anatomique à travers la présentation de la collection d'yeux d'Arbogast (T, 233–234). Chez une tante de Christian, on est surtout obnubilé par les cadres des tableaux, qu'elle époussette avec méticulosité sans plus voir les tableaux proprement dits (T, 269). Christian observe par ailleurs que Meno, qui est aussi entomologiste à ses heures, est passionné par les images fixes, celle des papillons épinglés, justement, bien que celui-ci manie un langage qu'il juge pour sa part approximatif (T, 271). Dans la deuxième partie du roman, on serait tenté de considérer que les images disparaissent entièrement; le personnage n'est plus personne (Nemo), et la perception visuelle s'annihile elle-même. Tout cela semble être la »vraie« réplique à la question du réalisme, notamment socialiste.

En même temps, il semble que le temps soit devenu en lui-même la seule image qui soit. Ainsi les chiffres qui marquent le passage du temps deviennent-ils lisibles et visibles. Les années écrites en toutes lettres au début du roman et se confondant ainsi avec le texte sont ensuite écrites en chiffres. Le motif des horloges (inévitablement repéré d'emblée par la critique puisqu'il marque fortement le début et la fin du roman) répond bien entendu à cette présence de plus en plus palpable du temps. Parallèlement se produit déjà l'aspiration à la nouveauté décrite par Arbogast en partant, là aussi, de l'image de Dresde et de ses habitants:

Oui, bien sûr, ces chers habitants de Dresde, déclara rêveur Arbogast, ils ne veulent jamais que revenir en arrière. Néogothique, néorenaissance, néomonarchies. Ils ne deviennent grands que là où ils peuvent ›retrouver‹ quelque chose, ›reconstruire‹... Leur style est fait de pièces prises ici et là qu'ils mettent bout à bout, éclectique, rien qui ne soit premier... et pourtant, dans l'ensemble, il a quelque chose en propre, et il est aussi aimable. Peut-être est-ce là le style de l'avenir. Répéter quelque chose, même en payant son tribut à l'époque, à travers quoi ce qui a été devient pourtant quelque chose de secrètement neuf, que l'on connaît possiblement jusque dans ses profondeurs et par quoi on lui reconnaît sa dignité (T, 585).

Dans ce discours d'Arbogast, Dresde apparaît comme éclectique, relevant d'une époque byzantine, peut-être même celle de la postmodernité, dont la conscience transparaît jusqu'en ce lieu, mais en même temps elle incarne une volonté de changement, qui ne reste pas prisonnière d'idéologies esthétiques propres à l'Ouest, dont le dépassement est déjà signé avant qu'elles aient même été éprouvées. En effet, la naïveté n'est pas de mise quant au monde »nouveau« où l'on est censé entrer, où le changement permanent est aussi le signe d'une platitude permanente, ce dont Eschloraque nous donne la recette:

Une époque viendra où ce sera diabolique, les rituels de l'uniformité – je manque de précision, Rohde, et vous ne me blâmez pas! La notion de rituel contient déjà en elle-même celle d'uniformité. Hé, hé! Diabolus: celui qui lance les choses pêle-mêle. Pour le dire plus platement: ce qui est diabolique, c'est le renversement perpétuel, la transformation éternelle de ce qui existe (T, 592).

SCHOCH

Chez Julia Schoch, le doute n'est définitivement plus permis. La raison à l'œuvre n'est pas la raison d'État, pas plus que la raison instrumentale et sa matérialité infernale.

LA »BELLE DÉRAISON«

Dans cette histoire, le monde bascule plutôt du côté de la »belle déraison« qui ne se laisse pas même reconduire à une tragédie. C'est du moins ce qu'affirme la sœur de la défunte: »*Je ne le reverrai pas*, avait-elle dit, une phrase toute simple. Pas de: *jamais plus* ou *plus jamais dans cette existence*, le drame n'en était pas un, rien qu'un simple fait« (GS, 16; italique J. S.). Le lieu d'observation est celui des passions et des pulsions auxquelles on n'a pourtant pas d'accès direct.

L'ACCÈS PAR LA LECTURE DE LA PHOTOGRAPHIE

Face à cela, les images ou les photographies donnent un accès au moins à une méditation sur le temps et on y retrouve quelques constantes. Tout d'abord, on est confronté là aussi à cette même idée déjà présente chez Tellkamp suivant laquelle les traces du passé (que l'on aurait étiquetées de RDA) préparaient celles du »futur« de notre monde du XXIe siècle par leur uniformité même:

Je ne sais pas si cela n'avait pas déjà commencé là, aussitôt. Dès qu'on voyait pour la première fois la cité, que l'on avait construite pour les nouvelles familles arrivant. Mais je m'imagine que ma sœur n'avait pas pu regarder les quinze ou vingt blocs parfaitement identiques autrement qu'avec mépris. Là où il y avait eu une forêt ou un champ, on avait construit des maisons à cinq étages. Blancbrungris. Des boîtes empilées les unes sur les autres. C'est forcément dans cet univers cubique, fait de panneaux uniformes, qu'elle avait commencé à avoir ce regard fixe par lequel elle marquait son mépris. Au lieu de tenir un discours dédaigneux ou de se détourner, elle regardait la personne ou l'objet méprisable fixement, serrant les mâchoires, si bien qu'on les voyait saillir. C'est ainsi qu'on la voit debout à mes côtés sur une photo, dans le carré bien délimité de maisons qui ont déjà l'allure du XXIᵉ siècle. L'empreinte première d'un avenir, dont le rayonnement nous parvenait déjà, émanant de cette pierre uniforme (GS, 19–20).

Pourtant, face à cet avenir uniforme, il est nécessaire d'apprendre un nouveau type de perception. D'ailleurs, suivant ce passage, immédiatement, une autre supposition quant à l'état d'esprit de la sœur défunte remet en cause l'hypothèse émise en soutenant au contraire qu'elle n'aurait pas aimé qu'on trace ainsi une ligne du passé au futur. La quête de la sœur endeuillée s'attache surtout à la question d'une perception première et indifférenciée (qui rappelle celle de l'Adam d'Ingo Schulze, mais en allant même au-delà de ce que cette interrogation représente, puisque véritablement l'écart au monde est effacé):

C'est cette image que je vois depuis. Cette lumière de midi. Et là sa tête incandescente de honte et de souvenir alors que la lumière ne permet plus aucune distinction. Quel sourire me renvoie cette tête, qui comprend soudain cette langue de l'étrangeté à la manière dont les enfants comprennent spontanément, sans étonnement, sans s'en rendre compte. Comme ça, d'un seul coup, et en cet unique instant, la distance au monde s'est effacée (GS, 145).

Dans cet univers, la nature reprendrait ses droits et exigerait aussi que l'on réapprenne à voir. Ici la résistance – déjà rencontrée chez Ingo Schulze, résistance de la perception – se fait également jour, mais précisément en tant qu'elle n'est pas résistance mais plutôt abandon:

Tout le vivant avait basculé d'un temps de l'artifice à un temps du naturel. Et ce temps naturel rampait lentement, en forme de sauvage prolifération et nous recouvrait – ›nous tous!‹, dit-elle deux fois. Elle cherchait ses mots afin que moi aussi je VOIE ce qui se passait. Résister n'aurait pas été seulement insensé, mais même une réaction complètement erronée (GS, 146; mise en relief J. S.).

Le résultat est double: la seule possibilité de penser ce qui est passé est de le considérer depuis la perspective de ce qui est achevé. Seule cette perspective peut transformer l'image que l'on s'est faite de quelqu'un. En même temps, le deuil paraît le seul moyen de conduire la narratrice à prendre en compte l'avenir comme une forme de blanc existentiel commandé au fond par la mélancolie à la Cioran[26], qui s'oppose aussi à toute forme d'utopie.

Dans les trois cas, on est frappé par la quête d'une autre raison que la raison monologique (raison d'État, raison du réalisme socialiste ou raison bourgeoise), la construction dans le texte d'une trace comme signe littéraire, inscrite entre les mondes et la quête d'une possibilité de figuration de soi par la lecture de la trace qui figure à chaque fois la fonction résistante (soit activement, soit passivement) de la perception dite par une langue inventive, inscrite en outre dans une histoire culturelle à chaque fois spécifique. Apprendre à lire la trace mémorielle de la RDA, c'est alors désapprendre la

---

[26] Cioran est évoqué au cours du roman.

lecture scopique identificatrice, qui est présente sur l'envers des textes, et apprendre une autre lecture, perceptive, sensible, qui pose la question de la continuité entre avant et après 1989, dans le sens d'une lecture très critique de notre postmodernité et de la quête d'une ouverture responsable.

CONCLUSION

Vingt ans après, ces romans qui évoquent la chute du Mur et éventuellement ses conséquences ne le font pas par référence stricte à l'événement historique, du moins devrait-on tenter de ne plus les lire strictement en ce sens, même s'il est sans doute encore trop tôt pour délimiter ici un groupe d'auteurs dont ils relèveraient au plan de l'histoire littéraire.

Leur construction autour de l'événementiel donne lieu à un jeu virtuose, où certes l'on retrouve certaines constantes, en termes de datation ou de représentation, qui rendent en particulier perceptible tout ce que la dictature est-allemande a eu d'insupportable. Mais, d'une part, le temps individuel et le temps historique ne semblent pourtant associés que de manière aléatoire, ce qui, à tout prendre, renvoie aussi au vide décisionnel du politique tel que peut le ressentir l'individu confronté à ce bouleversement; d'autre part, dans le brouillage qui caractérise la représentation temporelle dans les trois romans, on saisit souvent qu'est affirmée l'existence d'une forme de continuité sournoise des productions de la dictature est-allemande par rapport à celles des années 1920–1930 sans doute mais due aussi aux effets de la mondialisation. Enfin, l'interrogation porte in fine sur le statut de l'humain, y compris en société, mais aussi plus généralement sur sa relation au monde au XXIe siècle, ce que de manière synthétique on pourrait nommer le rapport de la culture et de la nature. Adam n'est peut-être pas tant le citoyen type de la RDA qu'un personnage qui cherche à avoir une relation plus immédiate au monde. Christian n'est peut-être pas tant le personnage principal du roman qu'un Anselmus, lui-même vide de sens, comparable au portrait que donne Walter Benjamin de la figure de l'Idiot dans son essai sur le texte éponyme de Fedor Dostoïewski, qui par sa vacuité même fait percevoir les conflits opposant entre eux les univers alentour. La sœur défunte est celle qui s'est confrontée, dans l'imaginaire de la sœur vivante, à l'énergie la plus vitale du monde et dont le personnage permet de repenser toute la dynamique des pulsions à l'œuvre ici et maintenant. Ainsi, la ›leçon‹ de ces romans, s'il en est une, est certainement, à travers ces intrigues, multiples et remodelant des formes d'écriture traditionnelles, celle de la »résistance de la perception« qui repose appui sur un renouveau esthétique qui se donne pour mission de la saisir. Dans ce but, Schulze prend appui sur une prose constituée de scènes dialoguées, héritée d'Hemingway et proche de l'écriture filmique; Tellkamp reprend le principe du conte de Hoffmann, mais aussi le roman de formation de Goethe et la saga familiale de Thomas Mann et les renouvelle en même temps; Schoch tout en utilisant le matériau de la tragédie transforme celle-ci en enquête distanciée à tournure quasi policière.

Dans les trois cas, le lecteur est confronté à l'apprentissage du voir et de la perception qui va d'une part à l'encontre d'une figuration monologique, même en termes métaphoriques de la raison, et bien entendu se dégage d'une représentation matérielle et matérialiste de celle-ci, mais d'autre part s'écarte aussi d'une représentation postmoderne de l'écriture ou plutôt l'oriente de manière nouvelle. Cette perception qui a maille à partir avec la rationalité poétique nous demande de relire les images dont nous disposons, de les relier entre elles, de chercher à y saisir la trace de ce qui est, au-delà de toute utopie.

C'est là ce qui fait de ces romans les porteurs d'une mémoire qui n'est pas collective, car ils véhiculent de manière individuelle une représentation nouvelle de la mémoire telle qu'on la trouve chez les écrivains de la fin du XXe et du début du XXIe siècle en Europe.

Ainsi, ces auteurs, issus il est vrai de la partie est de l'Allemagne, échappent à la spirale de la discontinuité dont nous parlions plus haut et remettent même en cause une telle lecture, qui revient encore à donner le beau rôle à l'autre pôle, celui de l'Ouest, qui sert de facto de référence. Ils sont plutôt des auteurs qui construisent une œuvre et qui exigent de nous lecteurs critiques que, vingt ans après, nous sortions d'une lecture encore enclavée dans la question de l'identification pour nous interroger nous aussi sur la manière avec laquelle, dans l'univers qui est le nôtre, nous recouvrons ou au contraire cherchons à saisir la trace de l'humain.

DEUTSCHE ZUSAMMENFASSUNG

Der Aufsatz untersucht drei Romane von Autoren der sogenannten Wendegeneration, die zur Zeit des Mauerfalls 20 Jahre alt waren (Ingo Schulze, »Adam und Evelyn« [2008], Uwe Tellkamp »Der Turm. Geschichte aus einem versunkenen Land« [2009] und Julia Schoch, »Mit der Geschwindigkeit des Sommers« [2009]). Obwohl die Wiedervereinigung in diesen Texten gegenwärtig ist, ist sie nicht das Hauptthema. Deshalb sind diese Romane keine »Wenderomane« im strengen Wortsinn.

Die Textanalyse stützt sich infolgedessen einerseits auf die Ereignisstruktur, andererseits auf das Thema der Erinnerung, mit dem alle drei Autoren arbeiten, indem sie die Reflexionen über den »Spuren«-Begriff – der den Theorien der kollektiven Erinnerung (Maurice Halbwachs, Aleida Assmann) entlehnt ist – mit philosophischen und gattungsspezifischen Reflexionen – den hermeneutischen Theorien der Studie Paul Ricœurs' über das Verhältnis zwischen Historiographie und Narrativik entlehnt – kombinieren.

Bei der Lektüre der Ereignisstruktur lassen sich einige Topoi des Lebens in der DDR – oft in Opposition zu dem Leben in der BRD – erkennen. Darüber hinaus scheinen die drei Romane distanziert eine Welt zu beschreiben, in der die persönliche Geschichte der politischen Leere ausgesetzt ist. Eine mythische Sicht – die auf eine Reihe ungelöster Widersprüche des menschlichen Daseins auch noch im 21. Jahrhundert aufbaut – erlaubt es den drei Autoren, diese Distanz hervorzuheben und zu vertiefen.

Von dieser Feststellung ausgehend wird bewusst, wie verschiedene rationale Denkmodelle in den Texten aufeinandertreffen und wie in diesem Zusammenhang erscheinende Spuren zum Gegenstand von Nachforschungen werden, die in den Romanen behutsam rekonstruiert sind. Dabei wird die Frage der Medialität (hohe Bedeutung von Fotografien und Bildern...) besonders prägnant reflektiert.

Es entstehen hier neue Effekte von Kontinuität und Diskontinuität, von Wiederholungen oder im Gegenteil von Brüchen, sowohl was die Vorstellung der zeitgenössischen Geschichte als auch die Entwicklung einer neuen Ästhetik betrifft.

Diese verschiedenen Aspekte machen die genannten Romane zu Orten sowohl der Innovation als auch der ästhetischen und ethischen Emanzipation. Sie sind Teil eines Werkes von Schriftstellern aus Ostdeutschland. Dem Reduktionismus, der aus ihnen Romane aus Ostdeutschland machen würde, entgehen sie allerdings.

MARTIN SABROW

1989 als doppelte Zäsur

Ich möchte den 20. Jahrestag des Mauerfalls nutzen, um das uns Selbstverständliche noch einmal zu befragen, ob und inwieweit das von uns in diesem Jahr so extensiv vergewisserte und nacherlebte Jahr 1989 tatsächlich eine historische Zäsur bedeutete. Und ich möchte dies in doppelter Weise tun, indem ich zum einen nach der realgeschichtlichen Bedeutung des Mauerfalls in der deutschen und europäischen Geschichte frage und zum anderen nach seiner rezeptionsgeschichtlichen Bedeutung in der europäischen Geschichts- und Erinnerungskultur.

DIE EREIGNISSE VON 1989 ALS REALHISTORISCHE EPOCHENZÄSUR

Aus dem Abstand von zwanzig Jahren stellt sich die Frage neu, ob jenseits des vielfältigen Medienrummels um den Jahrestag des Mauerfalls der Untergang der DDR als ein historischer Epocheneinschnitt des 20. Jahrhunderts von dauerhafter Geltungskraft zu sehen ist, der den Jahrhundertdaten von 1914 und 1918, 1933 und 1945 ebenbürtig ist. Nun gilt seit dem späteren 19. Jahrhundert mit Gustav Droysen, dass Epochenbegriffe und damit auch historische Zäsuren nur »Betrachtungsformen« des ordnenden Historikers sind, nicht Eigenschaften der Welt und der Geschichte selbst. Die Suche nach Zäsuren entspringt dem Wunsch nach Ordnung des Zeitflusses und dem Bedürfnis nicht nur der Gäste von Thomas Manns »Zauberberg«, dass das Weiserchen der Zeit »nicht fühllos gegen Ziele, Abschnitte, Markierungen« sei, sondern »einen Augenblick anhalten oder wenigstens sonst ein winziges Zeichen« geben solle, »dass hier etwas vollendet sei«[1]. In der Zäsur wird die Epochenfolge in der Menschheitsgeschichte sichtbar und ein verstohlener Blick in die Zukunft möglich, den Goethe die erste Niederlage der preußisch-österreichischen Koalition gegen das französische Freiwilligenheer in der Nähe von Châlons-sur-Marne bei Valmy am 20. September 1792 gegenüber preußischen Offizieren so kommentieren lässt: »Von hier und heute geht eine neue Epoche der Weltgeschichte aus, und Ihr könnt sagen, Ihr seid dabei gewesen«[2].

Inwieweit lässt sich unter diesen geschichtstheoretischen Vorüberlegungen der Umbruch von 1989 als Zäsur interpretieren? Die epochale Bedeutung des Mauerfalls 1989 ist unmittelbar augenfällig, und die historische Kerbe, die wir mit historischen Zäsuren verbinden, kam in ihm musterhaft zum Ausdruck. »Niemand vergißt, wie ihn die

---

[1] Thomas MANN, Der Zauberberg. Roman, Frankfurt a.M. 1974, S. 754.
[2] Johann Wolfgang VON GOETHE, Campagne in Frankreich 1792, in: Erich TRUNZ (Hg.), Goethes Werke, Hamburger Ausgabe, Bd. 10, München [10]1994, S. 235.

Nachricht erreicht hat«, schrieb Hermann Rudolph rückblickend mit Recht[3]. Hüben und drüben war »Wahnsinn« das Wort der Stunde, um die Empfindung des historisch Unerhörten zum Ausdruck zu bringen. Auch im Abstand von zwanzig Jahren behauptet der 9. und 10. November seine Frische als ein Moment, an dem die Weltgeschichte ihren Atem angehalten hat, zu vergleichen nach 1945 wohl nur mit dem Tag des Kennedy-Mords 1963. In analytischer Distanz zeigt sich der Zäsurencharakter des Herbstes 1989 in der sich überschlagenden Wucht und Beschleunigung des historischen Ereignisstroms, der in Monate, Tage, manchmal Stunden zusammenballte, was vordem auf Jahrzehnte unverrückbar festgefügt schien. Mit einem Male war Deutschland nach vierzig Jahren staatlicher Teilung zu einem Nationalstaat in gesicherten Grenzen verwandelt und damit der Zweite Weltkrieg endgültig Geschichte geworden; im Verständnis der von der Sowjetunion unterdrückten Gesellschaften und Staaten dauerte er denn auch volle fünfzig Jahre, von 1939 bis 1989[4].

Ungeachtet der grundstürzenden Bedeutung des Mauerfalls für die Zeitgenossen in Ost und West ist freilich nicht zu übersehen, dass der Epocheneinschnitt nicht allumfassend war. Der Herbst 1989 markiert zuallererst einen politischen und herrschaftsgeschichtlichen Einschnitt, der überdies nur ein Drittel der größer werdenden Bundesrepublik betraf, nämlich das sogenannte Beitrittsgebiet. Das politische und soziale Leben in Bayern oder im Rheinland hingegen lief praktisch unverändert weiter und veränderte sich erst in den Folgejahren allmählich: mit dem Wechsel der Hauptstadt vom katholischen Rheinland in das protestantisch bzw. gar nicht mehr religiös geprägte Berlin, mit den steigenden Kosten der deutschen Einheit oder mit dem Auswandern der PDS bzw. Linkspartei von Ost nach West, der nach der ersten freien Volkskammerwahl, als sie gerade noch 16% erzielte, der baldige Untergang als Transitionsphänomen vorausgesagt worden war – eine Prophezeiung, die sich in den 1990er-Jahren krachend widerlegte: Heute steht die reformsozialistisch gewendete SED-Nachfolgerin im Osten als Volkspartei und im Westen als Alternativpartei für die reduzierte Bedeutung des Phänomens Volkspartei.

1989 als Zäsur relativiert sich auch bei genauerem Blick auf unsere nähere Umwelt. Viele zeitgeschichtliche Entwicklungstrends bleiben vom Mauerfall gänzlich unberührt. Aus dem Blickwinkel der fortschreitenden Medialisierung unseres Lebens bedeutet der 9. November keine Zäsur, sondern nur ein besonders eindrucksvolles Beispiel für eine Medienrevolution, die die Realität nicht mehr abbildet, sondern erst

---

[3] Hans-Hermann HERTLE, Kathrin ELSNER, Mein 9. November. Der Tag, an dem die Mauer fiel, Berlin 1999, S. 69.
[4] Vgl. etwa Wolfgang Templins Besprechung von Norman DAVIES, Die große Katastrophe. Europa im Krieg 1939–1945, München 2009: »Norman Davies Kernthese ist deshalb ganz einfach: So wie der Zweite Weltkrieg aus den offenen Fragen des Ersten erwuchs, so spiegelte der Kalte Krieg direkt die unversöhnliche Natur der Siegermächte des Zweiten Weltkrieges wider und war insofern unvermeidlich. Freiheit, Demokratie und Schutz durch die US-Seite als Grundlage der erfolgreichen Nachkriegsentwicklung Westeuropas blieben dem östlichen Teil des Kontinentes für Jahrzehnte verschlossen. Für die im Ostblock eingesperrten Völker endete der Weltkrieg daher erst 1989«: Wolfgang TEMPLIN, Die Täter befreit, die Opfer eingesperrt. Ein kolossales Buch: Norman Davies über das große Missverständnis über Hitler, Krieg und Osteuropa, in: Der Tagesspiegel, 21.9.2009.

konstituiert. Die Herausbildung der Informationsgesellschaft in der digitalen Revolution, der Umbau des Bildungssystems, der demographische Wandel und die krisenhafte Expansion des Sozialstaats bezeichnen Entwicklungen, die vor 1989 einsetzen und vom Herbst 1989 zwar betroffen, aber kaum in ihrer Richtung verändert werden: Die die Zeit der Regierung Schröder beherrschende Frage nach den Grenzen des von Bismarck begründeten Sozial- und Wohlfahrtsstaates und zur Aufwertung der Zivilgesellschaft ließ der Umstand kalt, dass die mit der deutschen Einheit integrierte Ostbevölkerung doch in einer noch weitaus etatistischeren Welt gelebt hatte.

Die deutsche Vereinigung entwertete ostdeutsche Lebensstile und diskreditierte »alles, was die DDR-Gesellschaft jemals hervorgebracht hatte«, in solchem Maße, dass Desillusionierung und enttäuschte Hoffnungen in der »Vereinigungskrise« der 1990er-Jahre erst jene »Ostalgie« und »Zonensucht« erzeugten, die als Extremformen für die Herausbildung einer »Ostidentität« standen, wie es sie in der DDR nie gegeben hatte[5]. Aber sie bilden doch Randphänomene einer kontinuierlichen Modernisierung unserer Lebenswelt, die vom Umbruch 1989 kaum beeinflusst werden: Die Pluralisierung der Lebensstile einschließlich des Bedeutungsverlustes der Familie, die Veränderung von Freizeitpräferenzen und Konsumverhalten, die Aufwertung von Jugend und Jugendkultur gegenüber dem Alter, das Ausgreifen des Umweltbewusstseins und seiner Bio-Kultur und vor allem die sozialen und kulturellen Folgen der Migration in einem zusammengewachsenen Europa und einer globalisierten Welt weisen auf Entwicklungstrends, die die Zäsur von 1989 deutlich schrumpfen lassen.

All diese Einschränkungen können freilich die Tiefe des Einschnitts nicht relativieren, den die Herbstrevolution auf politischer Ebene bedeutete. Die Zäsur von 1989 war nicht total, aber sie war doch epochal und in ihren Auswirkungen global. Sie ereignete sich an der Nahtstelle der beiden Hemisphären, die die Welt seit 1917 und besonders zwischen 1945 und 1989 beherrscht hatten. Sie bildet den Zerfall der kommunistischen Weltordnung in Europa ab, der ganz überraschend die schon für ewig erklärte Teilung der Welt in zwei antinomische Lager aufhob, der die Ideen des Westens mit seinen Maximen der Marktwirtschaft, der Freiheitlichkeit, der Rechtsstaatlichkeit zu einem universalen Anspruch der Menschheit machte. Die Herbstrevolution verwandelte das Projekt des radikalen Gegenentwurfs zur bürgerlich-kapitalistischen Gesellschaft in eine abgeschlossene historische Größe, deren »zentrale Kategorien und Strukturdefekte« wie Radikalismus, Gewaltorientierung, Ideologiefixierung, Intoleranz, Fortschrittsglaube, Sozialimpetus und Machtversessenheit sich nun im historischen Rahmen erschließen lassen[6].

1989/1990 steht für das Ende einer das Jahrhundert umspannenden Epoche, das uns mit jedem Jahr zügig ein Stück fremder zu werden begonnen hat: Es ist die Welt zwischen 1917/1918 und 1989/1990, deren über alle Grenzen von Staaten und Verfassungen hinweg reichenden Ähnlichkeiten in den letzten Jahren verschiedene Etikette

---

[5] Axel SCHILDT, Detlef SIEGFRIED, Deutsche Kulturgeschichte. Die Bundesrepublik von 1945 bis zur Gegenwart, München 2009, S. 478.
[6] Hermann WEBER, Aufstieg und Niedergang des deutschen Kommunismus, in: Aus Politik und Zeitgeschichte 41 (1991) 40, S. 25–39.

bekommen haben: Von einem »Zeitalter der Extreme« sprach Eric Hobsbawm[7] und andere von einem »Jahrhundert der Systemkonkurrenz« mit dem »Überraschungssieger« Demokratie[8]. Es ist das Jahrhundert der Zuordnung und der Ausgrenzung, das Jahrhundert des politischen Bekenntnisses, in dem mit Carl Schmitt die Freund-Feind-Scheidung zum Kern des Politischen wurde; es ist das Jahrhundert der ganzheitlichen Lösungen und der großen Entwürfe, der »großen Gesänge«, wie Gerd Koenen einmal schrieb[9]. Es ist das Jahrhundert der sich bekämpfenden und wechselseitig ausschließenden Großordnungen, das mit freilich wechselnder Intensität durch feste Milieus und ideologische Lagerbildungen gekennzeichnet war und das sich doch zugleich der künstlichen Machbarkeit seiner Ordnung immer bewusst war. »Wir stehen hier, und drüben am Brandenburger Tor steht der Feind«, konnte zu DDR-Zeiten der zuständige ZK-Sekretär Kurt Hager bei der Beratung einer Ausstellungskonzeption des Museums für Deutsche Geschichte ausrufen, ohne sich lächerlich zu machen[10].

Anfangs- und Endzäsuren dieses »Jahrhundert[s] der Religionskriege« korrespondieren miteinander[11]. Die »Urkatastrophe« des Ersten Weltkriegs[12] mit ihrem apokalyptischen Einbruch von Gewalt und Barbarei zerstörte die säkulare Entwicklungsgewissheit der zivilisatorischen Moderne in ihrer charakteristischen Amalgamierung von Fortschritt und Tradition. Sie machte den Kampf um eine gültige Ordnung in einer kontingenten Welt zur Signatur des 20. Jahrhunderts und überhaupt den Willen zur Ordnung zur Obsession. Am Ende dieses Jahrhunderts ließ das nicht durch äußere Gewalt, sondern durch innere Auszehrung herbeigeführte Ende des kommunistischen Projekts die lange Auseinandersetzung zwischen Diktatur und Demokratie, zwischen Faschismus und Kommunismus, zwischen Totalitarismus und Pluralismus auslaufen. An ihre Stelle trat eine neue Ära der Weltpolitik und ihrer globalen Bruchlinien, die die Grenzen des säkularen Systemwettbewerbs in dramatischer Rasanz überwand und zugleich in neuer Weise vertiefte.

Diese neue Ordnung überführt wie selbstverständlich die Blockgegner von gestern in die NATO und die EU. Sie räumt der erweiterten Bundesrepublik eine in der Zeit der Systemherrschaft nicht vorstellbare Bewegungsfreiheit als Global Player ein, und sie setzt im selben Atemzug Deutschlands angestammte Rolle als führende Wirtschaftsnation einer alle Grenzen sprengenden Konkurrenz um Arbeitskosten und Absatzchancen aus. Mit der Globalisierung aber ziehen neue Trennlinien herauf, die sich

---

[7] Eric J. HOBSBAWM, Das Zeitalter der Extreme. Weltgeschichte des 20. Jahrhunderts, München 1995 (engl. Erstausgabe 1995).
[8] Günter HOCKERTS, Zeitgeschichte nach der Epochenwende, in: Jörg CALLIESS (Hg.), Historische Orientierung nach der Epochenwende oder: Die Herausforderungen der Geschichtswissenschaft durch die Geschichte, Rehburg-Loccum 1995, S. 95–104, hier S. 99ff.
[9] Gerd KOENEN, Die großen Gesänge. Lenin, Stalin, Mao Tse-tung. Führerkult und Heldenmythen des 20. Jahrhunderts, Frankfurt a.M. 1991.
[10] SAPMO-BArch, DY30, IV 2/9. 04/133, Stenografische Niederschrift der Beratung des Gen. Prof. Hager mit Genossen Historikern am 12. Januar 1956, S. 98.
[11] HOBSBAWM, Das Zeitalter der Extreme (wie Anm. 7), S. 19.
[12] George F. KENNAN, Bismarcks europäisches System in der Auflösung: Die französisch-russische Annäherung 1875–1890, Frankfurt a.M., Wien, Berlin 1981, S. 12 (engl. Erstausgabe 1979).

nicht mehr nach den alten Gegensätzen von Demokratie und Diktatur, Kapitalismus und Kommunismus oder entlang der Rivalität der Supermächte ordnen lassen. Die neuen Paradigmata für die Ordnung der Welt sind wieder stärker kulturell und traditional begründet, und das macht den Beitritt der zwischen okzidentaler und orientaler Kultur angesiedelten Türkei zur EU ungleich schwieriger und hürdenreicher als den seinerzeitigen Beitritt der für das westliche Bündnissystem optierenden Türkei zur NATO.

Zugleich sind am Ende des 20. Jahrhunderts mit dem Ende der totalitären Weltentwürfe auch ihre konkurrierenden Gesellschaftsmodelle der »freien« bzw. der »sozialen Marktwirtschaft« in eigentümlicher Weise blutleer geworden. Die in ihrer Radikalität seit Gründung der Bundesrepublik unerhörte Reorganisierung des Sozialstaats und seiner Sicherungssysteme vollzieht sich unter allparteilichem Vertrauensverlust der Regierungspolitik, aber weitgehend ohne die systemkritische Aufladung früherer Zeiten; sie erzeugt eine politische Unsicherheit, die nicht mehr den Linien der politischen Lagerbildung folgt. Die deutliche Präferenz für uncharismatische Politiker in der Unübersichtlichkeit eines institutionell erweiterten und inhaltlich zusammengerückten Parteienspektrums spricht dafür, dass wir mit dem Umbruch von 1989/1990 in einem nachideologischen Zeitalter angekommen sind, in dem nicht mehr Großordnungen um ihre Durchsetzung konkurrieren, sondern nur noch graduell unterschiedliche Optionen zur Ausfüllung eines konsensuellen Politikhorizontes[13].

Der Mauerfall justierte die deutsche und europäische Zeitgeschichte also neu. In seinen Auswirkungen sprengte er den Denkrahmen der Politik, überstieg er die Phantasie der Öffentlichkeit und strafte er auch die prognostische Kompetenz der Gesellschaftswissenschaften und besonders der DDR-Forschung Lügen[14]. Die weltgeschichtliche Wende von 1989–1991 in Deutschland bedeutete im Ergebnis eine Epochenzäsur, weil sie die Gültigkeit der bisherigen Ordnung der Dinge aufhob. Sie setzte neue normative Maßstäbe des Handelns und Denkens, die sich aus den alten Verhältnissen nicht hätten

---

[13] Vgl. zu diesem Befund zum Beispiel die publizistische Kommentierung des Fernsehduells der beiden Spitzenkandidaten zur Bundestagswahl 2009: »Denn was Opposition und Medien ununterbrochen einfordern, den aggressiven und stimmungsvollen Wahlkampf, die Auseinandersetzung um die Zukunft des Landes, ist den Wählern ein Graus. Nur kein Streit und keine Visionen, Konsens war und ist der Stimmungs- und Stimmenmagnet in der alten wie der neuen Bundesrepublik«. Alexander GAULAND, Wenn zwei sich nicht streiten, in: Der Tagesspiegel, 21.9.2009.

[14] Vgl. exemplarisch die aus abwägender und durchaus nicht unkritischer Beobachtung gewonnene Einschätzung Gert-Joachim GLAESSNERS, der 1988 feststellte: »In den 15 Jahren der Ära Honecker hat die DDR an internationalem Gewicht und innerer Stabilität gewonnen«. DERS., Die DDR in der Ära Honecker. Politik – Kultur – Gesellschaft, Opladen 1988, S. 11; im Jahr darauf urteilte derselbe Autor, dass es der DDR »um die Konsolidierung des Erreichten [gehe] und darum, die Weichen für eine krisenfreie Entwicklung der DDR-Gesellschaft bis zur Wende des Jahrhunderts zu stellen. Sie kann dabei, nicht zu Unrecht, eine selbstbewußte Bilanz der Ära Honecker aufmachen«: DERS., Die andere deutsche Republik. Gesellschaft und Politik in der DDR, Opladen 1989, S. 73. Selbst Zbigniew BRZEZINSKI sprach 1989 in seiner Abrechnung mit dem ›gescheiterten kommunistischen Experiment‹ der DDR als einzigem Ostblockstaat noch relative Stabilität und wirtschaftliche Entwicklungspotenz zu. DERS., Das gescheiterte Experiment. Der Untergang der kommunistischen Systeme, Wien 1989, S. 239.

ergeben können, und bildete einen unhintergehbaren Sehepunkt, der seine eigene Historizität und Unerhörtheit rasch zur selbstverständlichen Normalität verwandelt hat. Niemand wird mehr den fortschreitenden Verfall der DDR-Wirtschaft, die auf den Untergang zulaufende Erosion des Kommunismus, die Unnatürlichkeit der deutschen Teilung bestreiten, und wenn wir die SED-Führung restlos lächerlich machen wollen, müssen wir nur Honeckers Satz vom Januar 1989 zitieren, dass die Mauer noch in fünfzig und hundert Jahren stehen werde, »wenn die dazu vorhandenen Gründe noch nicht beseitigt sind«[15]. Dass dieser Satz uns heute absurd erscheint und damals nicht, macht den realgeschichtlichen Epochencharakter der Zäsur von 1989 aus.

1989 ALS ERINNERUNG

Nun stellt der Zäsurcharakter von 1989 aber bekanntlich keine rein wissenschaftlich zu behandelnde Interpretationsfrage unter Fachhistorikern und ihrem Publikum dar, sondern ist in ebenso starkem Maße zu einer Angelegenheit der geschichtskulturellen Aneignung und Repräsentation von 1989 im öffentlichen Raum geworden. Hier steht die Auseinandersetzung um den Platz des DDR-Untergangs im kommunikativen und kulturellen Gedächtnis im Vordergrund, wie sie sich in der Debatte um staatliche Konzepte der Gedenkstättenförderung ebenso zeigt wie im Erschrecken über das defizitäre Geschichtswissen von Schülern oder in der Frage, ob Filme wie »Good-bye Lenin!« oder »Das Leben der Anderen« die DDR richtig oder falsch wiedergeben. Dass es dabei buchstäblich um Wörter gehen kann, lehrt die Auseinandersetzung, ob der Umbruch von 1989 als Wende oder als Revolution zu fassen ist.

WENDE ODER REVOLUTION

Gegner einer Stilisierung des Herbstes 1989 zur »Revolution« führen an, dass sich der Zerfall des kommunistischen Machtsystems in Europa am Ende des kurzen 20. Jahrhunderts nahezu geräuschlos und von Prag und Budapest bis Moskau in einer geordneten Friedlichkeit vollzog, die das Etikett einer Revolution nicht verdiene, zumal das einzige Beispiel eines gewaltsamen Umbruchs von Ceausescu zu Iliescu nach heutiger Erkenntnis eher die Züge eines innerparteilichen Machtkampfes als eines revolutionären Umsturzes trug.

Die Gegner dieser Auffassung gehen davon aus, »dass allein die Bezeichnung ›Revolution‹ für den wissenschaftlichen Gebrauch den Ereignissen gerecht werde und vor allem der Begriff ›Wende‹ einer Sicht entspreche, die versuche, die Ereignisse kleinzu-

---

[15] »Die Mauer wird in 50 und auch in 100 Jahren noch bestehen bleiben, wenn die dazu vorhandenen Gründe noch nicht beseitigt sind«. (Berlin 19. Januar 1989), zit. nach: Dieter HERBERG, Doris STEFFENS, Elke TELLENBACH, Schlüsselwörter der Wendezeit, Wörter-Buch zum öffentlichen Sprachgebrauch 1989/90, Berlin 1997, hier S. 198.

reden«[16] oder gar eine »Lüge des frisch gekürten Generalsekretärs des SED, Egon Krenz,« nachbete, der »in seiner ersten Fernseh- und Rundfunkansprache am Abend des 18. Oktober 1989 von der ›Wende‹ [sprach], die die Staatspartei oder gar ihr Politbüro im Herbst herbeigeführt habe«[17]. In dieser Lesart verberge sich im »W-Wort« eine versteckte Verklärung der SED-Herrschaft und in seiner gedankenlosen Nutzung und Verbreitung mit Ehrhart Neubert der »größte Erfolg«, den die Postkommunisten nach 1989 errungen hätten[18].

Nicht allein oder gar primär um die analytische Erschließungskraft, sondern vor allem um die wärmespendende Integrationskraft geht es in der Konkurrenz der Benennungen. Der Terminus »Wende« zielt auf den Erfahrungs- und Handlungshorizont der ostdeutschen Mehrheitsgesellschaft, die den Umbruch im Ganzen mehr passiv erlebte als aktiv herbeiführte; das Wort »Revolution« rückt den Willen zum Aufbegehren in das Zentrum der Umbruchsgeschichte. In der Liebe zum Revolutionsbegriff steckt darüber hinaus ein ebenfalls unaufgearbeiteter Rest von historischer Umsturzromantik, die die freien Wahlen am 18. März 1990 zu der welthistorischen Genugtuung emporhebt, dass »endlich auch die deutsche Geschichte eine erfolgreiche Freiheitsrevolution vorzuweisen« hatte[19].

Es sollte dabei nicht übersehen werden, dass die semantische Benennungsunsicherheit neben ihrem geschichtspolitischen Charakter auch wieder einen empirischen Kern hat und also die meinem Vortrag zugrunde liegende Gegenüberstellung von Real- und Rezeptionsgeschichte nicht ganz durchzuhalten ist. Zugespitzt formuliert, stellte der Umbruch des Herbstes 1989 eine Revolution ohne Revolutionäre dar. Der Untergang des SED-Staates folgte nicht so sehr aus der Niederlage gegen einen erstarkten Gegner, sondern besiegelte in vielem eine innere Auflösung aus eigener Schwäche. Die einzelnen Gegenbewegungen (Bürgerrechtsbewegung, Massendemonstrationen, Fluchtbewegung und SED-Reformbewegung) agierten bis in den Herbst 1989 weitgehend unabhängig voneinander und hätten weder allein noch gemeinsam das Repressionsregime ernsthaft vor die Machtfrage stellen können. Bis in den Sommer 1989 hinein stellten die wenig mehr als 10 000 sich offen zur Opposition bekennenden Köpfe wohl moralisch einen ernstzunehmenden Faktor, aber zahlenmäßig in Bezug auf den Machterhalt keine imposante Größe dar: Die 150 Basisgruppen, 600 Führungsfunktionäre, 2400 Aktivisten und 60 unbelehrbaren Feinde des Sozialismus, die das MfS auflistete, konnten einem gegen den inneren Feind hochgerüsteten Staat kaum gefährlich werden. Mit Recht erinnerte Stefan Wolle an den zynischen Satz eines Stasi-Offiziers: »Wir

---

[16] Elke KIMMEL, 20 Jahre friedliche Revolution und deutsche Einheit, in: Deutschland Archiv 41 (2008) 3, S. 523–525, hier S. 523.

[17] Rainer ECKERT, Gegen die Wende-Demagogie – für den Revolutionsbegriff. Anmerkungen zu: Michael Richter, Die Wende. Plädoyer für eine umgangssprachliche Benutzung des Begriffs (Deutschland Archiv 40 2007 5, S. 861–868), in: Deutschland Archiv 40 (2007) 6, S. 1084–1086, hier S. 1084.

[18] Michael RICHTER, Die Wende. Plädoyer für eine umgangssprachliche Benutzung des Begriffs, in: Deutschland Archiv 40 (2007) 5, S. 861–868, hier S. 862.

[19] Ilko-Sascha KOWALCZUK, Endspiel: die Revolution von 1989 in der DDR, München 2009, hier S. 301f.

haben die Waffen zu früh abgegeben. Die Plüschheinis von der Friedensbewegung wären beim ersten Schuss auseinandergelaufen«[20].

Weiterhin hatten die Ziele der oppositionellen Akteure bis in den Herbst und Winter 1989 hinein mehrheitlich wenig mit dem schließlich erzielten Ergebnis der deutschen Vereinigung zu marktwirtschaftlichen Bedingungen zu tun. Für einen kurzen historischen Moment gewann im Gegenteil die Idee eines »verbesserlichen Sozialismus« noch einmal öffentliche Bedeutung und bestand in der sich formierenden Opposition gegen den SED-Staat weitgehend Einigkeit darin, dass der Sozialismus in der DDR »nicht verloren gehen (darf), weil die bedrohte Menschheit [...] Alternativen zur westlichen Konsumgesellschaft braucht, deren Wohlstand die übrige Welt bezahlen muß«[21]. Wie bitter enttäuscht viele der sich eben noch an der Spitze einer sozialistischen Erneuerungsbewegung wähnenden Regimegegner auf diese Flucht in die D-Mark reagierten, brachte Wolf Biermann in seinem »Nachruf auf die DDR« zum Ausdruck: »Die übergeduldigen Opfer des totalitären Regimes fordern jetzt den totalen und sofortigen Anschluß an die Bundesrepublik«[22].

Die Polarisierung der Suche nach einer gültigen Kennzeichnung belegt das Fehlen einer verbindlichen geschichtskulturellen Meistererzählung über 1989, wie sie sich in Bezug auf die NS-Herrschaft seit langem hergestellt hat. Die unterschiedlichen Bezeichnungen für 1989 deuten auf ein mehrfach gespaltenes Milieugedächtnis, in dem voneinander abgeschottete Bilder der DDR-Vergangenheit weitgehend unverbunden nebeneinander stehen. Politisch dominant ist dabei eine »Revolutionserinnerung«, die den öffentlichen Diskurs wie das offizielle Gedenken beherrscht und die DDR als einen im Herbst 1989 – bzw. zwischen den Kommunalwahlen im Mai 1989 und den Volkskammerwahlen im Mai 1990 – mutig überwundenen Unrechtsstaat konturiert. Schon die den Begriff der »friedlichen« oder der »demokratischen Revolution« vielfach meidende Alltagssprache im Osten der Republik deutet zugleich die parallele Existenz einer gesellschaftlich dominanten »Wendeerinnerung« an, die sich mit der dauerhaften Spaltung von öffentlichem Geschichtsbild und individueller Erfahrung abgefunden hat. Parallel existiert ein weiteres und in Netzwerken politischer und fachlicher Natur organisiertes Milieugedächtnis früherer DDR-Eliten, das eine vereinigungskritische Anschlusserinnerung pflegt. In ihm erscheint die DDR als Normalstaat und die Vereinigung als koloniale Unterwerfung mit Zustimmung der Kolonisierten in gezielter Analogie zum Anschluss Österreichs an das Deutsche Reich 1938[23].

Im Streit um 1989 rivalisieren diese unterschiedlichen und miteinander kombinierbaren Gedächtnisse um Anerkennung, und aus ihren jeweiligen Geltungsgrenzen gewinnen sie ein unerschöpfliches Reservoir an Empörung und milieuspezifischer Skandalisierung. Gegen die von Vertretern des Revolutionsgedächtnisses vorgetragenen Plädoyers für einen amtlichen Gedächtnistausch kann sich Widerspruch in gleicher

---

[20] Stefan WOLLE, Die heile Welt der Diktatur, Berlin 1998, hier S. 342.
[21] Aufruf zur Einmischung in eigener Sache. Flugschrift der Bürgerbewegung Demokratie jetzt, 12.9.1989, in: Die ersten Texte des Neuen Forums, Berlin 1990, S. 3.
[22] Wolf BIERMANN, Ein Nachruf auf die DDR, in: Die Zeit, 2.3.1990.
[23] Vgl. etwa Jörg ROESLER, Der Beitritt der DDR zur Bundesrepublik, in: Deutschland Archiv 32 (1999) 3, S. 431–440.

Dezidiertheit erheben, weil anders als der Nationalsozialismus die DDR keinen Zivilisationsbruch markiert. Der Kommunismus kann zumindest in einer deutschen Variante anders als der Nationalsozialismus ›erzählt‹ werden. Die autobiographische Welle nach 1989 gegenüber dem Schweigen nach 1945 erklärt sich auch daraus, dass die DDR ein verteidigungsfähiges richtiges Leben im falschen erlaubte, das dargestellt werden kann, ohne entweder das autobiographische Ich zu verraten oder in Konflikt mit den heute gültigen kulturellen Normen zu geraten[24].

So geht der Streit um Wende oder Revolution für unser Thema gleichsam unentschieden aus: Neben einem zäsurbetonten und zäsurstolzen Revolutionsgedächtnis, das im öffentlichen Diskurs die Geltungshoheit ausübt, beharrt besonders in Ostdeutschland ein zäsurkritisches Wende- und Anschlussgedächtnis auf seiner gesellschaftlichen Bedeutung, das 1989 mehr als Wende zur Selbstbefreiung *in* der DDR statt als Aufbruch zu ihrer Abschaffung sieht oder gar die Entwicklung von 1989 als bloße und vorübergehende Etappenniederlage im Kampf für den Sozialismus oder zumindest eine menschenwürdige Welt interpretiert.

1989 UND DER ÜBERGANG VON DER BEWÄLTIGUNG ZUR AUFARBEITUNG DER VERGANGENHEIT

Diese Antwort bleibt freilich unbefriedigend, und das mag daran liegen, dass wir den Fokus der Betrachtung zu nah auf die Ereignisse selbst gerückt haben. Vielleicht hilft es uns weiter, wenn wir in einem letzten Schritt nicht auf den Inhalt, sondern auf die Form der Auseinandersetzung mit 1989 blicken, mehr nach den Strukturen als nach den Inhalten unserer Vergangenheitsverarbeitung fragen. In einem letzten Schritt möchte ich also uns gleichsam selbst historisieren und unseren eigenen Umgang mit 1989 besonders im zu Ende gehenden »Jubiläumsjahr« 2009 thematisieren, das sich in den vergangenen Wochen und Monaten zu einem europäischen Erinnerungsereignis ohne Beispiel entwickelt hat. Dabei stelle ich drei strukturbildende Phänomene in den Vordergrund: Die 1989 geltende Erinnerungskonjunktur, den Übergang von der Exklusion zur Inklusion, das Paradoxon von Nähe und Distanz.

---

[24] »Die Auseinandersetzung mit der SED-Diktatur darf nicht auf das Ziel einer einheitlichen oder gar geschlossenen Gesamtaussage verpflichtet werden. So verlockend es auch klingen mag, politische Bildung muss sich davor hüten, einen ›richtigen Weg‹ des Erinnerns und ein ›gültiges Geschichtsbild‹ zu verkünden. Anders als in geschlossenen Gesellschaften gibt es keinen historischen Wächterrat, der den geschichtlichen Wahrheitsgehalt anordnet«. Martina WEYRAUCH, in: Thomas GROSSBÖLTING, Dierk HOFFMANN (Hg.), Vergangenheit in der Gegenwart. Vom Umgang mit Diktaturerfahrungen in Ost- und Westeuropa, Göttingen 2008, S. 123–128, hier S. 127.

DAS ZWANZIGJÄHRIGE JUBILÄUM VON 1989 ALS AUSDRUCK DER ERINNERUNGSKONJUNKTUR

Nachdem im Juni noch besonders in Polen die Sorge überwog, dass die deutsche Mauerfall-Glückseligkeit die bahnbrechende Pionierrolle der polnischen Solidarność in den Schatten stellen würde, wurde der 9. November Schauplatz eines internationalen Versöhnungsfests, das in Berlin zunächst Kohl, Bush und Gorbatschow zusammenführte und anschließend Merkel, Walesa sowie abermals Gorbatschow. Die Mauer fiel noch einmal am 9. November in Berlin als gigantische Kette von Dominosteinen, aber auch in Paris, in Dublin und in Los Angeles. Fröhliche Feierveranstaltungen wurden von Jerusalem bis Paris und von Rom bis Washington gemeldet. Der förmliche Tsunami an Veranstaltungen und Besinnungen auf den 20. Jahrestag des Zusammenbruchs der kommunistischen Herrschaft in Ostdeutschland illustriert den atemberaubenden und unaufhaltsamen Aufstieg der Erinnerung zur inflatorisch gebrauchten Pathosformel unserer Zeit, die sich in der Musealisierung der Städte ebenso zeigt wie in der Karriere des Zeitzeugen oder im Boom staatlicher Gedenkpolitik, in der wundersamen Auferstehung von Geschichte als gymnasialem Modefach wie im Ausgreifen der »Public History« als Berufsfeld für Historiker. Der Paradigmenwechsel vom Vergessen zum Erinnern repräsentiert heute einen gesellschaftlichen Konsens, den zu verletzen zur sozialen Ächtung führen kann und der in seiner Geltungskraft die aus der Antike ererbte Tradition der Oblivio als moralische und rechtliche Voraussetzung sozialer Versöhnung in denkbar radikaler Weise abgelöst hat: Gegen das Versöhnungspotenzial des Vergessens setzt unsere Zeit mit aller Wucht des Medienzeitalters das Lernpotenzial des Erinnerns, das allein vor der Wiederholung historischer Fehler und Irrtümer schützen soll.

VON DER EXKLUSION ZUR INKLUSION

Der schier unaufhaltsame Aufstieg unserer heutigen Erinnerungskonjunktur lässt sich zweitens daraus erklären, dass ihrem Lernanspruch eine eigene Versöhnungskraft innewohnt. Und dies gleich in mehrfacher Hinsicht. Zum einen enthält 1989, wie die diesjährigen Feiern zeigen, ein transnationales Identifikationsangebot, das selbst den Umstand zu relativieren oder sogar zu bestreiten vermag, dass Mitterrand, Thatcher und Andreotti der deutschen Vereinigungsperspektive distanziert bis feindlich gegenüberstanden. Dasselbe transnationale Versöhnungsangebot entwickelte nach 1989 auch die Bewältigung der nationalsozialistischen Vergangenheit, die mit der Aufdeckung der breiten Kollaboration in vielen besetzten Ländern mit Ausnahme Dänemarks ein europäisches Erinnerungsnarrativ des gemeinsamen Gedenkens ohne individualisierte Schuldzuweisung ausprägte, wie die Stockholmer Holocaustkonferenz mit 22 Regierungschefs Anfang 2000 belegt. Das gleiche Erinnerungsschicksal durchliefen in den vergangenen Jahren die letzten Bastionen eines national verstandenen Kriegsgedenkens am D-Day in der Normandie und am 11. November in England und Frankreich. Anders als noch Gerhard Schröder, kam zu diesem 11. November erstmalig auch der deutsche Regierungschef in Gestalt von Bundeskanzlerin Angela Merkel, um gemeinsam und einträchtig des Kriegsendes zu gedenken. Nur wenige französische Veteranen eines nationalen Gedenkens wandten sich noch ab, während der radikale Wandel vom exklusiven zum inklusiven Gedenken mit dem Tod des letzten Weltkriegsteilnehmers Anfang 2008 motiviert wurde.

Darin manifestiert sich der Umbruch von einer mimetischen Geschichtskultur, die auf Identifikation mit der Kontinuität setzt, zu einer kathartischen Geschichtskultur, die auf Identifikation durch Brechung setzt. Dieser Wandel hat zugleich den Helden als geschichtskulturelle Referenzgröße durch das Opfer ersetzt, und dies beeinflusst auch unser Bild von 1989/1990. Nicht zufällig sind die im Gedächtnis unserer Zeit haftenden Bildikonen am ehesten die hilflosen Sprecher der Macht wie Günter Schabowski und mit ihnen die freudetrunkenen Massen bei der Maueröffnung, aber eben keine Helden des Umsturzes und Bannerträger des Neuen wie Roland Jahn, Kurt Masur oder Christian Führer.

DAS PARADOXON VON DISTANZ UND NÄHE

Den entscheidenden Grund für die verblüffende Konjunktur von 1989 als eines Erinnerungsereignisses, das sogar die persönliche Erinnerung des französischen Präsidenten in einer politisch eher nachteiligen Weise überformt hat, sehe ich im Doppelcharakter der Erinnerungskultur unserer Zeit, die Distanz und Nähe zur Vergangenheit zu vereinen sucht. Auf der einen Seite steht die Authentizitätssehnsucht, die das Geschichtsbewusstsein unserer Zeit prägt und ihm nachgerade sakralisierende Züge zu verleihen vermag. Unsere Erinnerungskultur bedient eine mittlerweile fast geschichtsreligiös zu nennende Suche nach dem authentischen Vergangenheitszeugnis, in dem das Relikt sich kaum noch von der Reliquie unterscheidet und etwa die Legitimation für die architektonische Neuschöpfung des Verlorenen aus der Einbeziehung originaler Fragmente wächst – im Fall der Dresdner Frauenkirche nicht anders als in dem des Berliner Schlosses oder der Potsdamer Garnisonkirche. Die immer weiter ausgreifende Verwandlung unserer Städte in Erinnerungslandschaften verspricht Behausung auf den Entschleunigungsinseln einer Zeitreise, die heute erfolgreicher in fremde Welten entführt als die klassische Erkundung der räumlichen Ferne, die ihren exotischen Zauber durch ihre mühelose Erreichbarkeit und die globale Konfektionierung der Warenwelt eingebüßt hat.

Auf der anderen Seite steht die Distanzierungskraft der Erinnerung, die zur Umkehr mahnt und die Schrecken der Vergangenheit wachhält, um vor ihrer Wiederkehr zu schützen. In der Aufarbeitung kommen beide Seiten der Erinnerungskultur zur Deckung. Sie steht für eine kontinuierliche Auseinandersetzung mit der Vergangenheit, die gerade nicht auf eine aus der Durcharbeitung erwachsende Befreiung von historischer Last zielt, sondern auf deren dauerhafte Präsenz zum Zwecke des historischen Lernens. Im Aufarbeitungsdiskurs amalgamiert sich der Triumph über die empörende Verdrängungsmentalität der deutschen Nachkriegszeit mit dem Bedürfnis, der »transzendentalen Heimatlosigkeit« der Moderne und ihrem alles umfassenden Wandel die

Vergewisserung der eigenen Herkunft entgegenzusetzen. Die Aufarbeitung bietet uns die Gelegenheit zum Dialog mit einer Vergangenheit, die wir weder wiederholen noch missen möchten. In der Aufarbeitung erleben wir die Vergangenheit unmittelbar und sind uns doch unserer Distanz zu ihr und ihrer Machtlosigkeit über uns gewiss[25].

Aus dieser Perspektive stehen die Schreckenszellen von Hohenschönhausen und die Sehnsuchtsobjekte der ostdeutschen Ostalgie weniger diametral zueinander, als es scheinen mag, und können DDR-Museen ganz unbefangen FKK-Bilder und Grenzanlagen nebeneinander anordnen, ohne den Unwillen ihrer Besucher zu riskieren. Im Gegenteil. Im Aufarbeitungsdiskurs kommen zwei Triebfedern der politischen Kultur nach dem Ende der Fortschrittsmoderne zur Deckung: das Bedürfnis nach historischer Reinigung durch Kritik und Aufklärung einerseits, das Bedürfnis nach historischer Versenkung durch verbürgte Authentizität und auratisches Nacherleben andererseits. In dieser Doppelbewegung prägen sie die Gedächtnisgesellschaft unserer Zeit, deren Ausdrucksformen in den verschiedenen europäischen Ländern ebenso wie in Deutschland selbst unterschiedliche Dialektfärbungen aufweisen, aber doch dieselbe Sprache sprechen.

Diese umfassende Erinnerungsbereitschaft einer Geschichtskultur, die mehr auf Inklusion als auf Exklusion setzt, ihre Identität stärker aus der versöhnenden Integration durch Wahrheit als aus der anklagenden Abgrenzung zieht, trennt die Epoche der historischen Aufarbeitung unserer Tage vom Zeitalter der historischen Bewältigung der 1970er- und 1980er-Jahren. 1989 markiert hierin weniger einen Einschnitt als eine Steigerungsform, aber erlaubt doch, den Mauerfall und die Erinnerung an ihn gemeinsam als einen historischen Einschnitt zu lesen, der das unserer Zeit Selbstverständliche von dem der Zeit davor Selbstverständlichen scheidet – also eine doppelte Epochenzäsur markiert.

RÉSUMÉ FRANÇAIS

Cet article explore la double signification de l'année 1989. D'une part, il interroge la portée réelle de la chute du Mur dans l'histoire allemande et européenne. D'autre part, il se penche sur la façon dont a évolué la perception de cet événement dans la culture historique et la mémoire collective européennes.

Le bouleversement de 1989, qui culmina avec la chute du Mur, le 9 novembre, fit date dans l'Histoire. Son caractère de césure s'exprima dans la violence croissante et la précipitation des événements historiques, consacrant ainsi l'effondrement de l'idéologie communiste en Europe. Cela mit un terme soudain à ce qu'on croyait immuable: la division du monde en deux camps opposés. Les idées de l'Ouest, fondées sur l'économie de marché, le libéralisme et l'État de droit, devinrent alors les revendications universelles de l'humanité. La révolution de l'automne 1989 transforma un contre-projet radical, hostile à la société bourgeoise et capitaliste, en une ère historique désormais révolue. Depuis le bouleversement de 1989/1990, nous vivons une époque post-

---

[25] Nicht umsonst spielt das Genre der Zeitreiseliteratur mit der vermeintlichen Unschädlichkeit einer Vergangenheit, die plötzlich wieder Macht über Menschen gewinnt, so etwa bei Michael CRICHTON, Timeline. Eine Reise in die Mitte der Zeit, München 2000 (engl. Erstausgabe 1999).

idéologique où s'affrontent non plus de grands systèmes rivaux, mais des choix dont seule diffère l'intensité dans la mise en œuvre d'un projet politique consensuel.

Sur le plan de l'analyse, l'année 1989 a donné lieu à des interprétations historiques très contrastées: la controverse a principalement porté sur la définition de l'événement, qualifié tantôt de »tournant«, tantôt de »révolution«. Aucune interprétation historico-culturelle sur l'année 1989 n'est parvenue à faire autorité. Dans cette polémique, des mémoires différentes et compatibles rivalisent pour être reconnues, et les limites de leur validité constituent une source inépuisable d'indignation et de scandale dans chaque camp. À l'occasion du vingtième anniversaire de la chute du Mur, en 2009, on a pu constater que la chute inespérée des régimes communistes était devenue un événement sans précédent dans la mémoire collective européenne. L'évolution surprenante de l'année 1989 dans la mémoire collective s'explique au premier chef par l'ambivalence de notre culture du souvenir, qui cherche à concilier le recul sur l'histoire et son rappel constant. Ces deux tendances coexistent dans le processus de »réflexion« qui domine aujourd'hui le débat historique. La confrontation permanente au passé vise non pas à s'affranchir du fardeau historique en décortiquant les faits dans les moindres détails, mais à en perpétuer la mémoire pour favoriser une réflexion fructueuse sur l'Histoire.

Personenregister

Adenauer, Konrad 24, 83, 89, 101f., 105
Andreotti, Giulio 181
Andropov, Juri 156
Ardenne, Manfred von 153
Attali, Jacques 31f., 35, 104

Balladur, Édouard 71
Barre, Raymond 34
Barthel, Kurt (alias Kuba) 153
Berghofer, Wolfgang 135
Biermann, Wolf 179
Bismarck, Otto von 36, 84f.
Bitterlich, Joachim 73
Blair, Tony 95
Böckler, Hans 83
Bohley, Bärbel 134
Boidevaix, Serge 63
Brandt, Willy 76, 83, 93, 98, 102, 131, 139
Brejnev, Leonid 152
Bush, George H. W. 36f., 39, 41, 69, 73, 111f., 181
Bush, George W. 108

Caius (empereur romain) 63
Castellan, Georges 55
Ceausescu, Nicolae 153, 177
Chevènement, Jean-Pierre 41
Chirac, Jacques 58, 71f.
Cioran, Emil 168
Claude (empereur romain) 63
Clinton, Bill 111

Delors, Jacques 60, 78
Diestel, Peter-Michael 136
Ducháč, Josef 138
Dumas, Roland 38f., 41, 63, 67, 73, 76

Erhard, Ludwig 89
Erler, Fritz 84
Engels, Friedrich 49

Falin, Valentin 70
Fischer, Joschka 107
François-Poncet, Jean 42
Fühmann, Franz 153f.
Führer, Christian 182
Fukuyama, Francis 112

Gandhi, Mahatma 51
Gauck, Joachim 126, 136
Gaulle, Charles de 34f., 74f.
Gaus, Günter 8
Genscher, Hans-Dietrich 39f., 72, 76, 78–80, 106
Giscard d'Estaing, Valéry 33f., 39, 68
Goethe, Johann Wolfgang von 61, 163, 165, 169, 172
Götting, Gerald 55
Gorbatchev, Mikhaïl 16, 28, 31, 36f., 39, 41, 64–66, 69–71, 73, 78–80, 125, 181
Grass, Günter 30, 150
Guttenberg, Karl-Theodor von und zu 115

Hacks, Peter 153
Hager, Kurt 175
Havel, Václav 51
Hemingway, Ernest 155, 169
Herzog, Roman 106
Heym, Stefan 30, 153
Hildebrandt, Regine 129
Hitler, Adolf 77
Hoffmann, Ernst Theodor Amadeus 157, 162
Hombach, Bodo 96
Honecker, Erich 47, 49, 55, 58, 123, 177
Hugo, Victor 45

Iliescu, Ion 177
Imbert, Claude 34

Jessel, Jacques 36f., 42
Jahn, Roland 182

Kaiser, Jakob 83
Kant, Hermann 153
Kennedy, John F. 173
Kinkel, Klaus 109
Kinnock, Neil 39
Knabe, Hubertus 142
Koch, Roland 90
Kohl, Helmut 11f., 18, 25, 27, 29, 32f., 35–39, 41–43, 62, 64–66, 69f., 72–74, 76–80, 102, 125, 138, 181
Krenz, Egon 49, 178
Kurras, Karl-Heinz 142
Kuczynski, Jürgen 153

Lafontaine, Oskar 18, 98
Lang, Jack 45
Le Gloannec, Anne-Marie 59
Lellouche, Pierre 60, 62
Lenin, Wladimir 49, 52, 54
Le Pen, Jean-Marie 35
Littell, Jonathan 163
Luther King, Martin 51
Luxemburg, Rosa 49

Maizière, Lothar de 19, 136
Mann, Thomas 163, 165, 169, 172
Marx, Karl 49
Masur, Kurt 182
Masure, Bruno 60
Mazowiecki, Tadeusz 68
Meckel, Markus 137
Merkel, Angela 82, 87–92, 97f., 100, 104f., 108f., 111, 181f.
Michnik, Adam 51
Mitterrand, François 11f., 25f., 31–33, 35–43, 45f., 58–63, 65–80, 104, 181f.
Modrow, Hans 135f., 153
Morin, Edgar 46
Müller, Herta 153

Nahles, Andrea 96
Néron 63
Neubert, Ehrhart 178

Oettinger, Günther 90
Özdemir, Cem 94
Ohnesorg, Benno 142
Orwell, George 55

Peyrefitte, Alain 59
Platzeck, Matthias 96
Poher, Alain 39
Pompidou, Georges 34
Portugalow, Nikolai 70

Rathke, Heinrich 131
Reich-Ranicki, Marcel 153
Rocard, Michel 34, 63
Rudolph, Hermann 173
Rüttgers, Jürgen 88, 90, 92

Sarkozy, Nicolas 116

Schabowski, Günter 182
Schalck-Golodkowski, Alexander 47
Schiller, Karl 83
Schmidt, Helmut 31, 64f., 74, 83, 92f., 139
Schmitt, Carl 175
Schoch, Julia 9, 150f., 154, 158, 167, 169f.
Scholz, Olaf 96
Scholz, Rupert 72
Schorlemmer, Friedrich 137
Schröder, Gerhard 83, 85, 91f., 95–100, 108f., 111, 181
Schumacher, Kurt 83
Schuman, Robert 24
Schulze, Ingo 9, 150f., 153–155, 158f., 161, 163, 168–170
Servan-Schreiber, Jean-Jacques 34
Shamir, Yitzhak 72
Sinclair, Anne 60
Sindermann, Horst 51
Steinbrück, Peer 96
Steinmeier, Frank-Walter 97
Stolpe, Manfred 19, 138
Struck, Peter 113

Tacite 63
Tellkamp, Uwe 9, 150–154, 156–158, 162f., 165–167, 169f.
Teltschik, Horst 38, 40, 72f.
Thatcher, Margaret 11, 25, 35, 39, 62, 72, 77, 80, 181
Thierse, Wolfgang 137
Tibère 63
Timsit, Joëlle 63
Tisch, Harry 47
Tournier, Michel 30
Trittin, Jürgen 94

Ulbricht, Walter 122
Ullmann, Wolfgang 137

Védrine, Hubert 42, 71, 76f., 109

Walesa, Lech 181
Weiß, Christina 146
Weizsäcker, Richard von 137
Wowereit, Klaus 97

Autorinnen und Autoren

Philippe ALEXANDRE, professeur de civilisation allemande contemporaine à l'université de Nancy II, directeur adjoint du Centre d'études germaniques interculturelles de Lorraine (CEGIL)

Jacques-Pierre GOUGEON, professeur de civilisation allemande contemporaine à l'université de Franche-Comté – Besançon, directeur de recherche à l'Institut de relations internationales et stratégiques (IRIS)

Françoise LARTILLOT, professeur de littérature allemande à l'université Paul-Verlaine – Metz, directrice adjointe du Centre d'études germaniques interculturelles de Lorraine (CEGIL)

Reiner MARCOWITZ, professeur de civilisation allemande contemporaine à l'université Paul-Verlaine – Metz, directeur du Centre d'études germaniques interculturelles de Lorraine (CEGIL)

Stephan MARTENS, professeur de civilisation allemande contemporaine à l'université Michel-de-Montaigne – Bordeaux III

Hélène MIARD-DELACROIX, professeur de civilisation allemande contemporaine à l'université Paris IV – Sorbonne

Ulrich PFEIL, professeur de civilisation allemande contemporaine à l'université Paul-Verlaine – Metz

Ulrike POPPE, Beauftragte des Landes Brandenburg zur Aufarbeitung der Folgen der kommunistischen Diktatur

Martin SABROW, Professor für Neueste Geschichte und Zeitgeschichte an der Humboldt-Universität zu Berlin, Direktor des Zentrums für Zeithistorische Forschung Potsdam

Hermann WENTKER, apl. Professor für Neuere und Neueste Geschichte an der Universität Leipzig, Leiter der Abteilung Berlin des Instituts für Zeitgeschichte München – Berlin

www.ingramcontent.com/pod-product-compliance
Lightning Source LLC
Chambersburg PA
CBHW052023290426
44112CB00014B/2348